# 撒拉族简史

青海世居少数民族简史丛书

芈一之　张科　著

青海人民出版社

**图书在版编目(CIP)数据**

撒拉族简史 / 芈一之，张科著. — 西宁：青海人民出版社,2013.12(2023.2 重印)
ISBN 978-7-225-04699-0

Ⅰ. ①撒… Ⅱ.①芈…②张… Ⅲ.①撒拉族—民族历史—中国Ⅳ. ①K283.2

中国版本图书馆 CIP 数据核字（2013）第 301529 号

**撒拉族简史**

芈一之 张科 著

---

出 版 人 樊原成
出版发行 青海人民出版社有限责任公司
西宁市五四西路 71 号 邮政编码:810023 电话:(0971)6143426(总编室)
发行热线 (0971)6143516/6137730
网 址 http://www.qhrmcbs.com
印 刷 西宁东宝印务有限责任公司
经 销 新华书店
开 本 890mm×1240mm 1/32
印 张 9.75
字 数 220 千
版 次 2014 年 4 月第 1 版 2023 年 2 月第 2 次印刷
书 号 ISBN 978-7-225-04699-0
定 价 36.00 元

# 目 录

# 前言

撒拉族是中华民族大家庭中的成员之一。她诞育于青海省东部、黄河之滨的循化撒拉族自治县（以下简称循化县），已有700多年的历史。1949年时撒拉族人口约28 000人，其中居住在青海省内的有25 184人；[①]据2010年第六次全国人口普查，撒拉族人口为130 607人，主要分布在：一是青海省循化县以及化隆回族自治县等地，共计107 089人，占全国该族总人口的81.99%；二是甘肃省临夏回族自治州所辖积石山保安族东乡族撒拉族自治县的大河家乡以及武威、酒泉、兰州等地，共计13 517人；三是新疆维吾尔族自治区乌鲁木齐市、伊宁县等地，共计3 728人。甘肃省积石山保安族东乡族撒拉族自治县的撒拉人，主要是清同治年间及其后从循化陆续迁去的；夏河县的撒拉人多定居拉卜楞，大部分是1910年前后从循化迁去的。新疆伊宁市萨木玉孜乡、喀什乡、乌鲁木齐市的撒拉族，主要是1895年“河湟事变”后迁居该地的，也有1929年后随马仲英流落该地的。20世纪80年代改革开放

---

①《青海省情》，青海人民出版社1986年版，第118页。

以来，撒拉人以其善于经营和勇于拼搏的精神，走南闯北，足迹不仅限于西北地区和青藏高原的城乡各地，在中国大陆的31个省、区、直辖市均有居住。1954年2月24日，根据本民族的意愿及兄弟民族对其较为普遍的称呼，正式定名为“撒拉族”。撒拉族有本民族的语言，通用汉字为书面交际工具。有一种“土尔克”文，在清代曾被撒拉人用以记述宗教活动等内容。目前已知的有一本乾隆年间的《杂学本本》①，用阿拉伯文字母拼写撒拉语，以记载宗教和历史故事。撒拉人称这本记事书为土尔克文。撒拉族语言属于阿尔泰语系突厥语族西匈奴语支乌古斯语组，与突厥语族中的维吾尔族、乌孜别克族等语言相近。由于与周围汉、藏、回等民族长期相处和交往，也从汉语、藏语中吸收了许多借词来丰富自己民族的语言。在宗教活动和日常生活用语中，有时也夹杂一些阿拉伯语和波斯语。

撒拉族自称“撒拉尔”，邻近的兄弟民族称其为“撒拉”，在历代汉文史籍中其族称有十多种，大多是译音，如撒喇、撒剌儿、沙剌等。因其宗教信仰与风俗习惯同回族类似，过去也被称为“撒拉回”。据民间传说和近当代民族学者及历史学者的考证，撒拉族的先民是在元代由中亚细亚撒马尔罕地方乌古斯人的一支——撒鲁尔人迁入青海东部黄河岸边循化地区的。自撒拉族的先民定居循化地区后，在长期的历史发展中，他们与周围的藏、回、汉族人互相融合。随着族体的壮大、人口的增多、居地的拓展、共同语言的定型，以撒鲁尔人为主体的一个新的人们的共同体——撒拉族，便逐渐形成。自撒鲁尔人入居青海至撒拉族形

①《杂学本本》系手抄本，1962年芈一之等人在循化调查时，从马子士老人手中获得该书，现存青海民族大学民族研究所。

成，本身是一个长期演进的过程，在此基础上又有新的进展。一是在明代出现世袭土司百户、副千户，撒拉族的社会地位明显提高，加强了与中央王朝的联系。清初，即雍正八年在清廷粮册上正式出现行政单位“工”的组织，划定了两土千户的管辖范围。二是经济转型，即由明朝以畜牧业为主向清初的农业经济为主发展，随着耕地面积的扩大和灌溉系统的不断完善，种植作物品种日趋繁多。清朝乾隆以后，对撒拉族人民的统治不断强化，阶级矛盾日趋尖锐。以青海循化为中心先后爆发过几次回、撒拉等民族起义，失败后一部分撒拉族人为避难来到甘肃等地，后来因国民党统治时期频繁的抓兵、逼税以及姻亲关系或谋生等原因，又有一些撒拉族人陆续从循化迁移到甘肃积石山等地。

撒拉族，在旧史籍中常被写作“番回”、“萨拉回”、“撒拉回回”等。由于撒拉族参加过三次武装反清斗争，在《清实录》、龚景瀚《循化志》、阿桂等奉敕纂修的《钦定兰州纪略》、光绪《西宁军务节略》及慕寿祺《甘宁青史略》等书中，均记录其许多史料，但当时还谈不上对其进行科学研究，甚至于连撒拉族的来源和迁徙也少有可令人信服的史料。撒拉族的历史面貌模糊不清，外界知之甚少。

真正对撒拉族历史文化进行尝试性研究始于19世纪末，继续于20世纪30年代到40年代。1892年俄国人伊尔库次克博物院副院长坡塔宁（G. N. PoTanin）到撒拉人聚居的循化草滩坝，搜集撒拉族语言材料，1894年美国人洛克西里（W. W. Rockhili）也写到过撒拉族的某些语言和习俗的材料，但是他们都没有得出值得后人追忆的科学结论。

民国时期，《甘宁青史略》对撒拉族几次武装反清斗争事件及有关问题记载较详，可算是对撒拉族历史的开拓性研究。但在这部《史略》中，撒拉族没有被当作一个民族来看待，只是作为回族的一部分，称作“番回”或“撒拉回”。

抗日战争爆发后，学校内迁，文化西涌，西安、兰州等地一些学术界人士开始关注撒拉人的历史文化，在当时报刊上出现了一些介绍和初步研究的文章。如任美锷《循化的撒拉回回》（《地理教育》1936年1卷5期），首次向世人介绍了这个居民群体。而后李符桐《撒里维吾尔部族考》（《边政公论》1944年3卷8期），试图从居住于祁连山的撒里维吾尔（清代和民国时称作“黄番”，新中国成立后定名为裕固族）中寻找撒拉人的“根子”，认为“撒里”和“撒拉”两者之间一定有某种内在联系。虽然思路和研究方法不对头而劳而无功，但其志可嘉，同时也反映出当时学术界摸索前进的真实情况。从1943~1945年，杨涤新（杨兆钧）先后发表了一组经过调查研究的言之有据的文章，如《撒拉人的语言习俗之调查》（《西北学术》1943年1卷2期），《撒拉之习俗》（《西北学术》1944年1卷2期），《青海撒拉人之生活与语言》（《新西北》1945年8卷4至6期），《青海撒拉人之家庭组织》（《正报》1945年5月8日）和《青海撒拉人之来源考证及传说》（《正报》1945年4月8日），从社会学和历史学角度进行了初步研究。此后，1947年有顾颉刚的《关于撒拉回》（《西北通讯》1947年第1卷第10期），1948年有志一的《撒拉族移青经过》（《和平日报》1948年8月1日）和李得贤的《关于撒拉回》（《西北通讯》1948年2卷1期）等短文。这一时期，民族史学者如杨涤新，把撒拉人正确地称作“撒拉”，依据调查材料探索其历史。其他人如顾颉刚等则未脱出清代官方旧称“撒拉回”的窠臼，而且其中一些提法和观点颇伤民族感情。

20世纪50年代中后期，由全国人大民族委员会主持、各有关部门配合，有1 000多名民族工作者、历史研究工作者和部分高校的学生以及在民族地区工作的干部组成调查机构，对我国各少数民族进行了大规模的社会历史调查。其中，对撒拉族的调查是在1958年进行的。当时担任青海民族学院政史系历史教师的芈一之参与了部分调查以及对调查材料的整理、研究，初期成果于1963年由内部铅印成《撒拉族简史简志合编》一书。该书历史部分约3.9万字，占全书的39%，主要依据民间传说和已知材料对历史进行平面叙述。

1962年5月，青海民族学院政史系在系主任杨兆钧教授的主持下，设立了“民族史编写组”，着手研究撒拉族历史，兼及土族历史。芈一之等先后到中央档案馆明清部、南京档案馆、甘肃省图书馆及中科院考古所和民族所的图书馆，查阅到大量鲜为人知、更鲜为人用的史料，以及国外学者的已有论述和英文版《伊斯兰大百科全书》中的重要资料，为以后深入研究打下了良好的基础。当时从汇编民族史料和编写“撒拉族历史长编”起步，正式进入科研工作。1963年，由青海人民出版社出版了第一本史料汇集《明清实录撒拉族史料摘抄》，并着手编写“历史概要”。后因“文革”而被迫中断。1978年，中国共产党十一届三中全会拨乱反正，迎来了学术研究的春天。1980年5月，青海民族学院民族研究所正式成立，开展研究工作。一是整理撒拉族史料。经芈一之重新整理补充，于1981~1984年先后铅印出《撒拉族档案史料》一书，27万字，内有奏折、上谕、题本、黄册等清代档案370件；《撒拉族史料辑录》一书，14万字，包含从20种公私史籍中辑录的有关史料；《清实录青海民族史料辑录》（上卷）一书，34万字。1985年又主持整理出《撒拉族社会经济调查》一书，列入“调查资料丛刊”，正式出版。二是发表撒拉族史论文。

20世纪80年代省内外学术界共发表有关论文15篇以上，其中芈一之发表7篇。20世纪90年代以后，相关研究论文与日俱增。三是出版撒拉族专史。1982年初出版由芈一之参与主持编写的《撒拉族简史》（“中国少数民族简史丛书”之一，青海人民出版社）。同时，在原“长编”基础上调整结构，出版《撒拉族政治社会史》（香港黄河文化出版社，1990年版）；2004年又出版《撒拉族史》（四川民族出版社），这部专史依据大量确凿的史料，阐明了撒拉族历史发展的源和流及其规律，分析了几次重大历史事件的起因、结局以及性质和历史作用，客观叙述了近代以来撒拉族社会演变的特点，以及撒拉族人民的翻身解放等内容。这些学术成果无疑推动着撒拉族史及相关诸问题研究向纵深发展，在此推动下，如今撒拉族诸问题研究已结出累累硕果。

本书在原书基础上，做了如下工作：一是结构、内容上做了较大调整，全书按时序分为元明时期、清朝前中期、近代时期及其文化四部分，内容也进行了重组、增删，文中相应处还置入图片，以增强可读性；二是就原书中所用史料进行了核订，并对其出处做了较详补充。经过调整、补充、删减，成了目前呈敬在读者面前的这本《撒拉族简史》，旨在对撒拉族的历史与文化研究起进一步的推动作用。

# 第一章　元明时期

撒拉族先民是从中亚撒马尔罕一带于元朝①迁徙到今循化县的撒鲁尔人，以撒鲁尔人为主体，不断吸收周边蒙古族、藏族、回族、汉族等民族成分而形成的一个新的民族——撒拉族。随着撒拉族族体的持续发展壮大，为加强对撒拉族聚居地区实现有效统治，元明朝政府因俗而治，实行达鲁花赤及土司制度、茶马互市等措施，既增进了撒拉族人民对统一多民族国家的认同，同时也强化了其与内地的经济联系。从13世纪到18世纪初叶的约500年时间里，撒拉族在封建王朝中具有一定的政治地位，封建领主制经济在撒拉族社会中得以稳步发展。

## 第一节　撒拉族的由来

据民间传说和近当代民族学者及历史学者的考证，撒拉族的

---

① 关于撒拉族族源，学术界的意见大体一致，但目前尚有诸如撒拉族先民东迁时的确切出发点、迁徙时间、东迁的原因及路线、先民的身份等仍存分歧，有待进一步探讨。

先民是源于西突厥的乌古斯部的撒鲁尔人，原本游牧在伊犁河一带。经过迁徙分合，13世纪前半叶，阿干罕的儿子尕勒莽被蒙古贵族签军，率领本族170户东迁至青海东部黄河岸边循化地区。

## 一、撒拉族族称

撒拉族自称“撒拉尔”（Salar），周围汉、回、藏等族称之为“撒拉”。汉文译名在史籍中出现的有十多种，都是“撒拉尔”或“撒拉”的不同译写。如，《元史》卷八七《百官志三》称“撒剌”，《新元史》卷二九《氏族表下》称“撒剌儿”。明时仍是这样记载，《明太宗永乐实录》卷一二一称“撒剌”，《明宣宗宣德实录》卷十八称“沙剌簇”；明中叶后，张雨《边政考》卷九《甘肃·河州番》称“撒剌”，顾炎武《天下郡国利病书》卷五九称“撒剌”。清初，黄册档康熙《陕西土官番人姓名马匹茶篦数目文册》称“撒剌”，康熙《河州志》称“撒喇”；乾隆时《清高宗实录》中则称作“萨拉”、“萨拉尔”、“撒拉儿”；乾隆年间《循化志》卷四中，称“撒喇族”，或称“撒拉回子”等。乾隆以后清朝官私文书中，经常出现“撒拉尔番回”、“撒拉番回”、“撒拉回”、“番回”等，这些称谓既不为本民族所接受，也是不正确的。在《钦定兰州纪略·卷首》中还出现更不正确的甚至带有污辱性的称呼，如有“撒拉尔番回，即狗西番”、“狗西黑账本番雏，白帽非回窜籍呼”等等。中华人民共和国成立后，经过民族调查、民主建政和民族认定，依据撒拉人自称“撒拉尔”（Salar）、他族相称“撒拉”，结合历代官方文书对这一称呼的不同汉文译写，如“沙剌”、“萨拉”等等，依“名从主人”的原则，经过协商和征得本民族代表人士的同意，正式称为“撒拉族”，并且于1954年2月24日召开的循化县第一届人民代表大会上讨论通过，体现在新成立的“循化撒拉族自治县”的正式称谓上，获得实行民族区域自治的权利。从此，撒拉族成为民族大家庭中一个兄弟民族，活跃在祖国的政治舞台上。

“撒拉尔”一词的意义，在波斯语中有“领兵官”、“领兵统帅”之义，一些撒拉族老人和撒拉族地区的大阿訇也有这样的说法。在突厥语中，撒拉尔有黄色、黄头之意。

根据以上史料推断，撒拉族先民迁来循化的时间大约是13世纪中叶前后。

**二、撒拉族族源**

（一）民间传说考察族源

撒拉族缺乏用本民族文字记录的历史，汉文史书中对此也未能载明，所以关于撒拉族的族源问题，长期以来存在着谜团。汉文史籍中记载有关撒拉族活动始于《元史》，但无法说清其来源。乾隆年间的《循化志》卷四有“谓撒拉本其部落之名”。但这个部落从何而来呢？该志亦说不明白，编纂者龚景瀚慨叹地说：“撒喇回子不知所自。”[①]20世纪40年代，不少学者还搞不清从哪个方向去追溯其族源，唯有从土耳其留学归来、任教于西北大学的杨涤新，到循化县实地调查后著文写到：“撒拉语确系突厥语之一种语言，……所谓‘一种奇特之土语’之论顿息”，“撒拉人确系突厥人之一支”，“从撒马尔罕移来之撒拉突厥人”。[②]这个见解比较接近史实。至于用其他文字记载的撒拉人历史，当时及此后很长时间也未曾发现。20世纪40年代至60年代的研究者[③]

---

①［清］龚景瀚：《循化志》卷四《族寨工屯》，青海人民出版社1981年版，第155页。

② 杨涤新：《青海撒拉人之生活与语言》，载《新西北》，1945年第8卷，第4~6期。

③ 宋蜀华、王良志：《关于撒拉族历史来源的问题》，见中央民族学院研究部编：《中国民族问题研究集刊》（第六辑），1959年版；《撒拉族简史简志合编》，1963年版。

及在20世纪80年代初出版的《撒拉族简史》[①]等，都是从本民族传说叙述起的。

由于传说为口耳相传，以致不同的讲述者所讲述的内容互有差别。关于撒拉族族源传说中最流行、最普遍的说法是：

从前中亚撒马尔罕地方有尕勒莽、阿哈莽两兄弟[②]，在伊斯兰教门中很有名望[③]。由于他们反对压迫，遭到国王的嫉恨和迫害（诬陷尕勒莽偷牛）。于是二人牵了一峰白骆驼，驮着《古兰经》[④]，带领同族18人东行。出发前，当地一位“外利”[⑤]叫他们带上故乡的一瓶水和一袋土，并告诉说哪里的水土质量与这里的相同，哪里就是应该居住的乐园。

他们辗转前进，经过天山北路、吐鲁番，进嘉峪关，经肃州、甘州、凉州，又到宁夏，再东南行至秦州（天水），折而西返，到伏羌（甘谷），又到洮州（临潭）、黑错（合作），经拉卜楞进入夏河县的甘家滩。[⑥]尕勒莽等人离开撒马尔罕后，有45人追随而来，经天山南路入青海省境，沿青海湖南岸东行，先到贵德，走尖扎滩，又到同仁县的龙车（即龙布、隆布，今隆务），折到元珠沟，疲惫已甚，有12人留住下来，以后繁衍为元珠沟十

① 《撒拉族简史》，青海人民出版社1982年版。

② 尕勒，是黑的意思；阿哈，是白的意思。

③ 有人说，尕勒莽是一位阿訇。

④ 这部《古兰经》系手抄本，多少年来一直保存在循化街子尕最及其后裔家中。建国后一度保存在北京民族文化宫，现在由循化撒拉族自治县人民政府保存。

⑤ 伊斯兰教中学问道德很高之人。

⑥ 从凉州东北行，到宁夏，又东南到秦州，然后折返，经伏羌、洮州、黑错而到拉卜楞，在甘家滩两路行人巧遇。这是1958年9月26日与街子沈麻大爷（时年87岁）等老人座谈时记录的材料。

二族[①]。其余的33人继续东行，在甘家滩与尕勒莽18人巧遇。

尕勒莽等51人牵着骆驼从甘家滩朝西北行，进入循化的夕厂（夕昌）沟，又跨过孟达山，上了奥土斯山。这时天色昏黑，苍茫中走失了白骆驼，便点起火把，四处找寻。因此后人称这个山坡为“奥特贝那赫”，意即“火坡”；山下的村子叫“奥特贝那赫村”。后来寻到街子东边的沙子坡，下坡时，发现一泓泉水，清澈见底，走失了的白骆驼卧在泉水中不起。于是尕勒莽用木棍去捣骆驼促使起之。不料，一捣之后，骆驼竟变成了白石，木棍也变成了一株常青树。众人惊喜之余，记起了“外利”的话，取出水和土，对比之后发现，其质量完全相同，便决定在这里落脚。

撒拉族先民带来的《古兰经》

这就是撒拉族民间流行的“骆驼石”、“骆驼泉”传说，撒拉族人民爱表演的“骆驼舞”或“骆驼戏”正是这一传说的艺术表现形式。现在街子的骆驼泉、骆驼石的来历即源于此。骆驼所驮来的30本“天经”即《古兰经》，成为撒拉族世代珍藏的传世之宝。这一天是明洪武三年五月十三日。[②]

---

① 元珠沟十二族，风俗习惯完全藏化。清末光绪时他们派代表到循化街子骆驼泉喝过水，拜过祖先。

② 关于尕勒莽等人为什么要离开撒马尔罕，调查座谈时也有不同说法。有人说是尕最（即宗教法官）诬陷他；有人说尕勒莽氏族中确实有人偷了牛，为避免坏名声而东迁；还有人说尕勒莽和阿哈莽不是兄弟，而是对头，等等。本书采用的是绝大多数人的共同说法。又，月日均依夏历纪年，下同。

一般说，民间传说故事是以某种史实作依据，掺入奇异的幻想色彩。故事中，除了神话故事和宗教性渲染系后人的附会，不足以凭信外，它反映了这样的事实：撒拉族的先民不是当地土著，而是从中亚迁来的。[①]这是第一个基本结论。但是，他们为什么要躲避迫害，跋涉万里东来？到底是什么样的迫害？谁给予的迫害？当时的政治背景、政治环境是什么？他们东行，到凉州后走宁夏、天水，绕了个千里大弯子又折而西返，经甘南进入循化，这又是为什么？为什么不从凉州径直南下，岂不更顺路更便捷吗？他们东来时的身份到底是什么，是旅游者，还是其他？中西交通虽然已经打开了，如无官方身份和护照，几十个人能那样通行无阻吗？传说是明洪武三年到了循化，为什么《元史》却早已记载了关于“撒剌”的活动？为什么撒拉族土司在洪武三年自言前元世袭“达鲁花赤”？[②]他们的先民到底是什么民族、什么人？历史文献有无记载，如何记载？等等。对这一系列的不能回避的问题，仅靠民族传说本身是无法给予合理的回答的。马克思曾经说过：“相当长的时期以来，人们一直用迷信来说明历史，而我们现在是用历史来说明迷信。”[③]把历史的内容还给历史，需要历史研究者付出艰辛的劳动。

（二）语言、体型、重要习俗考察族源

1. 从语言考察

---

① 芈一之：《撒拉族的来源和迁徙探实》，载《青海民族学院学报》，1981年第三期。

②［清］龚景瀚：《循化志》卷五《土司》，青海人民出版社1981年版，第219页。达鲁花赤，元代官名，即掌印官、镇守官。

③ 马克思：《论犹太人问题》，见《马克思恩格斯全集》第1卷，人民出版社1965年版，第425页。

民族语言是认定和区分民族族系亲疏的重要标准之一。早在20世纪40年代，杨涤新在撒拉之乡调查时已充分认识到这一点。“今试选居于中亚最西方之奥斯曼土耳其之语言，以及中亚之乌孜贝克语，拙瓦失语（Cmar），新疆之维吾尔语，及居于东部之伯利亚之雅库特人之语言，与撒拉语作比较，则见其语言之纯粹。例如‘日’之一词，在奥斯曼语为Qiiner，在乌孜贝克语为kiin，在拙瓦失语为kiiu，在维吾尔语为km，在雅库特语为kiiu，在撒拉语为kiin。又如：‘长’之一字，在奥斯曼语为Uzm，在乌孜贝克语为Uzm，在拙瓦失语为Wtm，在维吾尔语为Uzun，在雅库特语为Uzm，在撒拉语为Uzm。由上述可知撒拉人确系突厥人之一支，所操之语言与蒙藏语无干，确系突厥方言之一种。”[①]经过20世纪50年代和70年代的多人研究，均认为撒拉语“与同语族的其他语言如乌孜别克、土库曼、维吾尔、哈萨克等语言一样，属于粘着语类型的语言”。[②]而且撒拉语从基本词的词源上看，主要是在东来之前就形成了的。这充分说明了撒拉人在历史上与突厥系民族有着密切关系，而且应该属于乌古斯支系的。

2. 从体型考察

撒拉人身躯较长而健壮，面部长而美观，鼻梁较高，眼圆，发黑，眸子黑色，皮肤白皙，男子多须。其面貌不类黄发灰睛之欧洲人，也不同于圆颅少须之蒙古人，与藏族人更不相类。因该族与外族一般不通婚之故（该族女子不外嫁，但男子可娶回族女子），体型上与同语族的突厥后裔相近。这表明他们在血缘上有密切的相连性。

---

① 杨涤新：《撒拉人之生活与语言》，载《新西北》，1945年第8卷，第4~6期。

②《撒拉族简史》，青海人民出版社1982年版，第2页。

3. 从重要习俗考察

一是结婚时的表演。清末和民国初年前后，撒拉族结婚时尚流行表演由四人扮演的“骆驼戏”。其中，两人反穿皮袄一前一后扮作骆驼，另外两人，一人身穿长袍，头缠头巾（达斯达尔），牵着骆驼，扮演尕勒莽；一人扮演本地人(蒙古人)。整个表演有唱有白，一问一答，追叙撒拉祖先迁来循化的经过和沿途见闻。如对白：

蒙古人问：你从哪里来？

远行者尕勒莽答：我从撒马尔罕来。

问：路上第一站宿在什么地方？

答：到达的地方有金札和明札。

问：在路上骆驼吃什么？

答：吃的是笈笈草。

问：在路上人穿什么？

答：穿的是树皮。

……

笈笈草即《汉书》卷九十六《西域传》所说的白草，唐朝李长吉《塞下曲》里的席叶草，又名白草，主要生长于中亚和新疆的沙碛地区。唱词中提到尕勒莽等人第一站到达的地方有金札、明札，这些地方都在中亚，距撒马尔罕不远。这些内容都反映了他们是从撒马尔罕一带迁来的。由于撒拉族的历史缺乏本民族文字记载，对于本民族的口头传说中的合理部分，应给予充分注意。

二是庭院布置。撒拉族多数人家在庭院周围都有或大或小的果园，培植果树或花草、蔬菜，这种庭院布置习俗与周围的汉、藏民族的习俗有很大差异，但却与不少历史资料中所记述的撒马尔罕等地居民的习俗相同。史载，花剌子模一带“农村居民点是不设防的农民大庄园的总和。每一庄园都由围着不高的砖墙的大院子构成，看来其中包括果园和菜园。”[①]又如耶律楚材《西游录上》说到撒马尔罕城外的状况：“家必有园，园必成趣……柏柳相接，桃李连延。”[②]

三是服饰。撒拉人过去男子多穿白色褐子长袍，缝如注袋，上窄下宽，缀以袖，妇女喜穿黑色坎肩。这些，在《长春真人西游记》（卷下）[③]对撒马尔罕居民的描写中也能见到。

综上所述，我们判断撒拉族先民来自撒马尔罕一带的说法是可信的。关于撒拉族先民及其迁徙历史，可再从历史文献上追本溯源。

## 三、撒拉人的先民及其迁徙历史

### （一）源于西突厥的乌古斯部

在《伊斯兰大百科全书》中记载了东方学家克朴瑞·萨德·法特对撒拉族先民历史的研究，其看法如下。

撒拉族原名叫撒鲁尔（Salour），是乌古斯（Oghuz）部中的一个部落名。这个部落及其名称是起源于达合罕（Daghan）的长子，而达合罕则是乌古斯汗的六个儿子之一。[④]

这说明撒拉族原名叫撒鲁尔，其根源是乌古斯部的撒鲁尔人。据此，撒拉语之所以属于突厥语族乌古斯语组，是撒拉族来源于乌古斯部的历史之必然。关于撒拉族源于乌古斯部撒鲁尔人，在公元11世纪已有记载，当时学者马赫穆德·噶什噶里在

---

① ［苏联］加富罗夫：《中亚塔吉克史》，中国社会科学出版社1985年版。

② 杨建新主编：《古西行记选注》，宁夏人民出版社1987年版，第181页。

③ 杨建新主编：《古西行记选注》，宁夏人民出版社1987年版，第219页。

④《伊斯兰大百科全书》（英文版）卷四，第120页。

《突厥语大辞典》里即有上述类似说法。在13世纪以前，撒鲁尔被当作“黄头”，其实是西突厥人中的“黄头突厥”或“黄姓突厥”。至于“Salour”一词有领兵官、领兵统帅的意义，也许反映了撒鲁尔其人在乌古斯部中曾率领过军队，但在拉施特的《史集》中找不到能证明此说的资料。

唐代，突厥分东西二部，西突厥建牙碎叶，服属于唐朝，其辖地东至阿尔泰山，西达咸海，唐曾置安西都护府和安西四镇以统治其地，并在碎叶驻扎过“保大军”、“瀚海军”和“天山军”。[①]634年后咥利可汗分西突厥为十部和左右两厢，以碎叶城为界线，左厢右厢各管五部。左厢号咄陆五部，置五大“啜”；右厢号弩失毕五部，置五大“俟斤”，合称十姓部落，可汗称十姓可汗。8世纪后，原游牧于伊犁河的咄陆五部之一的突骑施部强大，其支系苏禄称雄于十部，唐封苏禄为“左羽林大将军、顺国公，充金方道经略大使”，“忠顺可汗”。[②]这位忠顺可汗曾分十部突厥为黑姓和黄姓两部分，苏禄部称黑姓突厥，其余各部称黄姓突厥或黄头突厥。8世纪中叶后，左厢的葛逻禄部强大，徙居碎叶川，[③]驻牧于十姓可汗旧地，臣服十姓突厥。乌古斯部即出自葛逻禄。葛逻禄部在《元史》也称作哈剌鲁或柯耳鲁。对柯耳鲁部，《元史译文证补》卷二六也称作乌古斯部，该《证补》说：“柯耳鲁，亦部名……其始祖乌古斯汗。”乌古斯汗统辖的各部，

---

①［宋］王溥：《唐会要》卷七八，中华书局1955年版。

②［宋］司马光编著，［元］胡三省音注：《资治通鉴》卷二一二《唐纪二十八》，开元六年、七年，中华书局1982年版。

③《新唐书》卷二一七《回鹘》，中华书局1975年版。

统称作乌古斯部。[①]

乌古斯汗的世系，据史载，乌古斯汗系哈剌汗之子，曾臣服西突厥各部。乌古斯有子六人："曰君，曰爱，曰由勒都思，曰阔阔，曰塔克（达合），曰丁吉思，皆有汗号。""六子各有子四人……乌古思（斯）之二十四孙，各为一部落之祖"。[②]根据文献资料，西突厥人原先信仰萨满教，大约在932年及其以后，在哈剌汗及乌古斯汗的积极推动下，伊斯兰教得以在中亚突厥人中传播。撒拉人的先民撒鲁尔，是达合汗的长子，是乌古斯汗的二十四位孙子之一。乌古斯汗第五子达合汗的长子撒鲁尔（Salour），即撒鲁尔部落之长。

据上述材料可知，撒拉族的先民撒鲁尔，系乌古斯汗之孙，也即达合汗之长子，撒鲁尔部落也因此得名，他们原是唐代西突厥左厢咄陆五部之一的葛逻禄部的支系。这一部落，原曾游牧于伊犁河一带。

（二）撒鲁尔人的生活和迁徙

乌古斯去世以后，由其长子君汗继位，在位70年。君汗让其父亲的都督额列颜齐—坚惕·额尔齐勒—火者担任宰相和执政官。火者曾对君汗进忠告，为不使兄弟、子孙们因土地、财富、权利而内讧，趁早为24支中的每一支授以某种动物作标记的"汪浑"(Uighun，专用于牲畜身上的标记，表示牲畜为谁所有。在突厥习俗中，凡做了某部落汪浑的动物，就不侵犯它，也不吃它的肉，

---

①［瑞典］多桑著，冯承钧译：《多桑蒙古史》（第一卷），附录二：《中亚诸部族》，商务印书馆1936年版，第167页。

②［瑞典］多桑著，冯承钧译：《多桑蒙古史》（第一卷），附录二：《中亚诸部族》，商务印书馆1936年版，第167~168页。

实际上汪浑成了图腾)。身为撒鲁尔人后裔的撒拉人,至今还保留着这种习俗。他们每家在自己的牛羊身上,或烙上特殊的符号,或将耳朵的某部位剪下一块,或用某种颜料涂到羊角或者别处,或在角和耳朵上系上不同颜色的布条,以表示为某家所有。[①]此外,火者又明确规定,在节庆日分食时,每个分支所得的一份,应是动物身上不同部位的肉,以免他们为了享食而彼此争吵。以下是乌古斯汗24个孙子的名字、含义、汪浑等情况的列示。[②]

1. 君汗的四个儿子

长子　海亦(Qayi),即壮健者,汪浑为白鹰,分食动物肉的部位在中右肩胛骨部分。

次子　巴牙惕(Bayat),即慈祥者,其余同上。

三子　阿勒·合剌兀里(Alqarauli),即到处受欢迎者,其余同上。

四子　合剌·牙兀里(Qarayauli),即黑帐,其余同上。

2. 爱汗的四个儿子

长子　牙思儿(Yazr),即各方归心者,汪浑为鹫,分食动物肉的部位在右肩胛骨部分(大腿?)。

次子　都喀儿(Dukar),即集合,其余同上。

三子　都儿答儿合(Durdargha),即掌国立法,其余同上。

四子　牙巴尔里(Yaparli),此名意思不详,其余同上。

3. 由勒都斯汗的四个儿子

长子　兀失儿(Ausir),即灵巧的人、热爱打猎放鹰者,汪

---

① 马成俊:《撒拉族文化对突厥及萨满文化的传承》,载《青海社会科学》,1995年第二期。

② 马成俊:《撒拉族文化对突厥及萨满文化的传承》,载《青海社会科学》,1995年第二期。

浑为猎兔鹰，分食动物肉的部位为右肋。

次子 乞集黑（Qiziq），即精神刚毅、关心法律者，其余同上。

三子 必克·迭里（Bikdili），即愿他像大人物的言词一样受尊敬，其余同上。

四子 合儿勤（Qarqin），即愿他成为大人物和以食物使人饱食者，其余同上。

4. 阔阔汗的四个儿子

长子 巴颜都儿（Baiandur），即愿该地区经济富有，汪浑为隼，分食动物肉的部位为左肋。

次子 必赤捏（Bicineh），即愿他行善，其余同上。

三子 札兀勒都儿（Jauldur），即清白声誉远扬的正直人，其余同上。

四子 赤卜尼（Cibni），即无论在何处一见敌人立即战斗，其余同上。

5. 达合汗的四个儿子

长子 撒鲁尔（Salur），即到处挥动剑和锤矛者，汪浑为山羊，分食动物肉的部位是背部。

次子 亦木尔（Yimur），即愿他无限善良和富有，其余同上。

三子 阿剌亦温惕乞（Alaiuntki），即愿他牲畜兴旺，其余同上。

四子 兀儿乞思（Aurkiz），即愿他永远行善，其余同上。

6. 丁吉思汗的四个儿子

长子 必克的儿（Bikdir），即优秀、伟大、光荣者，汪浑为青鹰，分食动物肉的部位为大腿。

次子 不克都思（Bukduz），即愿他为大家服务，其余同上。

三子 亦哇（Yiweh），即愿他位高于众人，其余同上。

四子 乞尼黑（Qiniq），即到处受尊敬者，其他同上。

从上述材料可见，乌古斯汗的6个儿子中，有5个儿子及其后裔均以猛禽（白鹰、鹫、隼、青鹰、猎兔鹰）为汪浑。惟达合汗及其后裔撒鲁尔等以山羊为汪浑。山羊是可食的家养动物，于此可以看到撒鲁尔四兄弟在24部中的地位。他们对自己所属的汪浑——山羊不杀不猎，形成了许多禁忌习俗，一直影响到撒拉人的禁忌文化。其次，撒鲁尔四兄弟所分配肉食的部位是羊背子，现在撒拉人对此的称呼与当时（11世纪）的称呼完全一样，都称作“吾吉”（uj）。拉德洛夫在《突厥方言词汇试编》中做了如下解释：“古突厥人将这部分（羊背子）视为珍肴，用以宴请可汗、大臣等贵人，在西伯利亚所有的古墓内都发现有放在墓里作为死者食物的动物脊背骨，由此可见，动物的这一部分，在所有的突厥部落中都被视为珍贵食物。”[①]君汗将这个部位的珍肴分配给撒鲁尔四兄弟，也说明这四兄弟在其24个堂兄弟当中的崇高地位。而这种习俗至今在撒拉人中仍保留着，大凡在举行婚礼或其他重大节庆活动中，从被屠宰的羊身上取下羊背子（包括两个肋骨在内，并沿羊后腿自然纹络取下的部分），用木签卡住肉边，以免煮熟时收缩。宴席毕，双手捧上献给最尊贵的舅舅，撒拉语称“吾吉苦的”。或者古尔邦节宰羊后将羊背子煮熟，并切成手掌大小的肉份子，分给阿訇和村里德高望重的老者，而其他人的肉份子则是其他部位的肉块。这种习俗的传承，也说明了撒拉族与撒鲁尔人之间的渊源关系，同时说明当时撒鲁尔部落是以游牧为主业的。

10世纪末叶以后，在中国史籍中曾将乌古斯人称作“乌护”[②]、

① ［俄］拉德洛夫：《突厥方言词汇试编》，第一卷，第1 721~1 727页。转引自马成俊：《撒拉族文化对突厥及萨满文化的传承》，载《青海社会科学》，1995年第二期。

② 《北史》卷九九《铁勒传》，中华书局1974年版。

"乌謹"[①]等，阿拉伯人则称之为乌古斯。西突厥灭亡后，乌古斯人大量涌向中亚地区，并试图夺取西突厥留下的部分领土。经过长期的几代人的争斗，据阿拉伯学者阿尔·伊斯塔赫说，稍后时间，乌古斯人的土地疆界包括讹答剌直至撒马尔罕、布哈拉、花剌子模，[②]但乌古斯人的主体是以锡尔河中下游为主要居住地。10~11世纪，随着经常的群众性迁徙和部落间的争斗，乌古斯人的血缘纽带逐渐松弛了，原始部落组织逐渐解体，伴随着部落聚合现象的不断发生，新的共同体逐渐形成，这个新的人们共同体就是乌古斯部族。与此同时，乌古斯内部分化出富裕的有权势的贵族，在这些贵族的周围聚集起一批专以战争为职业的武装侍从。其他多数氏族成员虽享有人身自由，但只拥有少量牲畜，他们既是牧民，又是军士。乌古斯人的首领称"叶护"。叶护政权的政治中心在锡尔河下游，这时期叶护政权处于部落联盟阶段，阶级的分化被宗法制关系和氏族部落关系掩盖着。叶护在辖区内建立了贡赋制度，并向各地派出征税官。长期过着游牧生活的乌古斯人缺乏大一统思想，叶护没有使整个乌古斯人统一起来。10世纪末至11世纪初，叶护政权与塞尔柱克家族发生了尖锐矛盾和斗争，经过几十年的反复争斗，公元1043年塞尔柱人在花剌子模境内大败乌古斯叶护军，从此叶护政权灭亡了。11世纪中叶，已经失去叶护政权统辖的乌古斯人遭到从北方南下的钦察人的进攻。乌古斯人组成迁徙的洪流，有的南下，有的西迁，陆续进入河中[③]、花剌子模和呼罗珊[④]，有的还到达乌克兰草原、巴尔干半

---

① 《隋书》卷八四《铁勒传》，中华书局1973年版。

② 转引自雅库波夫斯基：《8~10世纪突厥蛮的族源问题》，1947年版。

③ 河中，指阿姆河和锡尔河之间的地区。

④ 指伊朗东北部地区，《元史译文证补》称"呼罗商"。

岛，留居原地的乌古斯人与钦察人融会。原先被乌古斯人视作安身立命的锡尔河中下游地区被乌古斯人放弃了（到1066年塞尔柱克帝国打败钦察人，重新占有锡尔河中下游）。在南下的乌古斯人中，一部分投到河中地区喀拉汗王朝控制之下，大部分归顺于塞尔柱克帝国。这些归顺塞尔柱克的乌古斯人不再称自己为乌古斯人，而改称为“突厥蛮”。于是，乌古斯一词在历史上悄然消失了。后来，这些乌古斯人臣属于花剌子模，为时不久，被蒙古人所征服。在《伊斯兰大百科全书》卷四中言及撒鲁尔人的迁徙时说：

随着其余的乌古斯部落，这个部落很早就从赛浑河[①]一带、伊犁及热海[②]等地迁入河中、花剌子模及呼罗珊。最后，一部分人定居在安那托利亚。在小亚细亚塞尔柱克帝国的历史中，撒鲁尔人是占有重要地位的。由于塞尔柱人实行旨在各方面分散乌古斯部落的政策，结果，大部分撒鲁尔人遂向西迁徙。那留在马鲁[③]及撒拉克的一部分人，在较后的历史中被泛称为土库曼人。其中一部分人，根据几位学者的意见，在公元1370年至1422年之间，取道撒马尔罕，经过吐鲁番、肃州到西宁，在那里定居下来，成为今日甘肃的撒拉族。

上引一段文字，除了撒鲁尔人东迁的时间（1370~1422年）与历史事实明显不符（详见下文），其余部分是可信的。至于说“今日甘肃的撒拉族”，盖因青海建省是在1929年初，在此以前的长达二百多年时间里，西宁及循化等地方一直由甘肃省管辖，故所说不谬。

---

① 据《西域水道记》，赛浑河即思浑川，在伊犁河之东。

② 热海即伊塞克湖，在今哈萨克斯坦共和国境内。

③ 马鲁或马拉，州名，在今土库曼斯坦境内。

如人所知，8世纪后半叶唐朝势力退出中亚以后，安西四镇地区先由吐蕃王国占领，而后，哈里发帝国攻占统治了原安西四镇所辖的中亚地区。在10世纪及其以后（932年以后），曾经被西方历史学家称作“残猛牧人”的乌古斯各部皈依了伊斯兰教，并在以后的历史年月里大都成了虔诚的穆斯林。不过在乌古斯及共汗、达合汗的时候，他们还没有把伊斯兰文化渗透到他们的生活习俗的各个方面，如前所述乌古斯在给其6个儿子和其24个孙子所进行的命名，就仍可明显地看到其原先信仰的萨满教的影响。在皈依伊斯兰教的同时，阿拉伯文字母也为他们所采用。到10世纪末，萨曼内德王朝被乌古斯各部落摧毁，突厥人与当地居民混合，并把突厥语言和重要习俗传播于他们。12世纪初，黑契丹人建立西辽国，于碎叶川南建都，取名虎思斡耳朵，曾统治天山南北和中亚各地。其后，兴起的花剌子模抵抗黑契丹人，形成强大国家，直到13世纪初叶为蒙古帝国所征服。

总之，中亚一带在数百年间有若干个游牧部落争夺其地，迁徙无定，混争不已。但他们的部落组织和语言习俗却世世代代延续下来了，撒鲁尔部落就属于这种情况。11世纪中叶以后，他们曾在塞尔柱克帝国统治下生活。由于塞尔柱人对撒鲁尔部落的各方排斥和压迫，他们分作几支离此他迁：

一支在马鲁一带停留，与别的部落会合，以后被称作土库曼人。土库曼人包括9个部落，其中有撒鲁尔和撒瑞克两部，都是从撒鲁尔部落分衍出来的。①

一支在撒马尔罕一带停留，会合于奇卜察克（或克普恰

---

① Czplicka（基查普里基卡）著，萧山译：《伊兰突厥系》，载《西北论坛》，1947年第1卷，第2期。

克）族。

一支在小亚细亚居住，依附于奥斯曼人。[①]

还有一支，经过撒马尔罕朝东迁移了，迁到今青海省循化县街子等地居住，发展成为撒拉族。

关于东迁的这一支撒鲁尔人的史实，在另外的史书上也有披载和论述。例如：

木拉·苏来曼用土耳其文撰写的著作《回族源流考证》[②]曾说："原住在撒拉克[③]附近的尕勒莽和阿哈莽兄弟二人，带领本族共一百七十户人家离此东行，到了今天的西宁附近定居下来。"

撒拉族先民尕勒莽陵墓

《突厥民族之发源及其移动》一书中谈到撒鲁尔的后裔的情况，说："撒鲁尔有六个儿子，以后分衍成六大支，七十五小支，大者上千帐，小者百余家。"[④]六大支中有太克 (Teke) 一支，分成了一十三小支，其中有一支为阿干罕(Akhel)，阿干罕的儿子是尕勒莽。据此，尕勒莽并非一位民间传说中说的阿訇，而是阿干罕的儿子，阿

① 20世纪50年代，在中央民族学院工作的苏联语言学家捷尼舍夫写有《论撒拉语》一文，提到土耳其安卡拉之南有一个部落名撒洛尔，也是撒鲁尔部落的后裔。

② 《回族源流考证》，塔什干1917年版。

③ 撒拉克，地名，在土库曼斯坦共和国境内。

④ 《突厥民族之发源及其移动》，土耳其文，伊斯坦布尔1934年版。

撒拉族先民阿哈莽陵墓

干罕一支的首领；他是带领本族一百七十户人家集体东迁的，而并非一十八个人。

此外，据《民族问题译丛》1958年第2期所载《俄国和苏联文献中有关东干族起源的问题》一文中谈到，撒拉族的先民曾住在土库曼共和国即今土库曼斯坦国境内的塞拉赫斯城。

上引史料相互印证，可得出如下结论：一是撒拉族的祖先尕勒莽，是阿干罕的儿子，阿干罕是撒鲁尔的6个儿子之一、太克的后裔，撒鲁尔部落分衍成6大支75小支，太克的子孙分衍成13小支，阿干罕是其中一支。二是尕勒莽和阿哈莽兄弟二人，率领本族或者说本支共170户人家，通过撒马尔罕东迁了，居住在西宁附近，发展成为撒拉族。

兹列出撒拉族先世示意表如下：

- 西突厥
  - 弩失毕五部
  - 咄陆五部
    - ……
    - 葛逻禄（柯耳鲁）
      - ……
      - 哈剌汗
      - 乌古斯汗
        - 君汗
        - 爱汗
        - 由勒都思汗
        - 阔阔汗
        - 达合汗
          - 撒鲁尔汗
            - 太克
              - 阿干罕–尕勒莽（率部东迁）
              - ……
            - ……
          - ……
        - 丁吉思汗

## 四、撒拉尔人东迁的几个具体史实

无论是本民族代代口耳相传的族源故事，还是文献资料记载，都皆证实：尕勒莽率领本族170户人家集体东迁到今循化县定居下来。现结合具体史料，对撒拉族先民东迁至循化的时间、原因、路线以及先民的身份等诸问题作一考察。

### （一）到达循化的时间

关于撒拉族先民到达循化的时间，目前最有代表性说法有：一是明初洪武三年。二是在13世纪中叶前后（元朝）。

1.“明洪武三年说”的来由

洪武三年到达循化之说，最原始的依据是撒拉族的民间传说故事，而且准确具体，没有分歧，当然值得注意。这是把撒拉族土司所称的“始祖韩宝”归附明朝的时间当作到达循化的时间而讹传了，并且讹传了几百年，以至于把他们的祖先在元朝时期以色目人身份在循化居住了好几代的历史忘了。乾隆《循化志》在叙述撒拉族土司韩昱的祖先时说：“始祖韩宝，旧名神宝，系前元撒剌尔世袭达鲁花赤，洪武三年五月，邓大夫下归附。”[1]又载：“韩宝，元撒拉尔回人，明洪武三年投诚。”[2]

现在来考察神宝即韩宝于洪武三年归附明朝的这段史实。

明初邓愈随大将军徐达攻取大都及陕甘等地后，以“左副将军”统兵西征，于洪武三年（1370年）五月攻取河州等地。

明朝史籍上有关攻取河州的记载如下：

---

①［清］龚景瀚：《循化志》卷五《土司》，青海人民出版社1982年版，第219页。

②《清史稿》卷五一七《土司六·甘肃》“循化厅”，中华书局1976年版。

《明实录》载："何琐南普……皆降，而河州以西……等部来归者甚众。"①

《明史》载："河州以西朵甘、乌思藏诸部悉归附。"②

《明史》又载："洪武二年，太祖定陕西，即遣官赍诏招谕，其酋长多观望。复遣员外郎许允德招之，乃多听命。明年五月，吐蕃宣慰使何琐南普等以元所授金银牌印宣敕来上。会邓愈克河州，遂诣军前降。其镇西武靖王卜纳剌亦以吐蕃来纳款。"③元朝时的河州及积石州等地隶属于吐蕃等处宣慰使司；忽必烈的第七子奥鲁赤封为西平王镇守吐蕃地面，镇西武靖王即西平王后裔受命镇守吐蕃地面。既然宣慰使和镇西武靖王已经投降明军了，其属下的积石州达鲁花赤韩宝显然也随之"归附邓大夫"了。在上引诸段史料中被列在"河州以西"诸部之中，被写入"悉归附"之中了，这就是撒拉族首领"邓大夫下归附"的历史原委，其时正是明洪武三年五月。

上述所称"邓大夫"即指邓愈。这种"邓大夫"之称，在甘青等地不少地方志中，如康熙《河州志》、乾隆《循化志》等，均如此称邓愈。因为朱元璋吴王元年（1367年）十月，以邓愈为御史大夫，④领御史台事，所以邓愈也被称作"邓大夫"。据上可知，《循化志》所载撒拉族土司"始祖韩宝……洪武三年五月，邓大夫下归附"，即是指当时在明朝大军震慑、政治招抚下，与其他都落首领一同，向邓愈军前"归附"明朝了。

此外，《循化志》载：韩宝"其所自言功绩，一云收集撒喇

---

①《明洪武实录》卷一一六，洪武十年十一月乙亥。

②《明史》卷一二六《邓愈传》，中华书局1974年版。

③《明史》卷三三〇《西域传二》，中华书局1974年版。

④《明史》卷一二六《邓愈传》，中华书局1974年版。

尔，一云撒喇地方抚番有功”。[①]这两者均表明韩宝其人已是当地居住多年的有势力的头领人物，这正是“世袭达鲁花赤”率领本族和所管番族到“邓大夫”军前投诚归附时自己表功的体现。

以上论述不难得出结论，即撒拉族先民于“洪武三年五月”迁到循化的说法是不符合史实的。

2. 13世纪中叶前后迁到循化

既然对于撒拉族先民于明代初年迁到循化之说给予否定之后，还应该进一步探明是元末或者元初，还是蒙古帝国时迁到循化。

有的研究者，无论是中央民族学院的宋蜀华、王良志在20世纪50年代末写的《关于撒拉族历史来源的问题》[②]，主张“撒拉族很可能在元代即已到循化”，还是顾颉刚在20世纪40年代写的《关于撒拉回》[③]，都认为迁来的时间是元代，而没有再多一些的资料依据和进一步具体论述。日本人片冈一忠撰文说：“撒拉族迁徙中国的年代应在此以前的元代寻找，以上所介绍的安德留及其前后在西北地区从事传教活动的R.B.爱克瓦尔(Ekvall)也记录了撒拉族迁徙的传说，在谈到移居的时间时写道：‘十三世纪从撒马尔罕迁来此地’。……另外，佐口氏说：‘从当时中亚细亚的形势来看，所谓种族迁徙大概是从蒙古帝国初期以后才有的’。”[④]这一段序文，把撒拉人迁徙东来的时间定在“13世

---

① ［清］龚景瀚：《循化志》卷四《族寨工屯》，青海人民出版社1982年版，第155页。

② 中央民族学院研究部编：《中国民族问题研究集刊》，第六辑，1959年版。

③《西北通讯》，1947年第1卷第10期。

④ ［日］片冈一忠著，华热多杰、马成俊译：《撒拉族史研究序说》，载《中国撒拉族》，1996年第一期。

纪”，比之“洪武三年”（1370年）的说法至少提早了七八十年，并且从当时民族迁徙形势分析，将其放在“蒙古帝国初期”即成吉思汗在13世纪20年代前后蒙古军西征的时空中去寻找，爱克瓦尔和佐口氏是颇有见地的，接近了历史真实。芈一之在20世纪60、80年代初研究撒拉族史时，将韩宝的家世向前追溯了三代，追溯到蒙古帝国时期。①

第一，从韩宝的先世世系看。据循化县街子马子士老人保存的一本《杂学本本》②，谈到元代尕勒莽的子孙世系时说：“尕勒莽得都尼，他的儿子奥玛尔得都尼，奥玛尔之子神宝得都尼，神宝之子萨都剌得都尼。”“得都尼”系撒拉语对有身份的人的尊称，意为“太爷”。“神宝”，有的人译作“申保”、“申宝”或“神保”，《循化志》卷五《土司》写为“神宝”。这是记载尕勒莽的子孙世系的惟一一段史料，尚未找到其他文字资料或墓碑等材料。暂且依据《杂学本本》资料，尕勒莽传其子奥玛尔，奥玛尔传子神宝，神宝传子萨都剌。关于萨都剌，汉文史籍有记载，《循化志》卷五《土司》记：洪武十八年（1385年）韩宝病故，子韩撒都剌承袭职务，洪武二十八年（1395年）去世，在土司位十年。从此可反过来证明《杂学本本》所记世系资料可以予以信任。

在元代撒拉族首领传世祖孙三人，即尕勒莽、奥玛尔、神宝。三代可延续多少年呢？据《循化志》所载撒拉族土司世

---

① 芈一之：《撒拉族的来源和迁徙探实》，载《青海民族学院学报》，1981年第三期。

②《杂学本本》系用阿文字母拼写撒拉语，记载宗教和历史的故事。书中记述到乾隆初年马来迟在循化传教故事，但对乾隆四十六年苏四十三反清事件未记，可见该书应写于乾隆四十五年以前。

系，神宝于洪武十八年（1385年）病故后，到天启三年（1623年）韩进忠袭职，传了八人，其间两次传弟，一次传孙，折合起来，在239年中共传了七世，平均每世34年有余。考虑到明代规定土司承袭按嫡长子继承制，而在元代，按其本民族习俗是父母与幼子同居，传幼非传长。再考虑到撒拉人多长寿，三代人都传幼子，延续一百余年，完全是可能的。况且神宝入明以后十五年即寿终，在元末当系50或60岁以上之人。所以认为尕勒莽是在13世纪上中叶即蒙古帝国时期①迁来的。

第二，从尕勒莽东迁时的身份和13世纪时中亚的政治形势及民族迁徙大势考察，也应该是在蒙古帝国时期。详见下文。

(二) 尕勒莽东迁的原因和历史背景

中国境内尤其西北地区成批“色目人”东来，是与13世纪蒙古军西征，使东西大动脉之丝绸之路大开，造成了民族大迁徙和重新分化组合的新格局的形势分不开的。撒拉尔人属于色目人，也应从这里考察，而不是因民间传说中“偷牛冤案”的迫害而东迁。

13世纪初蒙古人兴起于北方草原。从1215年到1256年，成吉思汗及其子孙在四十余年中曾有过三次军事西征，征服了今新疆地区及葱岭以西、黑海以东的大片地方，从北京直到伏尔加河，无不战栗在蒙古铁骑之下。伴随着军事征服而来的是城市和农舍的破坏，集体的屠杀，层出不穷的暴行，当地居民的悲惨求生、

① 1206年，蒙古各部在斡难河源举行忽勒尔台大会，奉铁木真为大汗，尊号成吉思汗，从此蒙古帝国建立。1271年，成吉思汗之孙忽必烈在位时发布《建国号诏》，改国号为“大元”，从此称元朝。蒙古帝国时期指公元1206~1270年，元朝时期指公元1271~1368年。

四处逃亡。在蒙古大汗统一了所有的突厥民族、蒙古民族而成为一个横跨欧亚大陆的帝国之后，建立了一种“成吉思汗式的和平”。有的史家曾经写道：“在成吉思汗统治下，所有在伊朗与都兰（突厥斯坦）之间的地区内是那样的平静，以至于人们能够头顶黄金一盘从大地东端走到西端，他不会受到任何人的一小点暴力。”①这就是13世纪上半叶和中叶中亚等地区的民族迁徙的总的时代背景。蒙古贵族在征服花剌子模、灭吉里和钦察诸部族后，即签发当地信仰伊斯兰教的各族人，组成“西域亲军”，调发到东方来，用以对西夏和南宋作战。还有被签发的工匠，被俘掠的妇孺，也有知识界人士。“盖今在此种东方地域之中，已有回教人民不少之移殖，或为河中与呼罗珊之俘虏，挈至其地为匠人与牧人者，或因佥发而迁徙者。”②撒马尔罕之役后，“括余民，成吉思汗取工匠三万人，分赏其诸子、诸妻、诸将。 简供军役者，数与之同。”③直到1256年在旭兀烈西征时，还有“以阿木河（阿姆河）回回降民分赐诸王百官”④的记载。可见，从中亚向东方签军、括民、移徙的事例是层出不穷的。上述人们东来后，居住各地进行守护、屯驻诸事，而以居住于甘、宁、青各地居多。以致有“元时回回遍天下，及是居甘肃者甚多”之说。⑤

① ［法］勒尼·格鲁塞著，魏英邦译：《草原帝国》，青海人民出版社1991年版，第282~283页。

② ［瑞典］多桑著，冯承钧译：《多桑蒙古史·绪言》（第一卷），商务印书馆1936年版，第8页。

③ ［瑞典］多桑著，冯承钧译：《多桑蒙古史》（第一卷），商务印书馆1936年版，第107页。

④《元史》卷三《宪宗本纪》，中华书局1976年版。

⑤《明史》卷三三二《西域传四》，中华书局1974年版。

撒拉尔人东迁，是这一大潮流中被蒙古帝国大汗下令签发东来的信仰伊斯兰教各族中的一支。他们远离家乡、茹苦含辛、间关犯难、寻找新居，宗教信仰敌不过政治势力，这是他们历史上遭受的一次重大的政教冲突和政治迫害。不过，在民间传说中演义成了“偷牛冤案”受国王迫害而已。故此，尕勒莽率领本族170户人家集体东迁，是蒙古帝国时被签发而迁徙的。

（三）尕勒莽东迁时的身份

依据民间故事，尕勒莽东迁时似乎是18人一行的旅行团，而无官方身份。这与前文所引史料不符，也与当时的政治背景对不上口。其实不是十多个人的旅行团，而是170户人家在其首领尕勒莽率领下举族东迁。当时兵兴多事，东西万里，如无政府命令或官方身份，是走不过来的。因而，旅行者之说是不可信的。

或者是某些少数人所认为是“随军商队”，似乎有一定道理。但考虑到尕勒莽等到达循化后不久就被任命为积石州的世袭达鲁花赤，这种职务也非随军商队之人所能荣任的，因而也应被排除。

我们认为：尕勒莽东迁时是“签军”，是西域亲军中的一支由170户组成的军队。这支军队的名称叫“撒尔特”，被调往河西走廊驻屯。陶宗仪《辍耕录》卷一《氏族》中称作“散儿歹”(Sart)，也称作“撒尔特兀勒”(Sartaul)。到底是因为由“撒拉尔”人组成军队而称作“撒尔特”呢？还是由于“撒尔特”而有了“撒拉尔”的名称？目前尚无法作出明确的回答。看起来，撒尔特似乎是撒鲁尔人的又一名称。

据《元史译文证补》卷二六，撒尔特“其始祖为乌古斯汗”。又说：“太祖（成吉思汗）之征西域，亦称之曰撒尔特兀勒。”此史料表明，成吉思汗西征时与撒尔特有接触、有了解。又据俄文本《小百科全书》："撒尔特为中亚游牧民族以及俄罗斯人对土耳其斯坦东部土著所加的名称。"说明撒尔特不是自称，而是他称。该小百科全书对撒尔特人的体格特征、语言、习俗和地望的描述，与撒鲁尔人完全一致。因此可以认为，西域亲军中的撒尔特部，很可能是从撒鲁尔部中签发而组成的。所以，撒鲁尔人在中亚一带被称作撒尔特，就没有什么可以置疑的了。恩格斯在《家庭、私有制和国家的起源》中曾说过："随着时间的进展，往往一个部落被邻近各部落取了另外的名称，与该部落给自己取的名称不同……"①撒鲁尔人又被别的游牧民族称作撒尔特，即属于此类，以致被蒙古帝国签发充军，称该支部队名撒尔特了。

弄清了这一点，对于尕勒莽东迁时行走的路线和东迁的时间等问题，便可迎刃而解了。

(四) 尕勒莽东迁的路线

前已叙明尕勒莽率众东行走天山北路，过吐鲁番，进嘉峪关，经肃州（今酒泉）、甘州（今张掖）、凉州，到了宁夏，又向东南走秦州(今天水)，再折而西返等等。为什么绕这么个千里之遥的大弯子呢？这不是偶然的，不是由尕勒莽本人决定这么行走的，乃是当时13世纪20年代及其以后的蒙古军的行军路线。

成吉思汗于1219年以花剌子模杀害蒙古商队和使臣为理由，亲率大军西征，分兵攻下诸城诸地。1223年成吉思汗置达鲁花赤等官镇守撒马尔罕，②1225年至1227年成吉思汗自中亚回军，由天山北路、河西走廊东行，攻打西夏兴庆府（今银川），西域亲军中撒尔特部曾参与这次战役，党项族建立的西夏国在这一年破

① 《马克思恩格斯选集》第四卷，人民出版社1972年版，第87页。

② 韩儒林主编：《元朝史》（上），人民出版社2008年版，第139页。

灭。同年，成吉思汗到六盘山驻扎，死于清水行宫。“二十二年(1227) 丁亥春，帝留兵攻夏王城，自率师渡河攻积石州。二月，破临洮府。三月，破洮、河、西宁二州” (应为三州)[①]。这里说的积石州，在今循化一带，金朝始设积石州，元依循未改。

尔后，蒙古军进攻四川，南攻大理，从侧翼包抄南宋，均以位于天水西北、固原东南的六盘山为基地，经临洮、河州、迭部南进。循化位于河州的右侧，蒙古军曾派兵驻屯于此，以确保右翼的安全。在循化县境内夕厂沟口和果什滩沟口以及乃曼、赞不乎等庄，尚留存有当时蒙古军驻兵的6座塔城（又名伊萨尔），可以证明当时在今循化境内即撒拉人聚居的地方驻屯过军队。这支驻屯军队应包括撒尔特部。

1253年即忽必烈率军经临洮南下征大理的次年，在河州设置了“吐蕃等路宣慰使司都元帅府”作为管理安多地区藏族各部的军政机构，撒拉人所居住的积石州地也在该机构的管辖之下，而且与河州两地毗连。于此可证，撒拉人所居住的地方在军事上的重要性。

因此，蒙古帝国时期从1225~1253年这一时段内所发生在河西走廊、宁夏、秦巩、陇右和河湟等地区的系列军事活动中，撒尔特部遵循蒙古军统帅部的命令，参加过各地的攻城、驻防、守备等任务，最后被安排长期驻屯在归积石州管辖的今循化地方，其首领还担任了积石州的世袭达鲁花赤。基于此史实，对于民间传说中尕勒莽等人的东迁路线为什么要从凉州走向宁夏，又向东南绕道天水，又为什么折而西返经洮州、合作而转入循化，也就不难理解了。但是或许有人提出疑问：撒尔特部是一支军队，被

① 《元史》卷一《太祖本纪》，中华书局1976年版。

签发东行，为什么尕勒莽率领本族170户，包括男女老幼一齐东迁呢？对于当时的军事组织，不能用人们今天习见的常备兵的标准去衡量。当时的蒙古军和西域亲军除战斗人员外，还有随军的妇女、仆从以及成群的牛羊、骆驼等。《大莫卧儿帝国旅行记》中对蒙古帝国的军事组织的描述可供参考。该书说："骑兵构成一个主要部分。至于步兵，除非将全部随军的仆从、市集之人和商人，与真正的战斗力量混合在一起，并不如谣传之多……堆积如山的天幕、烹具、衣服、器具，甚至还有妇女，因此有像骆驼、牛、马，挑夫，搜索粮草者，随军卖酒食之人，各种商人和仆从，都是跟随军队的。"这一段文字，也许可以帮助我们理解当时包括撒拉尔人在内的信仰伊斯兰教的中亚各族人如何被签发东迁的情况。

综合以上论述，我们对撒拉族的族源问题可形成如下意见：撒拉尔人的先民是乌古斯部的撒鲁尔人，原本是古代少数民族西突厥的一个支系，游牧在伊犁河一带。经过迁徙分合，13世纪前半叶，阿干罕的儿子尕勒莽被蒙古贵族签军，他率领本族170户，以"撒尔特部"名号东行，辗转行军，驻屯于今青海省循化县。经过长期的历史发展，形成为祖国民族大家庭中的一个兄弟民族——撒拉族。撒拉尔人定居循化地区后，至今已有700年以上的历史了。

## 第二节　撒拉民族的形成及分布

撒拉族的先民定居循化地区时，人口只有170户，还不具备形成"稳定的共同体"的要素。在长期的历史发展中，与邻近民族互相融合而逐渐形成新的民族共同体。初迁至循化时仅限居街子（今街子乡），后因人口的增殖而向四周拓延，形成"六门八户”及“四房五族”和“撒拉十二工”。

## 一、撒拉族族体扩大及与周围民族的关系

### （一）与蒙古族的关系

蒙古帝国和元朝时期，蒙古族是统治民族。没有蒙古军的西征，也就不会有撒拉尔人的东迁，不会有尕勒莽及其子孙担任积石州世袭达鲁花赤。从这个意义上讲，撒拉族与蒙古族的关系是非常密切的。

1941年，撒拉人陕什夫在街子骆驼泉附近修建房屋时，曾经挖出一具柏木棺材，外有木椁，棺内有无头男尸一具，身躯较高，穿黄缎子袍服，上绣螺形花纹。据考证，死者系蒙古贵族。一般蒙古人或藏民不用木棺葬，惟蒙古贵族才衣衾棺椁地埋葬。从服饰看，也是蒙古贵族才可具有的。死者无头，应是蒙古军官战死者。殉葬物有红色彩陶器多件。从历史文献考察，从明初迄今，街子地方除撒拉人以外再无别的民族居住过。该死者当系撒拉人迁居该地以前驻屯在这里的蒙古人。

其次，街子东边原先曾有喇嘛教寺院一座，在其遗址处曾挖出过蒙古族女尸一具，头戴金箍二个，每个重一钱八分，殉葬物有红铜钱等物。

上述材料足可证明：街子一带在蒙古帝国和元朝时居住过蒙古人。撒拉人同蒙古人在此确实曾友好相处，共同戍守防御过这块地方。

### （二）与藏族的关系

撒拉族与邻近藏族，几百年来一直存在“夏尼”（意即本家）的关系，主要指撒拉人与藏族人绵延不绝的通婚关系。

4世纪以来，循化一带居住着吐谷浑人。7世纪中叶以后为吐蕃人所取代，历唐末、五代、两宋，吐蕃人一直居住在河州、洮

州、积石州等地方，直到13世纪蒙古人到来，才有了新的变化。元、明、清时期，藏族在循化一带居住的有“口内熟番十二族，口外西番四十九寨，口外南番二十一寨”[①]，人数较撒拉族多得多。撒拉人定居到循化后，与当地民族通婚。据说，尕勒莽率众定居循化街子以后，便为其儿子向文都（藏族居住的地方，今循化县境内街子的西南方向）头人囊木洒洪布求婚。这既合乎扩大民族主体的需要，也是初来乍到时搞好睦邻关系的正确措施。在他们双方说亲订婚过程中，当时藏族头人囊木洒洪布提出条件：结婚后要按藏族信奉的藏传佛教的规矩，在墙壁上凿佛龛，供佛像，每天叩头敬奉。这与伊斯兰教不敬偶像的规矩冲突，无法调和，尕勒莽没有答允。洪布又提出在住屋上放置嘛呢筒（即达曲嘛呢经轮），也与伊斯兰教冲突，没有得到应允。洪布又提出在庄廓院中立“经幡”，也没有得到应允。最后，洪布提出在庄廓四周围墙四角上放置白石头，这一条与伊斯兰教规矩没有冲突，尕勒莽答允了。所以撒拉族的庄廓四角都放置白石头，这一习俗是从藏族那里学来的。又如，撒拉人室内衣服不是放在衣柜中，而是挂在一根横竿上；结婚时做一盘“油搅团”（象征藏族食用的糌粑）送给送亲的客人们分吃；用三碗牛奶，一碗泼在新娘骑的马蹄上，两碗仍拿进来（藏族习俗用三碗青稞酒，因伊斯兰教禁酒，故改用牛奶）；还给送亲人家的人打“肉份子”吃，等等。试想如果没有两族间的“亲戚”关系，没有民族新血液的补充，撒拉族人口是不会迅速地繁衍的。正是由于两族间的友好通婚，所以在后来的撒拉族习俗中有不少地方受藏族影响。

此外，在居住区域的格局上，也没有撒拉人和藏族的严格界

---

①《清史稿》卷一三四《兵志五·甘肃番部》，中华书局1976年版。

限。撒拉人居住的“工”内，有撒拉人村庄，也有藏族村庄，甚至一个村庄内也有撒拉族和藏族杂居错处的。《循化志》载：“撒喇各工，番回各半。”又说：“考撒喇各工，皆有番庄。查汉大寺有二庄，崖慢工有六庄，孟打工有一庄，余工亦有之。且有一庄之中，与回子杂居者。”①此处所言“回”，指撒拉人；所言“番”，指藏人。

今贵德县藏族元珠沟十二族的历史，更典型地说明了撒拉人与藏族的血肉关系。蒙古帝国时撒拉人从中亚东来时，有12人住到元珠沟，与藏族通婚，子孙繁衍，形成十二族（支）。据民间传说，他们原先有一部《古兰经》，因无人会念，遇到聚礼和婚丧节日时，用手摸一摸经文，算作念经仪式。时间长了，逐渐失去了教门，与藏族分不开畛域了，融人当地藏族了。元珠沟藏族有一句谚语：“东那元珠沟索哇吉格尼，曼拉撒拉尔工吉格尼”，意即“元珠沟十二庄，撒拉十二工”。这部分人及其后裔，与撒拉人一直保持着非常密切的关系，一直称撒拉人为“夏尼”（本家），而不称“许乎”（乡亲）。清光绪年间，元珠沟藏族派代表到循化街子，喝过骆驼泉的水，拜过尕勒莽的墓，认过祖先，认过同宗，他们虽然远隔两地，仍然是一家子。

(三) 与回族的关系

居住在甘、青、宁等地的回族，主要是蒙古军西征后从中亚等地迁来的，他们与撒拉人在当时有着相同的遭遇和经历。两者在宗教信仰和生活习俗方面，有许多相同之处。与循化毗邻的河州、狄道一带，是回族聚居的重要地区之一，也是由兰州通往循

---

①［清］龚景瀚：《循化志》卷四《族寨工屯》，青海人民出版社1981年版，第157页。

化的重要通道，彼此间有着十分密切的联系。正是由于撒拉族与回族间的关系十分密切，以致过去在汉文史书或私人记述中往往把两者混同起来，称撒拉人为“撒拉回”、“撒回”或“循回”（意为循化之回）等等。这反映出两族间存在着亲密无间的关系。

撒拉族中有相当数量是积石关以东和大力加山以东的回族移入而融合进来的。撒拉人中有所谓韩姓以外的“外姓五族”，其中“而马姓居十之九”[①]，还有沈姓等，推原其始，均为回族。又如，撒拉人传颂的清代乾隆时的英雄人物苏四十三，其祖父“本河州回民也”[②]，始迁居撒拉街子工，“父苏那黑置庄田于查加工之古节烈庄，遂为节烈庄人”[③]。再从撒拉族的姓氏看，有韩、马、冶、沈、何等二十余姓，据撒拉人说，韩是根子姓，可见有相当数量是从回族吸收进来的。街子的沈姓撒拉人承认自己本来就是从河州迁来的回民。此外，“又有内地回民迁居工内者，亦为所属”[④]。总之，如果没有从回族中吸收新鲜血液，撒拉族很难发展成为一个单一民族。

（四）与汉族的关系

循化一带，在元时汉族人数不多，[⑤]明代以后汉人才大批

---

①［清］龚景瀚：《循化志》卷五《土司》，青海人民出版社1981年版，第218页。

②［清］龚景瀚：《循化志》卷八《回变》，青海人民出版社1981年版，第312页。

③［清］龚景瀚：《循化志》卷八《回变》，青海人民出版社1981年版，第312页。

④［清］龚景瀚：《循化志》卷五《土司》，青海人民出版社1981年版，第218页。

⑤ 1139年，金国将积石、乐、廓三州让与西夏。《金史》卷七八《刘萼、刘筈传》云：“三州汉人数千皆愿归金。”说明当时汉人不多。元时汉人多少，史籍无载。

进入。如：循化西境的“贵德十屯”（清代以后分别属贵德厅和循化厅）是明永乐四年（1406年）由陕西行都司都指挥使刘钊奏调来自内地的，其“保安四屯”皆调自内地，“吴屯者，其先盖江南人”①。由于各民族长期共同生活，渐渐彼此难分。“历年既久，衣服言语渐染夷风，其人自认为土人（指土著、当地人）。”②

在撒拉各工中心的循化城关的汉族，是清雍正八年（1730年）修城设营以后陆续迁入的。他们中有的系驻防军人的后裔，有的系官员或商人由流寓而定居的后代，当地人统称为“中原人”。长期以来，他们和撒拉族友好相处，相互学习，相互支援。汉族的先进生产技术和科学文化，对撒拉族社会历史的发展产生过较深的影响。两族密切交往，也有的相互通婚，建立了紧密的联系。

正是由于从周围兄弟民族中不断吸收新的血液，撒拉族的群体才得以不断壮大，并发展形成为一个新的民族。据明代嘉靖时张雨的《边政考》卷九《甘肃·河州番》记载，撒拉族人口已达“一万名口”，约 2 000户，比之初迁来时的170户已增加10倍以上。

## 二、撒拉族居住区域的分布和发展

撒拉人初迁到循化时，定居在街子（今街子乡）。随着人口增殖而向四周扩延，形成“六门八户”及“四房五族”和“撒拉十二工”。其主要居住区域在以街子为中心的黄河河谷和街子河河谷地方，康熙《河州志》卷一《山川》称这里为“撒喇川，

① ［清］龚景瀚：《循化志》卷四《族寨工屯·保安四屯》，青海人民出版社1981年版，第163页。

② ［清］龚景瀚：《循化志》卷四《族寨工屯·保安四屯》，青海人民出版社1981年版，第163页。

（河）州西积石关外二百里”。《循化志》对此说道：“今厅循化城，在撒喇八工适中之地，距河州正二百里，是此地本名撒喇川，其先盖已番人所居。”[①]在明朝和清代前期，人们仍称撒拉人所居住的地方为撒拉川。[②]

（一）“六门八户”

街子一带土地平旷，清流纵贯，四周崇山峻岭，郁郁苍苍。滚滚黄河自西而东流经其北。山川钟秀，气势雄伟。溯街子河西南行，系通保安、同仁至“贵德十屯”的大道；顺黄河南岸西上，通赞不乎、古什群峡[③]；东行通河州、临洮。很久以来，这里就是宜农宜牧的好地方，同时也是交通要道，屯兵重地。以此地为中心，产生了“六门八户”。对此有两种解释：

第一种解释是，尕勒莽有6个儿子，子孙分支成为六门八户。

---

①［清］龚景瀚：《循化志》卷四《族寨工屯·口外撒喇回子八工》，青海人民出版社1981年版，第155页。

②关于撒拉川，其先本为番地，由番人所居，撒拉人居住该地后，被称作撒拉川。但在明代文人笔下，因缺乏民族学方面的知识，把“撒拉”一词视作由地名而来。明代不著纂修人姓氏的史料《陇边考略》（台湾成文出版社，1970年依抄本影印）“河州卫”内记载：“（河州）卫迤西九十里为老鸦关，又九十里为起台堡，又七十里力上北庄，又九十里为撒剌坡。坡为三堡之关键。其地生番颇众，今土官韩清现统束之。”又查《循化志》卷五，韩清于明弘治十一年（1498年）袭任副千户。到嘉靖廿六年（1547年），张雨《边政考》卷九《甘肃·河州番》内，除有地名“撒拉站”以外，在河州卫中马十九族中有“撒剌族，男妇一万名口”之记载，撒拉族作为人们群体而存在。到康熙时，《河州志》仍称“撒喇川”，到乾隆以后隐而不见了。乾隆《循化志》卷四说：“撒喇川之名，反隐。”撒拉，“本其部落之名”，故知为民族之名，非地名也。

③ 20世纪80年代后水文和地质工作者见峡口有“拱北”二字，遂在地图上标称“拱北峡”，或“宫伯峡”，古什群峡之名反隐而不著。

据《杂学本本》：大儿子的后人住在街子工的上坊村，二儿子的后人住在街子工的清水庄，三、四、五、六儿子的后人分别住在街子工的撒兰巴亥、撒力坊、韩巴、黑大门等庄，称作“六门”，即六个支系。长子和次子各有一妻一妾，多出两支，合称“八户”。撒拉语称街子为“阿尔提欧里”，意为六个尸体，即六个人坟茔之地、撒拉人的根子地方。

第二种解释是，尕勒莽的6个儿子的后人称作“六门”，加上以后由河州迁入而转化为撒拉人的马姓、沈姓（已形成马家、沈家二村），合称“八户”。

上述解释，系出自古代宗法制生活方式，也是符合撒拉人的生活实际的。

（二）“四房五族”

这是对撒拉族中根子姓即韩姓与外姓的称呼。所谓“四房”，指居住在以街子为首的上六工的撒拉人。所谓“五族”，指“外姓五族”。乾隆《循化志》卷四有明晰记载，“外姓五族，而马姓十居其九”，即指马姓、沈姓等撒拉人。撒拉人称“韩姓是根子姓”。根子姓和非根子姓的存在，表明撒拉族族体扩大的发展规律和由氏族部落共同体发展成为民族共同体的发展轨迹。

（三）“撒拉十二工”和“内八工”、“外五工”

撒拉族居住的基本区域是循化的“撒拉十二工”，后合并为“撒拉八工”，称“内八工”。此外在化隆县境内有五工，称“外五工”。清同治以后，有相当一部分撒拉人移居积石关以东的临夏县大河家，今属甘肃，新设立积石山保安族东乡族撒拉族自治县，也成为撒拉族居住的基本区域。

关于“工”及对“工”语意的解释，乾隆时龚景瀚所纂修《循化志》记载了三种解释（见下文）。近世研究者，尤其是国外研究者对“工”解释，可谓多种多样，但大都不着实际。

日人佐口氏认为，各种解释都缺乏根据，只有1939年周振鹤《青海》一书说“工是族的意思”，其根据可能“来自阿拉伯语Qaun（部落）一词吧”。对工等于族的这种说法，以前的调查中还有一种见解，洛克西里 (Rockhill.w.w) 则认为等于村，“八工中的工一词，是汉语中的‘村’即英语中的‘Village’”。1956年苏联人捷尼舍夫也继承“工=区=村”的说法。[①]顾颉刚先生依据“夕厂工”等于“薛厂沟”，“查家工”等于“查家沟”的情况，认为“工大概是沟的转音”。[②]

从乾隆以后历清代、民国以至当代，工相当于“乡”的行政区划，每工之下领属若干村庄。工和村，是居住的自然单位，也是封建社会时期县以下的基层行政单位。

关于“十二工”的形成。据《循化志》卷四说：“雍正以前，并无工名，故雍正七年册，但称草滩坝庄十一庄。”又说：“据韩光祖[③]云，雍正八年征棹子山，调兵三千协剿，始分十二工名目。其取名不知何义？”[④]这段史料告诉我们，雍正八年（1730年）始有十二工名称，但不知工取名何义。“撒拉十二工”名称正式见于档册文卷是在雍正十三年。这年，土司韩文广[⑤]造具文

---

① ［日］片冈一忠著，华热多杰、马成俊译：《撒拉族史研究序说》，载《中国撒拉族》，1996年第一期。

② 顾颉刚：《撒拉回》，载《西北通讯》，1947年第10期。

③ 韩光祖，撒拉族土司，下六工土千户。乾隆十四年其父韩振武去世，次年，光祖袭职。

④ ［清］龚景瀚：《循化志》卷四《族寨工屯·口外撒喇回子八工》，青海人民出版社1981年版，第156页。

⑤ 韩文广，撒拉族土司，上六工土千户。乾隆元年其父韩炳去世，乾隆三年文广袭职。

册，呈报官府，称“撒喇一区，共十二工”[1]云云。工的语义，《循化志》中平列了三种，即：

第一，“岂立功之义而后仍讹功为工耶?”[2]意即由打仗立功，由军事编制单位，讹功为工，出现十二工。这近于望文生义，虽然其依据的资料出现颇早，不可取信。

第二，水利工程之工。撒拉人迁到循化以后，修筑水渠，灌溉田地，以致河渠纵横，傍水筑屋，聚居成村。这是用汉文解释撒拉语，也不一定正确。

第三，撒拉人自己的解释认为“工”是“Kand”（干）的对音，“干”是城镇之意，在中亚不少地方以“干”命名。撒拉人沿用旧习，称其所聚居的大庄为某某工。如清水大庄为清水工，如此等等。有十二个大庄，即撒拉十二工。我们认为这一种解释比较正确，依名从主人原则，撒拉语地名用撒拉语解释，且工乃干之转音，既符合语言学规律，也符合民族地名演变规律。

“撒拉十二工”是以循化城为中心分布的。城以西的六工，即街子工、草滩坝工、苏只工、别列工、查加工和查汗大寺工，被称作“上六工”；城以东的清水工、孟达工、打速古工、张哈工、乃曼工和夕厂工，被称作“下六工”。这里地势西高东低，黄河之水自西向东流，故西为上而东为下，合称“撒拉十二工”。每工有一个大庄，领属若干个较小村庄。清乾隆四十六年（1781年）苏四十三领导的反清斗争失败后，“村庄半毁”，人口大减，

---

① ［清］龚景瀚：《循化志》卷四《族寨工屯·口外撒喇回子八工》，青海人民出版社1981年版，第158页。

② ［清］龚景瀚：《循化志》卷四《族寨工屯·口外撒喇回子八工》，青海人民出版社1981年版，第156页。

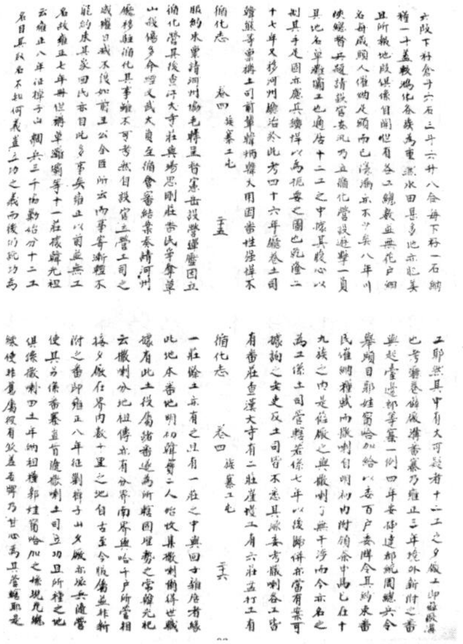

《循化志》卷四《族寨工屯》中关于撒拉族“工”的记载

“乃并十二工为八工”[①]。上六工中，草滩坝工并于街子工，别列工并于苏只工；下六工中，打速古工并于清水工，夕厂工并于乃曼工。从此，循化西乡的四工（街子、苏只、查加、查汗大寺）被称作“上四工”，东乡的四工（清水、孟达、张哈、乃曼）被称作“下四工”，合称“撒拉八工”。这八工，也被称作“内八工”。

乾隆四十六年至五十年前后，在村庄的数量上，街子工有18个，苏只工8个，查加工11个，查汗大寺工5个，加上四工所在地大庄4个，上四工共有村庄46个；清水工有村庄7个，孟达工7个，张哈工12个，乃曼工6个，加下四工所在地大庄4个，下四工共有村庄36个。上四工与下四工共有村庄82个。

关于“外五工”，史载：“旧十三工，今隶循化八工，余隶巴燕戎格”。[②]除循化撒拉八工以外，在巴燕戎格厅境内有五工。相对于循化被称作“内八工”，巴燕戎格厅的五工，被称作“外

① ［清］龚景瀚：《循化志》卷四《族寨工屯·口外撒喇回子八工》，青海人民出版社1981年版，第158页。

②《清史稿》卷一三四《兵志五·土兵》，中华书局1976年版。

五工”，巴燕戎格厅系乾隆十年（1745年）从碾伯县划出青沙山以南至黄河岸边的地方，设置县一级的巴燕戎格厅（也写作摆羊戎和巴燕戎厅），民国成立后，1913年改为化隆县。这五个工指甘都工、卡力岗工、上水地工（群科）、黑城子工和十五会工(厅城周围一带村庄)。住在这五工的，主要是藏族和回族，撒拉族只有4 000余人 (1958年统计的数字)，而且主要居住在甘都工的阿合旦庄、苏胡加庄、阿路庄[①]以及四合生庄、尕拉仓庄。卡力岗工主要系藏族，有的皈依伊斯兰教。上水地工内撒拉族与藏族分村落杂居 (今已很少有人操撒拉语，通行藏语和汉语)。黑城子工，与藏、回两族杂居，清道（光）咸（丰）时有撒拉族居住(今为回族)。十五会工中的“若尔哈庄”（卧日尕庄）可能有撒拉族居住过 (今为回族)。巴燕戎厅，原先为藏族居住地，从档案文册资料看，清乾隆末年始有撒拉人到此耕种。据道光三十年十月十五日陕甘总督琦善奏折：“巴燕戎格一带，从前本系番族之地，并无汉、回之人。因番畜牧为生，不谙耕植，方募撒拉来此耕种，由来已久。讵料该回民辗转相引，日聚日繁，因地葬坟，因坟占山。”[②]这些史料表明，巴燕戎厅所云“外五工”的地方，原先并不是撒拉族的基本居住区域，即使以后陆续迁来，人数也并非很多。民间流行的“花儿”有：“撒拉八工外五工，街子工有头人哩”，也可说明外五工是撒拉族移徙繁衍的地方。

“外五工”的形成及其名称的出现，当不会晚于嘉庆、道光

---

① 称该三庄“系河州厅撒拉回民，拨归碾伯县管辖，（乾隆）十年分隶巴燕戎厅管理”。见［清］杨应琚：《西宁府新志》卷十二《建置·堡寨》，青海人民出版社1988年版，第318页。

② 芈一之编：《撒拉族档案史料》，青海民族学院民族研究所铅印，1981年，第183页。

年间。据清档案查知，嘉庆十七年（1812年）三月初十日陕甘总督那彦成奏折、道光十二年（1832年）四月二十七日陕甘总督杨遇春奏折、道光三十年（1850年）十月十五日和同年十月二十三日陕甘总督琦善奏折，都提到“黑城子撒匪”，琦善在黑城子等地屠杀了数百名撒拉人。据载：“（道光）三十年，巴燕戎格厅属黑城子撒匪行抢，陕甘总督琦善帅兵讨平之。”①

撒拉人移居外五工的原因在于：一是地接循化，一河之隔，自然条件相同。二是自明代以来，撒拉族社会生产日益发展，人口日益增多，民族内部阶级矛盾也逐渐发展，许多劳动人民为谋生计，不得不渡河而北，另辟家园。对此，《甘宁青史略》卷十三载：“后散处巴燕戎一带，盖其生齿日繁，循化一县不能容纳故也。”

**三、撒拉民族的形成**

上文已考察撒拉族吸收新鲜血液、族体扩大、人口增殖及居住的共同地域，撒拉人有使用的独立的共同语言以及撒拉族的共同的经济生活（元、明时为半农半牧，清初以后逐渐发展为以农为主）。在此主要从下述两方面考察构成民族所具备的共同的心理素质问题。

（一）韩姓及其由来

“韩”，是撒拉族中的大姓、根子姓。从已知的史料看，撒拉人在蒙元时期尚无韩姓，也无其他姓氏。尕勒莽、阿哈莽、奥玛尔和神宝等，都是名字，而无姓氏。明代和清代数百年间，撒拉族的土司、尕最（即世袭总掌教）、哈尔（也称哈尔户长）等，都姓韩。元时，色目人是不使用汉字姓氏的，分别使用着原来的族姓和种

① ［清］邓承伟等撰：《西宁府续志》卷八《纲领志》，青海人民出版社1985年版，第374页。

姓。到了明朝，他们纷纷改用汉姓，这不仅由于民族间文化经济交流的结果，还有比较深刻的政治原因。洪武三年（1370年）四月曾通令全国“以汉字为姓”，“……尝诏告天下：蒙古诸色人等，皆吾赤子……令以汉字为姓。”后又下令“蒙古、色目人民，既居中国，许与中国人家结婚姻，不许与本类自相嫁娶”。到洪武九年闰九月，陕西参政曾秉正（南昌人）在一份奏折中谈到：“臣见近来蒙古、色目人，多改为汉姓，与华人无异。”①这段史料表明，当时包括河湟地区在内的陕西行省境内的色目人等都已使用汉姓了。

撒拉人使用“韩”姓有历史渊源。乾隆《循化志》卷五曾有记载，撒拉族是突厥支系后裔，突厥人称其首领为“可汗”，撒拉人先辈撒鲁尔也有汗号，尕勒莽之父仍有汗号。汗与韩谐音，故明初撒拉族土司以韩为姓，“土司神宝”（又可写作申宝），改名“韩宝”。既然土司以韩为姓了，土司同族及其属民，便都相率以韩为自己的姓氏了。②使用汉姓的结果，把原来同血缘关系的和不同血缘关系的居民，都紧密地联结到一起了。

再联系新吸收到撒拉族体中的杂姓，“五族则杂姓，而马姓居十之九”，③撒拉族作为民族共同体，逐渐形成了。

（二）习俗的特点

民族习俗是在长期历史发展中，由于不同的社会生活条件而形成的，它在相当程度上反映和表现各该民族的历史、经济文化生活和

① [清] 顾炎武：《日知录》卷二十三《二字改姓一字》，中篇。

② [清] 龚景瀚：《循化志》卷五《土司》，青海人民出版社1981年版，第212页。

③ [清] 龚景瀚：《循化志》卷五《土司》，青海人民出版社1981年版，第218页。

心理感情，这又与回族有着明显的差别。撒拉族有其独特的习俗。

一是衣着。撒拉人爱穿黑色夹夹 (背心)。民谚说：“那个尕撒拉呀，穿个黑夹夹呀。”

二是居住。庭院多为四方形，院内院后多种植蔬菜、瓜果、花卉。突出的还有，血缘关系较近的“阿格乃”和“孔木散”居住在同一区域。房屋多为平顶土房，均以木料泥土为主要建筑材料。院墙四角放置白石头。

三是婚礼。举行婚礼时演“骆驼舞”，边舞边唱，吟诵本民族迁徙历史，象征着民族的特殊精神。它既是一代一代传播民族历史的教材，也是增强民族凝聚力的精神教育方式。

综合以上材料可以看出，撒拉人已不是蒙古帝国时期东迁时的氏族和部落了，而是具备了构成民族的特征而成为“人们的稳定的共同体”。

形成民族的时间，我们认为是在明代中叶，即16世纪中叶。主要理由有二：

第一，人口数量和构成。元代和明初，撒拉族人口是不多的，尚未得到更多的新鲜血液的补充，主要仍然是以尕勒莽为首的部落的成员及其后裔。当时是河州卫中马十九族之一。①《明宣德实录》卷十八称作“沙剌簇”。于此可见，当时显然没有被当作一个民族，而是被当作一个部落看待的，与藏族中的“加咂族、尕工族、铁巴川藏族、令咂族、火蓝族……”②同样看待。

---

① ［清］龚景瀚：《循化志》卷七《盐法茶法》，青海人民出版社1981年版，第284~285页。

② 载：“明初，临洮府通判分驻河州，管二十四关土司三十六族，《河州志》谓之古族，尚载其名，曰加咂族、尕工族……”见［清］龚景瀚：《循化志》卷四《族寨工屯》，青海人民出版社1981年版，第170页。

第二，社会政治结构。从明初到明代中叶，撒拉族实行的是族长统治体制。乾隆《循化志》卷五载，撒拉族的族长韩宝于明洪武六年（1373年）被封为土司，职衔为世袭百户，正五品，属河州卫武职土官。到韩宝之孙韩贵时，于英宗正统元年（1436年）升为副千户，仍属河州卫武职土官。到了嘉靖时，情况有了较大变化。首先由于“外姓五族”的形成，人口增多了。嘉靖二十六年（1547年）张雨《边政考》卷九《甘肃·河州番》载，“撒剌族，男妇一万名口”。其次，到嘉靖三十一年（1552年），撒拉族副千户以外，又封了一名百户，专管“外姓五族”，“协办茶马”事务。[①]表明在族长统治体制下又增添了统治外姓五族的百户一名。这充分证明，所谓“五族”已被视作撒拉族的组成部分了。故此，撒拉族已经不再是同属于尕勒莽为首的氏族、部落的同血统的和与之有姻亲关系的“六门八户”和“四房”的后裔、姻亲的居民群体，而是发展成为包括“外姓五族”在内的更扩大的人们的共同体了。

据此，16世纪中叶，撒拉民族在祖国西北黄河上游的土地上正式形成了。

## 第三节　撒拉族早期的社会经济

依据撒拉族社会发展历程，撒拉族社会经济可划分为三个阶段。一是早期，元代到明代直至清雍正初年。撒拉民族形成初期，农牧业、手工业等初步发展，封建土地关系得以形成。二是

---

① ［清］龚景瀚：《循化志》卷五《土司》，青海人民出版社1981年版，第223页。

中期，雍正至鸦片战争时期。土流并举，以流管土，停止纳马，领主制经济为主，并有地主制经济生长，互相消长，阶级斗争复杂尖锐。三是后期，鸦片战争到1949年，取消土司制，改土归流，封建地主制经济得到迅速发展，封建军阀统治，社会经济走上畸形发展道路。下面对撒拉族的早期社会经济概况进行考察和论述。

撒拉族的早期社会经济状况，由于文字材料很少，不得不借助于本民族口头传说资料以作粗略的描述。

**一、农业和牧养业**

（一）先民的经济类型

撒拉族先民西突厥人在历史上主要从事畜牧业。但是，经济文化类型本身是一个历史的动态的发展进程，不是固定不变的。西突厥的支系很多，处于不同生态环境下的不同民族群体具有不同的经济文化特点，乃是社会历史中的普遍现象。撒鲁尔部阿干罕一支生活在中亚河中地区的撒马尔罕一带，那里是农业比较发达的地方，已具有农耕的经济文化是不足为怪的。

依据传说，先民东来时骆驼所驮的物品除《古兰经》之外，就是故乡的水和土。一般说，水和土是农业生产所需的最基本的条件，尽管游牧民族也免不了对水的依赖，但他们“重货轻土”。对土的眷恋与依赖更为突出的是农业民族。由此，也不难看出其先民的农业经济文化特点。另据民间传说，撒拉族在定居循化后，长期使用的粮种是从中亚带来的“喀拉毫尔散”（即黑芒麦）和“阿合毫尔散”（即白芒麦）。这些麦种在周围民族中很少使用。于此可见，撒拉族先民以从事农业为主的经济生活，则是更为明显的了。

从上述资料可见，尕勒莽率众定居在黄河上游南岸宜农宜牧的循化地方，从事以农为主、农牧兼营的经济生活，是顺理成章的。

(二) 封建国有制土地关系

撒拉人居住的循化沿黄河河谷一带地方，历代封建王朝相继对这里行使管辖权。撒拉人迁来时是蒙古帝国和元王朝管辖此地，之前为金朝统治，均在这里有行政建置，设官治民，土地所有权是属于封建国家的。通过封授赏赐的方式，交给撒拉族首领占有和使用，由撒拉族首领行使占有权和统治权。当时还没有土地私有制和土地私有者。元朝时，撒拉族首领尕勒莽及其嫡传子孙是积石州的“世袭达鲁花赤”；明朝时韩宝及其嫡传子孙是世袭百户，后升任世袭副千户，世有其地，也世有其民。撒拉族首领是封建王朝授予特权的封建领主，并不是在无主土地上的垦荒者。

正是在这样的地权形式或土地所有制的基础上，才出现：尕勒莽率众初来时及以后的年月里，在民间传说中及其他史料中没有发现土地买卖的痕迹。他们选择居住在以街子为中心的一带地方，从史实上考察，是驻兵之所需；从民间传说上考察，是当地的水和土与带来的水和土品质相一致，而不是买下的这块土地。

(三) 阶级构成

尕勒莽率众初来时是一个部落，被签发组建成一支军队；明朝以后，首领被封为土司，部属是土司属民。其社会基层组织为“阿格乃”（父系血缘近亲组织，由同祖父或同曾祖父的若干个体家庭组成）和“孔木散”（由若干“阿格乃”组成）。此外有宗教组织系统。撒拉族中具有政治特权身份的土司、世袭掌教和世袭“哈尔”（即户长，每个孔木散有一名哈尔）以及土司近亲（称作土舍），构成统治阶级，他们属于贵族地主即身份性地主。土司属民，包括农民、牧民，构成被统治阶级。这个历史阶段，庶民地主尚未出现。

(四) 农业牧业生产力状况

元代，撒拉人享受“色目人”的政治待遇，其首领可以担任重要官职。明代，在西北边卫，明朝政府集中力量抗拒蒙元王室的复国扰边活动，对西北各兄弟民族采取“联合结好政策”，共同“反元保塞”。在元明两代三百多年中，撒拉族有一个比较长期而安定的政治环境从事生产和建设，使社会生产和本族人口都得到相当大的提高。

1. 自然条件和水利灌溉

循化境内山峦起伏，沟渠纵横。南部高而北部低，南部为草山，为藏族所驻牧；北部临黄河，为撒拉族所居住。黄河自西而东流经其北，街子河和清水河（位于循化城东）自南而北分别从城西和城东注入黄河，形成“兀”字形。撒拉人沿这个“兀”字形水道分布居住，聚屋成村，联村为“工”。撒拉族人民充分利用了这里的农牧业自然资源，辟草莱为良田。他们引水灌田从什么时候开始，史无明载。乾隆《循化志》卷七说：“惟撒喇族回民……颇有水田，得灌溉之利。”[①]据此可以推断，在明末清初撒拉族人已比较广泛地修渠溉田，得灌溉之利了。

2. 农业工具、作物品种和耕作方法

据撒拉人说，他们的祖先从中亚带来黑芒麦和白芒麦种子，长期以来种植麦类作物。麦类中的青稞，是青藏高原上从事农业的各民族普遍种植的作物，适宜于比较高寒和干旱的自然条件，撒拉人也种植，但这是从藏族引进的。

---

①［清］龚景瀚：《循化志》卷七《农桑》，青海人民出版社1981年版，第279页。

撒拉人初来时耕作方式比较粗放，还保留着集体耕作制的方式。据调查所知：播种时先用镢头或铁锨挖坑，放入种子，一簇一簇的，既不知用条播工具，也不会撒播。或者先用镢头开个壕沟，一沟一沟地下种。至于用犁耕（主要是二牛抬杠，尚不是铁犁），是以后从汉族学来的。

庄稼收打方法，与13世纪时丘处机在中亚米思干（撒马尔罕）见到的情况有许多相似之处。如，“河中壤地宜百谷，惟无荞麦大豆。四月中麦熟，土俗收之乱堆于地，遇用即碾，六月斯毕。”[①]循化有荞麦、豌豆、蚕豆，无黄豆、绿豆。六月（夏历）麦熟，割后扎成捆子，堆于地。用时放到土场上，用连枷拍打脱粒（用石碌碡滚压，是以后的事）。

大约到了清代初年，农作物的品种已与周围汉族、回族大致相同了。据载：“五谷，附城左右，多种青稞、小麦、大麦，而大麦尤多。豆则小莞豆、小扁豆、白莞豆、蚕豆、绿豆，园中间有种刀豆者。秋田种大糜子、谷子。其荞麦则青稞割后方种，惟此为两收。”[②]一般为一年一收，惟种青稞收割后再种荞麦，为一年两收。文中所云“附城左右”，指草滩坝工、街子工和清水工。

3. 垦田数目

撒拉族在元代垦耕农田多少，无材料可寻，一般推断数目不会太多；在明代垦种多少田亩，也无材料可依。当时撒拉族是河州卫纳马十九族之一，不纳粮赋，不出科差，也不编“鱼鳞图

---

① 《长春真人西游记》（卷下），杨建新主编：《古西行记选注》，宁夏人民出版社1987年版，第218页。

② ［清］龚景瀚：《循化志》卷七《物产》，青海人民出版社1981年版，第293~294页。

册”[①]，故史籍中没有这方面的记载。

4. 畜牧业状况

从元初到明朝乃至清初，畜牧业在撒拉人的经济生活中一直占有重要地位。

第一，撒拉族先民撒鲁尔人原在中亚时，就拥有较多的畜群和经营畜牧业的经验。迁居循化以后，在明代二百多年是河州卫的纳马十九族之一，每年通过茶马司纳马易茶。明洪武时制定“金牌信符”制，撒拉族领有金牌一面，每年纳马80余匹[②]。到嘉靖三十一年（1552年）整理金牌制，撒拉族有两面金牌，按理，纳马数目应倍于前。每年能交纳偌大数目的马匹，没有相当规模的畜牧业是无从依托的。例纳马匹交换茶斤有一定比例，如史载，安定卫指挥同知哈三奏，“请如例岁纳孳畜什一。”[③]据此可知，各族纳马数目，大致是相当于马的十分之一，这样才能保证马匹孳生喂养源源不绝。依畜牧业的一般规律，凡牧养马者，一定同时牧养较马的数量更多的羊和牛等牲畜。所以可以推断，撒拉族在“纳马”的历史阶段牧养的羊、牛的数量也是较多的。

第二，据史载：“思曩日簇番人屡窃思曩日、沙剌簇牛羊等物。”[④]思曩日族邻近撒拉族游牧，一贫一富。如果撒拉族没有相

---

① 鱼鳞图册，明初洪武时，命人分行州县，随粮定区，量度田亩，图其方圆，悉书主名及田之四至，编汇成册，状若鱼鳞相次，故名。总之，即田亩登记图册。

② ［清］顾炎武：《天下郡国利病书》卷五九。原载：“河州茶马司……每岁中马原额年例一千五百四十匹。”该司辖十九族，平均每族纳马81匹以上。

③《明太宗永乐实录》卷三九，永乐三年春二月丁卯。

④《明宣宗宣德实录》卷十八，宣德元年六月癸亥。

当规模的畜牧业，哪有许多“牛羊等物”。被窃数量多了，次数多了，才呈报官府，以致被明朝中央知之，载于政府档册之中。可见被窃牛羊案件颇为严重了。

第三，从撒拉人的衣着看，当时没有丝绸（土司朝贡时有时被赏赐绸缎衣料），没有棉布，主要是以羊毛为原料的白色褐子和毡衣。没有相当数量的羊和羊毛，是难以解决数以万计的本民族人口的衣着问题的。

第四，直到清代乾隆时，还对畜牧业赖以存在的草山十分重视，并为此而发生争夺草山事件。史载撒拉各工最西边的查汗大寺工与汤思刚庄番民为争夺草山发生械斗，“杀伤多命，经文武大员至循会审结案，奏请河州厅移驻循化”。①由此可见，此时及此前，畜牧业在撒拉族经济生活中占有何等重要的位置。

第五，从撒拉族的婚嫁礼俗上也反映出了畜牧业经济生活的情况。《循化志》载：“其财礼，亦当日（指媒人至女家说定之日）定议，马二匹，或马一骡一。贫者，则以四小牛，择日令送。”②用牲畜作聘礼，反映出畜牧业在社会经济生活中所占的地位。

以上材料均可证明，在元、明时期直至清初，撒拉族是经营着相当规模的畜牧业的。质言之，撒拉族在早期社会历史中，是农牧兼营的半农半牧的民族。

**二、副业**

撒拉族除经营农业、畜牧业外，也从事手工业和副业。副业

---

①［清］龚景瀚：《循化志》卷四《族寨工屯》，青海人民出版社1981年版，第156页。

②［清］龚景瀚：《循化志》卷七《风俗》，青海人民出版社1981年版，第291页。

主要有打猎、伐木和淘金。并且在农田很少的孟达工，打猎和伐木在经济生活中占有特殊地位。

(一) 打猎和伐木

孟达工位于十二工的东北隅，周围群山环峙，树林密布。森林中野生动物众多，有熊、狼、猞猁、石羊、黄羊、麝、野猪等珍贵野兽，而“鹿獐尤多”[①]，具有很高的经济价值。山高林幽，草木繁茂，有537种植物，从亚热带到亚寒带的植物都有。孟达工撒拉人为谋生存，从来就是靠山吃山，其主要生产活动为：

一是打猎。打猎的工具，起初使用弓箭。明代末期以后，使用火枪。火枪以孟达工他洒坡庄制造的为最佳。制造火枪所需用的铁，从河州购进，火药是就地生产的。

打猎的方式，一般是一个人单独进行。如果三四人或五六人合伙打猎，撒拉语称作“一把卡”。“一把卡”打猎时，获取的猎物要平分。“一把卡”式打猎方式的延续和存在，表明撒拉族保留着父系氏族公社时期有公共的居住地，集体占有和集体使用一定的生产资料，集体分配劳动收获物的遗迹。同时，也是撒拉族社会基层组织——“阿格乃”和“孔木散”的存在反映在分配方式上的痕迹。

二是伐木。伐木在撒拉人的早期社会经济中也占有重要地位，近代仍然如此，并培养出许多伐木和放筏的能手。用林木产品换取粮食和日用物品。孟达工很早以前就出现了烧木炭的炭窑。烧木炭所用木材，多为较坚硬的青刚木等。清雍正时设循化营后，官府规定令孟达工要交木炭以顶替差徭。

---

① [清] 龚景瀚：《循化志》卷七《物产》，青海人民出版社1981年版，第295页。

（二）淘金

黄河上游河滩沙石中含有沙金，紧邻黄河的孟达、清水和街子工的撒拉人，也有不少人从事挖沙淘金。从民间流传的歌谣中得知，孟达工的人从事淘金的较多。据孟达工的老年人说，其祖先居住到这里的原因，除了有森林可以打猎、伐木过日子以外，紧靠黄河，还可以淘金过日子。

通过以上叙述，对于撒拉人的早期经济生活有个比较粗略明晰的认识：

撒拉人从元初定居到循化以后，以街子为中心，沿着黄河和街子、清水二河，逐渐发展繁衍，以启山林，以垦田亩，以蕃牛羊，过着以农业为主兼营牧业和一些副业的经济生活。

食则有小麦、青稞、肉品、乳酪等，住则以木结构土顶房屋为主，衣则白褐、黑褐以及白毡、沙毡。撒拉人通过河州茶马司，与内地发生着经济联系和物资交流。

这一时期撒拉族的社会生活状态，与《长春真人西游记》所载撒马尔罕一带的见闻有许多相似之处。兹抄录几段：

“庶人则以白么斯六尺许，盘于其首。”用白布缠头，即所谓“达斯达尔”，至今阿訇等人仍是这种装束。

“衣则或用白氎，缝如注袋，窄上宽下，缀以袖，谓之衬衣，男女通用。”将白毡或白褐缝作上下一筒、缀以袖的衣服，撒拉族的贫苦人民曾普遍穿用。

“其人物多魁梧，有膂力，能负载重物，不以担。”背负重物，用背斗，不用挑担，至今仍然。

“又于危舍上跳出大木，如飞檐，长阔丈余，上构虚亭，四垂缨络。每朝夕，其长登之，礼西方，谓之告天。不奉佛、不奉道，大呼吟于其上，丁男女闻之，皆趋拜其下，举国皆然，不尔则弃市。”上述“四垂缨络”的“虚亭”，在十二工虽然没有仿建者，但各村清真寺的“米拉罗”（唤醒楼）高耸，与此相似，这是信奉伊斯兰教民族所共同的。这段记载，不但说明建筑上的特点，也反映了其宗教生活的一斑。①

## 第四节 元明时期对撒拉族地区的施政

因边疆地区少数民族的社会生活、经济文化习俗等方面与中原地区的汉民族存在差异，所以历代中央王朝对这些民族地区所采取的统治方式和政策，与内地相比区别显著。元明时期，中央政府为保证撒拉族聚居区社会稳定、强化撒拉族对中央王朝的认同，采取了一系列有效的措施来实现对这一地区的社会控制。这些措施包括达鲁花赤及土司制度、茶马互市等，以此促进该地区的社会经济平稳发展。

### 一、元朝对撒拉族地区的管控

没有蒙古军的西征和在中亚等地“签军”，就没有尕勒莽的率部东迁，也就不会有他们父子孙三代担任积石州的达鲁花赤，同时也不会有明代而后发展形成为撒拉族。

元朝时，今青海省分属于三个军政区域管辖。东部农业区分别由两个行省管辖，牧业区为“宣政院辖地”。前属西夏境土的黄河以北、祁连山以南的湟水、大通河流域，设西宁州；噶斯草原归沙州路，而统归首府设在甘州的“甘肃等处行中书省”管辖。黄河以南沿岸农业区前属金国临洮府路积石州等管辖，元设

① 《长春真人西游记》（卷下），杨建新主编：《古西行记选注》，宁夏人民出版社1987年版，第218~219页。

积石州和贵德州，归首府设在西安的“陕西等处行中书省”管辖。设在河州的“吐蕃等处宣慰使司”管辖河曲、环海及四川西北部即所云安多藏族牧业区；玉树则归设在康区的“吐蕃等路宣慰使司”管辖。宣慰使司均隶于中央宣政院，故藏族牧业区也称作“宣政院辖地”。撒拉族所居住的黄河南岸地方，由陕西行省和吐蕃宣慰司交叉管理，民事由行省管理，游牧事和军事由宣慰司管理。今循化县地方归积石州管辖，金国设积石州治于积石关以东不远处（今属积石山县大河家乡），元朝沿袭未改。

元制，积石州是下州，设“达鲁花赤一员，元帅一员，同知一员，知事一员，脱脱禾孙一员”①。达鲁花赤系掌印官，相当于明清时期的“正堂官”，是一州的主要官员，位于元帅之上。这位达鲁花赤由撒拉人的首领担任并世袭之。乾隆《循化志》卷四说韩宝“系前元世袭达鲁花赤”。既云“世袭”，当然他不是首任。据《杂学本本》所载资料，在元代世袭了三代，即韩宝及韩宝之父奥玛尔得都尼和奥玛尔之父尕勒莽得都尼。尕勒莽是阿干罕之子，出身部落显贵之门，是率撒尔特部东迁的首领和带兵官，对此前文已叙明。尕勒莽率领本部落驻防在当时的军事要地之一的今循化地方，与其他部落万里东迁寻居觅食者大不相同。他在这块地方，统率本部，抚定番族，维持治安，由他担任积石州的达鲁花赤，是完全合理、顺理成章的。尕勒莽属于色目人，在政治地位上仅次于蒙古人，有任官资格。元代边地州郡的“达鲁花赤、长官、副长官，参用其土人为之”②。这里说的“土人”，指居住当地人士之意。积石州属于边地，色目人颇受重用，于此，可以信赖《循化志》和《杂学本本》留给我们的上述史料。

① 《元史》卷八十七《百官志三》，中华书局1976年版。

② 《元史》卷九十一《百官志七》，中华书局1976年版。

在总体的军事部署上，元朝有其一套“内外相维”的方略，以统治各地和各民族。史载：“内外相维，以制轻重之势”[①]；“命宗王将兵镇边徼襟喉之地。”[②]积石州地方，东邻河州，由“掌军民之务……有边陲军旅之事，则兼都元帅府”[③]的宣慰使司驻扎。贵德州在其西邻，也隶属于上述宣慰使司。南为松潘等处安抚司，西北方向为西宁州。元世祖忽必烈的第七子奥鲁赤被封为西平王，镇守吐蕃地面，其王府可能设在河曲地方的今同德县。西宁州由宁濮郡王章吉镇守。[④]

从上述可以看清楚撒拉族在这个军事网络中所处的地位。积石州在元代是边地军事重地之一，撒拉族广大人民处于蒙古贵族政权统治之下，而撒拉族首领则参加了这个政权的统治集团。

## 二、明朝对撒拉族地区的施政

元亡明兴，撒拉族于洪武三年（1370年）归附明朝。由于撒拉族居住地方是边地，是多民族地区，在明朝的总体统治网络中对西北地区施行特殊政策，撒拉族首领仍然没有丧失其有利地位，被明朝视作拉拢团结的对象。

### （一）推行卫所制度

明代将元行中书省改称“承宣布政使司”（司惯上仍称“行省”），“分领天下府州县及羁縻诸司”。[⑤]撤销甘肃行省，并入陕西行省，青海东部各地归首府设在西安的陕西行省管辖。西北诸边卫地方，派军驻防，巩固边圉，对当地各族兼管民事，管军管

①《元史》卷九十九《兵志二·宿卫》，中华书局1976年版。

②《元史》卷九十九《兵志二·镇戍》，中华书局1976年版。

③《元史》卷九十一《百官志七》，中华书局1976年版。

④《元史》卷六十《地理志三》，中华书局1976年版。

⑤《明史》卷四十《地理志一》，中华书局1974年版。

民，称“军民卫所”。对居住在西北诸边卫内外的兄弟民族实行“联番拒蒙”、“联回拒蒙”的方略，共同“反元保塞”，防御已退回到北方草原的蒙古贵族的军事进攻。一是承认各民族首领原有的政治地位和政治权益，“封以官位，授以名号”，正式采用和确立土司制度；二是通过茶马互市，以茶易马，加强各民族之间的经济纽带；三是推行“以僧徒化导”，对宗教上层宠以名号，给以优待，承认其宗教和在宗教制度上的特殊权益。洪武四年（1371年）在河州设河州卫，洪武六年在西宁设西宁卫，兼领“塞外四卫”。撒拉族属于河州卫管辖。

洪武三年（1370年）五月，明军在定西击败故元扩廓帖木儿的军事力量之后，分兵略地，收复今甘、宁、青各地。此后，撒拉族首领“世袭达鲁花赤”神宝（即韩宝），随同其上司“吐蕃等处宣慰使”何琐南普[①]，到明朝“左副将军”邓愈军门投降归附，[②]从此归附明朝。

明朝对包括青海东部黄河以南在内的青藏高原上原吐蕃各地，继承元朝划分三个军政区域的办法，由河州卫兼领原“吐蕃等处宣慰使司”的管辖地区，于洪武七年（1374年）将陕西行都指挥使司设在河州，[③]管辖沿边诸卫所，并兼领朵甘卫和乌斯藏等卫。河州成为西北军事重镇，由重要将领（如宁正等）镇守。河州卫的副职委任土官担任，如原宣慰使何琐南普任指挥同知，汪家奴任指挥佥事。[④]隶于河州卫的积石州千户所约于洪武四年

---

① 何琐南普，藏族，归附明朝，被任命为河州卫指挥同知。其后裔即河州东乡何土司。锁南坝，即何琐南普屯兵处。

② 《明史》卷一二六《邓愈传》，中华书局1974年版。

③ 陕西行都司先设在河州，后迁至庄浪卫，又迁至甘州。见《明史》卷七十六《职官志五》，中华书局，1974年版。

④ 《明太祖洪武实录》卷一〇六，洪武九年五月甲寅。

组建，今循化县地方为该千户所辖境。韩宝于洪武六年被任命为积石州千户所的百户，正式职衔为“昭信校尉管军百户”[①]。明制，百户系武职，正六品，由韩宝的长房子孙世袭。60多年后到正统元年（1436年），明朝将韩宝之孙韩贵升为副千户，为从五品武职。韩宝及其子孙是撒拉族世袭的武职土司和封建领主，世有其地，世有其民。

（二）撒拉族土司统治

撒拉族土司是青海农业区诸土司之一。一般说来，土司具有两重身份，既是本族的酋豪和领袖，又是封建王朝在本族中的统治工具。土司的政治特权和经济利益，完全依恃王朝的封授。土司对王朝的职责是“各统其……部落，以听征调、守卫、朝贡、保塞之令”[②]。又说，“彼大姓相擅，世积威约，而必假我爵禄，宠之名号，乃易为统摄，故奔走惟命。”终明之世270余年，撒拉族土司是忠于明王朝的。

1. 撒拉族土司的职衔品级

明制，“凡土司之官九级，自从三品至从七品，皆无岁禄”。[③]土司世有其地，世有其民，取之于民，不上户部，故土司有官级而无俸禄。洪武三年（1370年），撒拉族归附明朝后，到洪武六年（1373年）韩宝被授予世袭百户，拨属河州卫。同年四月，明廷兵部发下“值字六百五十六号诰命”一道，授“昭信校尉管军百户”，属于武职土司，正六品。传到韩宝之嫡孙韩贵时，业已檄调从征七次，用事实表明这个前元积石州世

① ［清］龚景瀚：《循化志》卷五《土司》，青海人民出版社1981年版，第219页。

②《明史》卷七十二《职官志一》，中华书局1974年版。

③《明史》卷七十二《职官志一》，中华书局1974年版。

袭达鲁花赤家族对明王朝是忠贞的，而且是有相当战斗力的，于正统元年(1436年）升为副千户，从五品。在河湟地区各家土司中，其职衔晋升者屡见不鲜，非独韩宝一家。之所以这样做，也有不降低其原有政治地位的考虑因素。在元代，积石州达鲁花赤系正五品。到明初，授以正六品的百户职衔，又升为从五品的副千户，应该说品级大体相当了。当时这样做，也可看出明朝的主政官员是考虑到了他们原先的政治地位和人口实际数字和战斗实力的。到清雍正七年（1729年）清廷授予正五品的土千户，可能出于同样的考虑。

按明制，官印的规格：正六品，铜印，方二寸二分，厚二分五厘；从五品，铜印，方二寸四分，厚四分五厘。[①]撒拉族土司当时的印信是怎样的，目前无资料可考。

2. 撒拉族土司与明王朝的关系

土司与流官不同，属于“世官九等”之列，[②]不领俸禄，对其所属不编册籍，不纳科差，主要职责是朝贡、征调、保塞。也可以说，只要政治上服从封建王朝，其民族内部事务完全是“自治状态”。土司就是这个“自治”的土邦里的土皇帝。

撒拉族居住的今循化县，东有二十四关，是河州卫所辖关内关外的界限，周围多为番族。所要求的守土、保塞，就是说撒拉族土司有责任维护这一带地方的封建王朝所要求的封建秩序。事实确也如此，终明之世，这里没有发生过反明活动。在清初80年间，也没有发生过反清活动。

第一，朝贡。明王朝要求各土司定期朝贡。撒拉族土司大约

① 《明史》卷七十二《职官志一》，中华书局1974年版。

② 《明史》卷七十二《职官志一》，中华书局1974年版。

三年一贡，贡物有马、酥油、足力麻。[①]朝贡队伍，“大族起送，为首者四五人，小族起送者一二人”。[②]撒拉族不属于大族，故每次朝贡队伍，为首者一二人。封建王朝为表示怀柔远人，也给予相当赏赐。“留边听赏者，大族不过十五人，小族不过七八人”。[③]赏赐多少，事例不一。一般是“六品七品，钞六十锭，彩缎二表里”；“五品，钞八十锭，彩缎三表里”。[④]撒拉族土司朝贡所得赏赐，从上述可以推知。在清初几十年间，撒拉族土司是否朝贡，无资料可以表明，看来没有朝贡。

第二，征调。在撒拉族历史上留下了多次率兵从征的记录，这从一个侧面反映出撒拉人从元朝以来就表现出来的勇敢剽悍的战斗作风和军事业绩。在明代受征调的情况，据史载有两种：一是士兵调赴京城参加操阅，一是参加明朝军事将领主持的征剿活动。

撒拉族土司有额设土兵120名。[⑤]征调时，视需要多少，征发属民充之。据载，曾调陕西河州、巩昌、岷州、临洮“四卫土著铁甲马军二千九百余人，至京听操”，“人赐钞八锭”。[⑥]那时撒拉族土司属河州卫的“管军百户”，理应随河州卫各土司赴京城参加操阅。时明朝京城在南京，撒拉族土司韩撒都剌（韩宝之子，洪武十八年韩宝去世，韩撒都剌袭职）率领土兵到南京参加

---

① 足力麻或足尔麻，一种食品名称。

②《大明会典》卷一〇八《朝贡四·西戎下》“洮岷等处番族”。

③《大明会典》卷一〇八《朝贡四·西戎下》“洮岷等处番族”。

④《大明会典》卷一一三《给赐三·土官》。又，彩缎是做官服的丝质衣料，一表里是有表有里的一套服装的衣料。

⑤［清］龚景瀚：《循化志》卷五《土司》，青海人民出版社1981年版，第218页。

⑥《明太祖洪武实录》卷一八〇，洪武二十五年春正月壬子朔。

了这次盛大的检阅，即“听操”。从《明实录》和其他史册的资料上看，赴京操阅，仅此一次。

明代270多年中，撒拉族土司共被征调参加大规模军事征剿17次，其中12次是抗击蒙古贵族攻扰明帝国的边塞，5次是镇压反明武装斗争。[①]可见，明王朝联合西北各族共同进行“反元”、“保塞”的政策之成功运用；同时也可看出，撒拉族土司在明王朝巩固和保障边塞安定的斗争中起过积极的作用。其被征调的各次情况，大致如后：

(1) 洪武五年（1372年）冬十月庚子，“邓愈为征西将军，征吐蕃”，[②]檄调撒拉族土司韩宝征讨游牧于今海南州的黑章咂、白章咂等部。[③]

(2) 洪武二十五年（1392年），土司韩撒都剌调征位于西宁卫西北的罕东等处。[④]

(3) 洪武二十六年，土司韩撒都剌调征云南建昌（今四川省西昌市）。[⑤]

明洪武八年设置罕东百户所，位于西宁卫之西今湟中县、湟源县一带。后其部众逐渐西迁，洪武三十年（1397年）设置罕东卫，位于沙州即今敦煌附近。洪武二十五年时番酋祁者孙暴乱，扰罕东地，部众多逃徙。瞿昙寺番僧三剌为书招之，“相继来

---

① 参见《明史》、《循化志》。

②《明史》卷二《太祖纪二》，中华书局1974年版。

③［清］龚景瀚：《循化志》卷五《土司》，青海人民出版社1981年版，第219页。

④［清］龚景瀚：《循化志》卷五《土司》，青海人民出版社1981年版，第219页。

⑤［清］龚景瀚：《循化志》卷五《土司》，青海人民出版社1981年版，第219页。

归”，治理兰州、庄浪七卫兵马的明将军蓝玉率军追剿祁者孙，撒拉族土司率领土兵随征。二十五年“夏四月癸丑”，前元蒙古贵族降明后被授予指挥之职的“建昌卫指挥月鲁帖木儿叛”①。蓝玉率得胜之师，移征建昌，②撒拉族土司随征。

(4) 洪武二十七年（1394年）秋八月，甘肃阶（州）文（县）兵变，时任“平羌将军总川陕兵”③的都督宁正率军讨平，调韩撒都剌从征大炒围。

(5) 洪武二十八年（1395年），洮州“上答立”等番部暴乱，宁正从秦王朱樉率军讨平，④韩撒都剌随征。⑤

(6) 宣德十年（1435年），土司韩贵（撒都剌之子）调戍凉州黑山等处。⑥

(7) 正统元年（1436年），韩贵调戍凉州扒沙等处。同年，韩贵的职衔由百户升为副千户。⑦

(8) 正统元年，蒙古贵族阿鲁台和朵尔只伯，乘明廷有重大变动之时袭扰河西走廊等地，右都督蒋贵和都督同知赵安率军防边抵御，在凉州等处战斗。土司韩贵奉檄调参加戍边和战斗。

(9) 正统十四年（1449年），蒙古贵族也先大规模地南进，

---

①《明史》卷三《太祖纪三》，中华书局1974年版。

②《明史》卷一三二《蓝玉传》，中华书局1974年版。

③《明史》卷一三四《宁正传》，中华书局1974年版。

④《明史》卷三《太祖纪三》，中华书局1974年版。

⑤［清］龚景瀚：《循化志》卷五《土司》，青海人民出版社1981年版，第219页。

⑥［清］龚景瀚：《循化志》卷五《土司》，青海人民出版社1981年版，第219页。

⑦［清］龚景瀚：《循化志》卷五《土司》，青海人民出版社1981年版，第219页。

明英宗在宦官王振挟持下率军亲征，在土木堡（今河北怀来东）被也先俘虏，史称“土木之变”。土司韩琦（韩贵之子）随总兵官王敬在甘州等处戍守防边。[①]

（10）景泰六年（1455年），韩琦随总兵官萧敬在河西走廊抗击蒙古贵族的进攻，从征至亦令真集，又转战到库库诺尔（青海湖）。[②]

（11）天顺元年（1457年），蒙古贵族孛罗（孛来）攻掠宁夏等地，韩琦奉安远侯柳溥檄调，跟随总兵官刘杰征战。[③]

（12）成化五年（1469年），蒙古贵族毛里孩率众攻掠榆林、延绥一带，土司韩恺（韩琦之弟）随抚宁侯朱永在延绥、庆阳等地戍守。[④]

（13）弘治十一年（1498年），蒙古贵族小王子南攻，土司韩清（韩恺之子）奉檄调在甘州戍守。[⑤]

（14）正德十一年（1516年），蒙古贵族小王子南攻，土司韩通（韩清之子）奉檄调在甘州、银川等地戍守。[⑥]

---

①［清］龚景瀚：《循化志》卷五《土司》，青海人民出版社1981年版，第219页。

②［清］龚景瀚：《循化志》卷五《土司》，青海人民出版社1981年版，第219页。

③［清］龚景瀚：《循化志》卷五《土司》，青海人民出版社1981年版，第219页。

④［清］龚景瀚：《循化志》卷五《土司》，青海人民出版社1981年版，第219页。

⑤［清］龚景瀚：《循化志》卷五《土司》，青海人民出版社1981年版，第219页。

⑥［清］龚景瀚：《循化志》卷五《土司》，青海人民出版社1981年版，第219页。

（15）万历四十三年（1615年），河套蒙古诸部在猛克什力率领下攻掠延绥等地，土司韩增（韩通之孙，韩勇之弟）奉檄调赴甘州戍守。①

（16）天启三年（1623年），土司韩进忠（韩增之子）奉调征黑章咂番族及调赴汉南勉县等地。当年，永宁宣抚使（土司）奢崇明武装反明，川陕震动，韩进忠被调赴陕南勉县一带防守。②

（17）崇祯七年（1634年），农民起义军在李自成、张献忠领导下，转战各地。当时刚有车箱峡之败，转战于终南山一带打击明军。土司韩进忠奉檄调赴陕西凤翔、岐山、宝鸡等地，参加攻剿"八大王"张献忠的军事活动。③

土司立有军功，应照军功例受赏，一般是"厚赏不升"，此则与流官不同。例如，"洪武廿七年（1394年）从征大炒围，有功"；"二十八年……有功"，而均不记赏。正统元年"调凉州扒沙等处，剿贼有功"，接着记载只是"赏狐帽、胖袄"而已。而后，数次"有功"，俱未记赏赐如何。由此可见，明代卫所"土流参治"的土官武职，也即土司，是与汉官不相同的。

另外，从乾隆《循化志》卷五留下的零星史料可以得知，有4名土司可能在随明军征战中死于疆场。明代撒拉族土司的死亡和承袭的档案材料，无从查知。但仅知韩琦于天顺元年"故"，而未加"病"字，这一年他随总兵官刘杰在长城沿线征战；韩恺

① ［清］龚景瀚：《循化志》卷五《土司》，青海人民出版社1981年版，第220页。

② ［清］龚景瀚：《循化志》卷五《土司》，青海人民出版社1981年版，第220页。

③ ［清］龚景瀚：《循化志》卷五《土司》，青海人民出版社1981年版，第220页。

于弘治十一年（1498年）“故”，同样未加“病”字，而这一年他在甘州戍守；韩清于正德十一年（1516年）非病而“故”，这一年他在甘州、银川等地戍守。他们之死，是与奉调从征联系在一起的，即使不是直接死于刀锋箭镝，也难免因征战劳瘁或水土不服而死在军营之中。至于土司韩进忠之死，《循化志》卷五记载明确，“天启三年（1623年）袭……崇祯七年（1634年），军门陈题授凤县守备，又调至岐山、宝鸡、麻岭关等处，战退八大王回贼有功，十年，军门陈题奏，奉旨加都司佥书，管汉羌游击，阵亡。”[①]明代，撒拉族土司共传10人，其中8人被征调17次，有4人因征战而献出生命。由此又可见撒拉族土司对明王朝的忠诚了。

第三，土司承袭和世系。揆诸史实，明代撒拉族土司未有妻、女、婿承袭者；以弟袭兄者二人，以孙袭祖者一人，其余均为以子袭父，即父死子继。土司任职年龄规定为15岁以上，即所谓“年十五以上，许袭职。如年未及，暂令协同流官管事”，俟年届十五时再任职。[②]这项规定，清朝沿袭明制未变。

撒拉族土司系武职，由王朝中央兵部管理，其手续大致有如下规定：

土司生前，先将应承袭之人即土司继承人的姓名，开报地方官府备案。土司去世，照名起送办理承袭，防止争权夺位之事发生。明英宗正统二年（1437年）进一步规定，应承袭者，预为勘定报送官府，造册四份，送都指挥司一本，布政司一本，按察司

① ［清］龚景瀚：《循化志》卷五《土司》，青海人民出版社1981年版，第220页。

② 《大明会典》卷一二一《銓选四·土夷袭替》。

一本，上报兵部一本。天顺二年（1458年）又规定：土司去世后，该管衙门应委派堂上官（即长吏，衙门主要官员）体勘（即貌阅，亲自面谈）应承袭之人，并取具土司的宗图结状，连人保送兵部，奏请皇帝任命。这一规定手续是够详尽仔细了。但土司都在边陲之地，距京遥远，万里迢迢，赴京请旨，不但稽延时日，且资费颇巨。天顺末年（1464年）有个变通规定，即准许土司去世后其继承人呈缴勘奏，就地袭职，不必亲自赴兵部了。此即《明史》卷三一〇《土司》所言："袭替必奉朝命，虽在万里外，皆赴阙受职。天顺末，许土官呈缴勘奏，则威权渐弛。"

土司及土司继承人被准许袭职以后，由兵部发给"号纸"，作为任职的凭证。如果发生争位仇杀或拨置不应承袭之人，发生庶出、过继、乞养异姓之人承袭或假冒僭越等情弊，一经察觉，则"俱问发极边烟瘴地面充军"[①]。撒拉族土司，从未发生过上述类似等情弊。[②]土司必须奉王朝正朔，并按规定品级冠带，即在正式场合穿着王朝规定的服装。

从上述可见，封建王朝中央政府把土司的承袭和任命权牢牢地掌握在自己手中，没有王朝的敕命和号纸，不能算作土司。仅由地方军政长官委任的，叫做"外委土司"。

在明代270多年中，撒拉族土司共传10人，清代初年1人，兹列其世系如后：

韩宝—子—韩撒都剌—子—韩贵—子—韩琦—弟—韩恺—子—韩清

韩通—孙—韩勇—弟—韩增—子—韩进忠—子—［清］韩愈昌

第四，土司统治机构——土司衙门。如河州知州王全臣所

---

①《大明会典》卷一二一《铨选四·土夷袭替》。

② 芈一之编：《撒拉族档案史料》，青海民族学院民族研究所铅印，1981年。参见本书中有关"题本"的部分。

言："伊等各有衙门，各设刑具，虎踞一方。"[①]这种土司衙门虽然也是封建王朝统治网络中的组成部分，但它是比较特殊的组成部分，不同于郡县制体系下的流官的衙门。撒拉族土司，明代驻在循化街子。清雍正七年以后，封授了两个土司，上六工土司驻在街子，下六工土司驻在乃曼。乃曼土司衙门故址，至今仍存。

土司衙门的组织大致是：土司，下设千总2人，一为护印千总，辅佐土司办理政务和庶务；一为领兵千总，辅佐土司率领和训练土兵。两位千总，实质上是土司的文武佐相。其属下有把总，也是2人，一为军事把总，一为管家把总。土司是所属土兵的统帅。土兵所需的服装、粮秣、鞍马、武器等，均自备。因之，当某一支土兵应征值勤时，往往不是穿着统一的服装，而显得杂乱多样。这是他们与明朝的卫所边兵和清朝的绿营兵丁不同之处。

土司有一定的军权、财权，可以在其辖区内收取租赋，还有司法权。土司衙门，兼作法庭，有讼则男女亲自辩诉。土司判决是终审判决，不得上诉，也无地上诉。土司衙门设有各种刑具，也有监狱。

在护印千总属下有管家（即管家把总），管理钱粮收支等事。另有"委役"若干人，传达命令，催收钱粮；有"稿房"，办理公文。当时对上呈禀文件，使用汉文。

土司亲属，称作"土舍"，他们从土司特权中分得余润，可以享受到一般撒拉人难以得到的政治经济利益。按照规定，如果土司乏嗣绝后，可从土舍中选择承袭之。但在撒拉族土司传世

---

①［清］王全臣撰：《河州志》卷二《河州卫田赋》，临夏图书馆1985年版，第43页。

中，没有发生过这种情况。

此外，还有“老民”，指年长辈高、在社会上受到人们尊重之人。清朝规定，土司病故和其继承人承袭时，需要有邻封土司和老民所签署的甘结保证，以防止有作伪情弊。

百姓群民称土司为“土司老爷”。诉讼时或者土司下乡巡查时，百姓见土司要下跪叩拜。

兹列土司统治机构示意表如后：

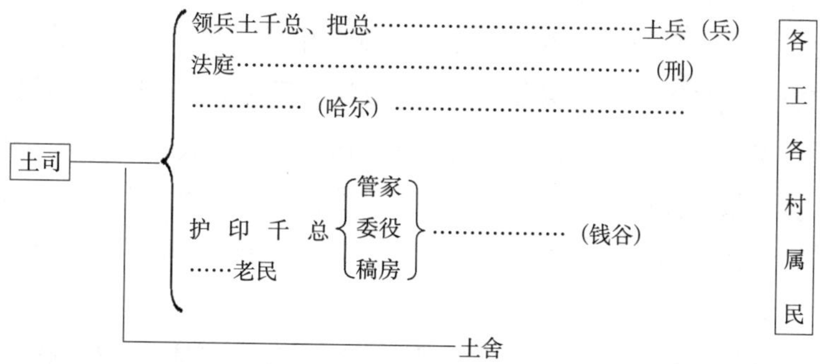


（三）土司统治下的属民和土兵

第一，土兵和属民。土司所统率的兵丁叫做“土兵”。土兵对土司的人身依附关系很强，类似于中世纪时地主豪强的“部曲”、“私兵”，他们对统率他们的长官没有选择的自由。世代土司不论才和不才、能和不能，照例是土兵的统帅。土兵也是世代为兵，父死子继。土兵有事从征，无事时听从土司分拨从事放牧或在“军马田地”上垦荒务农。这种田地名义上属于封建国家所有，实则封授给土司进行使用和管理。由于土司不向中央王朝交纳租赋，只在茶马司交马易茶，而马需要牧场牧草，所以称作“军马田地”。土兵是土司属民中的一部分。土司的属民，男丁有当兵的义务，如需要从征时，征发为土兵，自备鞍马器械，听从指挥。平时在土司分拨给的地块上进行农牧业生产劳动。这个时期，土地买卖尚未发生，土地的私有制也不存在，世俗地主也尚未产生，与之相联系的雇农、佃农也未产生。大家所使用的土地，属于土司所有，名为“军马田地”或“茶马田地”。[①]

土兵没有固定数目，除封建王朝批准“额设”的一支小队伍外，“每有征调，临时视所用之数，以土民充之。”[②]这样，就出现了如近代所谓的“骨干”兵和非骨干兵之别。推原其始，大致是如下情况：土司原是本部落世袭的豪酋。撒拉族先人尕勒莽在蒙元时率本部落被“签军”东迁，部落中成年男丁，都是兵士，都应服从指挥，履行军事任务，可以说兵民不分，民即兵，兵即民。俟封授土司以后，土司周围的亲信人员，会成为土司的侍从人员。遇有征调或其他军事活动，这些侍从武士便成为土兵的骨干，土兵中的军官。立有功勋以后，为给予酬劳，有的人可能被任命为“哈尔户长”，成为基层干部。

已知史料反映，撒拉族土司被檄调从征，有时带兵3 000人，最多时达到4 000人。这么多人都是临时从属民中征发的，并不是额设的常备兵。随着社会经济的发展和邻近地区（如河州、临洮和西宁等）农业经济利益的刺激，土司发现在宜农宜牧的所谓“军马田地”上种植农作物，颇有经济效益。随着社会环境的安定，军事征战次数的减少，土兵被迫耕种军马田便成为主要的职责了。属民耕种军马田，要给土司交纳租赋，虽然土司并不向封

① 雍正十年正月二十五日甘肃巡抚许容奏折，见芈一之编：《撒拉族档案史料》，青海民族学院民族研究所铅印，1981年，第2页。

② ［清］龚景瀚：《循化志》卷五《土司》，青海人民出版社1981年版，第218页。

建国家纳租赋，但他照样对属民征收租赋，即所谓“种一份田，交一份粮”。这一份田，就其性质而言，是土司分拨给的“份地”；属民交纳给土司的租赋，既属于地租，也属于赋税。属民与土司的关系，除经济关系之外，主要是政治隶属关系。土司的存在以“世有其地，世有其民”为前提，而土司的属民则是“世居其地，世为其民”。从这个意义上，土司的属民，不论他们同为韩姓，或别的姓氏，或从河州等地迁入的，都是土司这位封建领主统治下的“农奴”或“部曲”。他们与同时期处于郡县制度流官统治下的庶民百姓，在政治地位上是有一定区别的。

第二，租赋。撒拉族在整个明代和清初的三百多年间，是属于河州卫管理的“纳马之族”，对封建王朝不纳租赋，不负担科差。但土司对其属民则征收租赋。土司在各工派有“总管”，也称“坐庄户”，催收租赋。一般说，每段地（每段面积大小不等，由几分地到二三亩不等）交秋粮二至五升，作为粮赋；另外再交四五升粮作为地租。①

第三，杂派徭役。土司对属民的剥削，主要体现在杂派徭役上。就其性质言，属于劳役地租。例如，土司修建衙门、住宅，由属民提供无偿劳役；逢年过节，属民须送礼致贺。土司下乡巡查，苛派勒索，招待供应。一首民谣说：“老爷（指土司）一下乡，狗腿子来了，百姓遭殃。”至于前文叙述过的男丁须自备鞍马器械充当土兵，听命从征，更是一项沉重的负担。

第四，土司霸地占丁。随着明朝时期长时间的社会发展和土司多次征战立功，撒拉族土司的政治和经济实力日益膨胀，加之明末清初的几十年间，皇朝中央无暇顾及河湟地区，这些封建领

① 这方面史料奇缺，依社会历史调查材料，粗略叙述。

主便乘机霸地占丁，扩大自己的势力。《河州志》卷三中留下了可靠的记载。河州知州王全臣历数河州一带土司、国师（番族）的劣迹后写到：

“伊等各有衙门，各设刑具，虎踞一方，威势炎赫。其地与汉民犬牙交错，附近居民，有畏其侵凌窜入者，有被其引诱窜入者，有犯法惧罪而窜入者，有避荒抗赋而窜入者，有佃种番地遂成部落者，有卖产土司遂成番地者。种种舞弊，难以枚举。”接着王全臣特别提出撒拉族土司：“试举一二言之。如撒拉族头目韩大用、韩炳，巢穴原在积石关外，[①]最为豪强。近关居民屡受侵害，田地房屋尽被霸占。甚且擅准汉民词讼，窥伺一人稍可聊生，即商同地棍捏词诬控，差役锁拿。被告之家，不至破产。……是土司、国师之霸丁占地，其来已久，其术甚巧。总缘伊等以土司、国师为护符，自恃从无处分定例，而有司又不敢加以刑法，遂肆意妄行，毫无顾忌。”[②]

这段材料提供了几点重要情况。一是撒拉族土司在河州纳马十九族中，“最为豪强”。二是明末清初，农业经济中土地上的丰厚收入，刺激得土司垂涎三尺，利用各种手段，“霸丁占地”。甚至“擅准汉民词讼”、“差役锁拿”，其跋扈之迹可见。三是文中提到“卖产土司”，土司通过买卖扩大自己占地范围，说明土地买卖已在土司辖区发生了，不过不是在属民中而是在土司中。这种经济趋势是会蔓延的。四是积石关以东的农民原先不是撒拉

① 积石关在今循化县城顺黄河往东的孟达工的东境，该地为积石峡。关以西为循化县地，关以东为甘肃省积石山县地。积石关之东不远处，是金、元的积石州城遗址。

② ［清］王全臣撰：《河州志》卷二《河州卫田赋》，临夏市图书馆1985年版，第43~45页。

族土司的属民，因“逃荒抗赋”而迁入撒拉族土司辖区，视之为自己投奔的乐园。

综上所述，可以看出撒拉族土司作为一方的封建领主是如何发展壮大的，同时也能看到撒拉族在明代和清初，其社会经济的发展轨迹，如何从农牧兼营向以农业为主发展和如何出现“卖产土司”、土地买卖等现象。

（四）茶马互市及有关经济状况

茶马互市是历史上封建王朝的一种官营垄断贸易，也是对边地兄弟民族的一种差发制度，定期纳马，酬以茶斤，同时也是国家行使统治权的一种体现。撒拉族在明代乃至清初共约300年中是河州卫的纳马之族，茶马互市对撒拉族社会产生重要影响。

1. 茶马互市制度和茶马司

在甘青地区推行以内地生产之茶交换经营牧业的兄弟民族的马的“茶马互市”，在唐代就开始了，但未制度化。宋朝熙宁时，在秦凤、熙河（临洮、河州）“博马，并茶马为一司”，是设置茶马互市机构的创始。茶马司总揽运茶博马之职，当时，运巴茶于边，“西人颇以善马至边，所嗜惟茶”，[①]以马易茶，利国也利边，两得其利。撒拉族虽然于元时迁居到四周是番族而且在宋朝时已施行过茶马互市的循化地区，但元朝牧地广于前代，群牧孳息，骊骝遍野，仅实行榷茶，而无茶马之制。到了明朝，形势异于元代。明蒙长期对峙，长城沿线和西北边卫战事不断。明朝官军需用战马，而马匹主要产自西北兄弟民族。所以对唐宋茶马旧制斟酌损益，制度尤密。故《明史》总结性地评说：洪武初年甫

---

① ［清］杨应琚：《西宁府新志》卷十七《茶马》，青海人民出版社1988年版，第421页。

定陇右，即效法汉武帝创立河西四郡隔绝羌胡之民，“建重镇于甘肃，以北拒蒙古，南捍诸番，俾不得相合”。又在河州、西宁等边卫实行汉土参治，“令之世守”，建立土司制度。再“且多置茶课司，番人得以马易茶”，实行茶马互市。“而部族之长，亦许其岁时朝贡，自通名号于天子”。并尊崇宗教，“因其俗尚，用僧徒化导为善”，数管齐下。这样，“彼势既分，又动于利，不敢为恶”。即有小故，“边将以偏师制之，靡不应时底定”。由此观之，茶马互市是事关军国大计和边陲安定的基本政策的组成部分，绝不可仅看作民族间的贸易而已。“故议者以太祖（指朱元璋）制驭为善。”①居住西北边卫的撒拉族及番族各部，终明之世，没有反明之举，《明史》称为“西陲之患亦益寡。”②

洪武三年（1370年）明军规复陇右等地，撒拉族归附明朝。次年即设置茶马司，开始茶马互市。“四年……设茶马司于秦、洮、河、雅诸州……西方诸部落，无不以马售者。”③洪武七年，并洮州茶马司于河州，扩大河州茶马司的业务范围。同年，在河州城南建筑茶马司署，派驻大使一人、副使一人，“掌市马之事”。④史载：“茶马司在州南百步，明洪武七年建。大使、副使二员，收放茶篦，招易番马。”⑤另外在河州城内文明阁东街建茶

---

①《明史》卷三三〇《西域二·西番诸卫》，中华书局1974年版。

②《明史》卷三三〇《西域二·西番诸卫》，中华书局1974年版。

③《明史》卷八十《食货志四·茶法》，中华书局1974年版。

④《明史》卷七十五《职官志四·茶马司》，中华书局1974年版。

⑤［清］王全臣撰：《河州志》卷二《公署》，临夏市图书馆1985年版，第57页。

库八十间，贮放茶叶。[①]河州茶马司所辖市易之处有二，其中之一在积石关，该处是循化、贵德一带兄弟民族各部交马易茶之地。据载：“积石关……明初于［河］州置茶马司，此为市易之处，有官军戍守。”[②]茶马司受巡按御史（明中叶后特设陕西巡茶御史）的监督。明代虽在西北设有4个茶马司，但一直以河州茶马司为重要的互市地区，在《明实录》中留下许多市马资料。

易马所用的茶，主要是产于四川、汉中一带的“巴茶”。明中叶后，两湖地区茶叶生产日益发展，其值贱，其利大，商人经常私贩，出边易马，以至巴茶滞阻。万历二十三年（1595年）明廷官员对茶政有过一次争论。御史徐侨主张“汉、川茶少而值高，湖南茶多而值下。湖茶之行，无妨汉中。汉茶味甘而薄，湖茶味苦，于酥酪为宜，亦利番也”，[③]得到明廷批准，从此湖茶畅销甘青等地，影响至今。[④]今之茯茶砖，均产自湖南，盖已有数百年历史了。

明朝对茶的生产、发运、批验、装封、茶马比价等，都有比较明确的规定和制度，即所谓的运茶“经过地方，责令掌印官盘验，佐贰官催运。凡中茶有引，由出茶地方有税，贮放有茶仓，巡茶有御史，分理有茶马司、茶课司，验茶有批验所。岁遣行人赍榜文于行茶所在，悬示禁约。私茶出境，拨官军把守巡视，但

---

① ［清］龚景瀚：《循化志》卷三《仓厫》，青海人民出版社1981年版，第121页。

② ［清］龚景瀚：《循化志》卷二《关津》，青海人民出版社1981年版，第74页。

③《明史》卷八十《食货志四·茶法》，中华书局1974年版。

④ 旧时有四川西部所产名“康大茶”，曾行销玉树和甘南藏区，今已无之。查《明史》有云：“碉门、永宁、筠、连所产茶，名曰剪刀麄叶，惟西番用之。”见《明史》卷八十《食货志四·茶法》，中华书局1974年版。

有私茶，即拿解治罪”[①]。茶的包装，起初为茶篦，形如圆形竹笼，一篦重10斤。后改成茶封，每封5斤，形如砖块。相沿成习，沿用至今。

金牌信符正面与背面

凡纳马之族，领有明朝政府颁发的金牌，称“金牌信符”，该金牌也作为明朝向各族征发土兵的凭证，定期派官查验。兄弟民族的首领也把领到金牌视作“官符”，是对本族拥有权力的象征。洪武三十年（1397年）制发金牌41面，其中河州卫和必里卫21面，共纳马7 705匹，平均每面金牌纳马360多匹。撒拉族领获金牌一面。据《明史》卷八十《食货志四·茶法》载，金牌为上下两号，上号镌阳文，下号为阴文，合若符契。上号藏内府，下号发给纳马各族。背面字体为篆文，上曰“皇帝圣旨”，左曰“合当差发”，右曰“不信者斩”。规定“三岁一遣官合符”。该项金牌实物于20世纪80年代曾在明代河州卫管辖下的今贵德县发现。金牌铜制镏金，长22厘米，宽8厘米，厚0.8厘米。正面有阴文楷书“信符”二字，背面有阴文篆书12字，与《明

① ［清］杨应琚：《西宁府新志》卷十七《茶马》，青海人民出版社1988年版，第423页。

史》所载相同。金牌为圆肩，顶部有一圆孔，以便穿绳系挂。[①] 由此可见，撒拉族土司携带金牌，率领人众，驱赶良马，定期到积石关地方，与河州茶马司官员“比对金牌”合符交易，交马换茶。

茶马比价，明初规定：“上马一匹，给茶百二十斤，中七十斤，驹五十斤。”[②]这种比价不是一成不变的，视边地贮茶数量而有伸缩。据载，“……收到河州卫各番簇马七千七百一十四匹，上马每匹茶六十斤，中马四十斤，下马递减之”。[③]这种交易，重在政治羁縻，而并非着眼于经济上的盈利，当时茶价马价基本上是对等的。茶的生产日多，其价格可能有日减的趋势，马就地交易，无辗转运输之费，其价格可能较稳。合符交易办法，时行时变。如“正统末（1449年），罢金牌，岁遣行人巡察”。[④]正德（16世纪初）

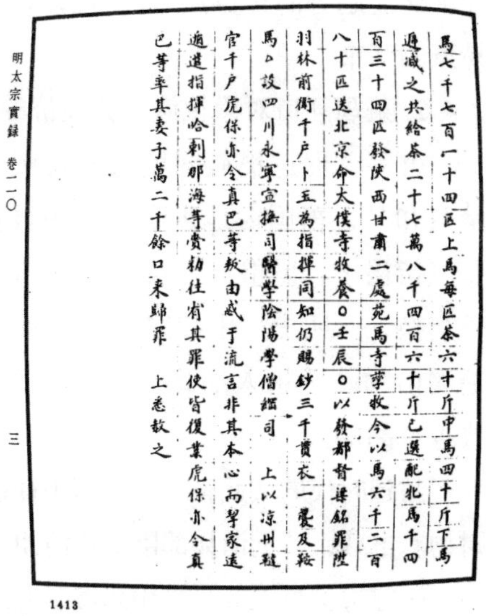
明太宗實録 卷一一〇

馬七千七百一十四匹上馬每匹茶六十斤中馬四十斤下馬
遞減之共給茶二十七萬八千四百六十斤已選配牝馬千四
百三十四匹發陝西甘肅二處苑馬寺孳牧令以馬六千二百
八十匹送北京命太僕寺牧養○壬辰○以發都督譚銘罪陞
羽林前衛千戶卜五爲指揮同知仍賜鈔三千貫衣一襲及鞍
馬○設四川永寧宣撫司醫學陰陽學僧綱司 上以涼州韃
官千戶虎保亦令真巴等叛由惑于流言非其本心而挈家遠
遁遣指揮哈剌那海等賫勑往宥其罪使皆復業虎保亦令真
巴等率其妻子萬二千餘口來歸罪 上悉赦之

三

1413

《明实录》中关于茶马贸易的记载

---

① 芈一之：《金牌信符与茶马互市》，见芈一之主编：《黄河上游地区历史与文物》，重庆出版社2006年版，第382页。

② 《明史》卷八十《食货志四·茶法》，中华书局1974年版。

③ 《明太宗永乐实录》卷一一〇，永乐八年十一月癸亥。

④ 《明史》卷九十二《兵志四》，中华书局1974年版。

以后，青海境内民族关系有了新的变化，东蒙古迁入以后发生了一连串的民族间的武装冲突，金牌多有失落者。到嘉靖三十一年(1552年) 明廷重新整理过金牌制度，再次核发金牌，这时撒拉族领获了两面。[①]这是撒拉族人口增殖和经济发展的标志，同时奠定了清雍正时封授两家土司的基础。为时不久，随着国内民族间经济交流趋势的日益强大，明朝仍然准许定期的不用金牌的以马易茶的互市。

2. 茶马互市对撒拉族社会经济的影响

第一，促进民族间贸易的发展。茶马互市中的商品，不仅是茶和马，祖国内地生产的日用百货、布匹等与边地生产的毛布（指褐子、氆氇）、畜牧产品和土特产品，也通过这个市场进行交换。《明史》中叙述茶马交易时说，“川人故以茶易毛布、毛缨诸物。”[②]川人如此，西北边卫居民和卫所将士也是喜欢畜牧等产品的。

封建时代的文武官吏在互市中往往用劣茶欺骗，甚或恃强劫夺财物。史载，“上谓兵部臣曰：河州、洮州、西宁诸处，与西番易马……守边头目人等，多用恶谬茶欺之，甚者侵损其财物。”[③]这段材料表明，不仅茶马司的官员不依法进行官方互市，连“守边头目人等”也可以茶易物，或以伪劣茶叶交换其财物。这是官员、头目的一种额外经济收入。百姓面对这种欺诈侵凌行为，最直接的反抗方式就是再不上这个当了，于是“互市者少”，转而进行民

---

① ［清］龚景瀚：《循化志》卷五《土司》，青海人民出版社1981年版，第221~223页。

② 《明史》卷八十《食货志四·茶法》，中华书局1974年版。

③ 《明太宗永乐实录》卷四十九，永乐三年十二月乙酉。

间贸易。

对于民间贸易，明朝政府先是采取严禁政策，“以私茶出者罪死，虽勋戚无贷”[①]；“私茶出境，与关隘不讥者，并论死”；“驸马都尉欧阳伦以私茶坐死”。[②]不可谓不严了。但随着国内和平局面的长期维持、各边地民族向心力的增加，“西番故饶马，而仰给中国茶饮以去疾”。[③]民间贸易的洪流是无法堵御的，即使称作“奸人多挟私茶阑出为利，番马不时至”[④]，设法严禁，也难尽除。明王朝不得不放宽禁令，顺从经济规律。民间贸易的发展大致有如下阶段：

明初洪武时，茶马互市比较顺利。如，太祖“尝谓户部尚书郁新，曰：用陕西汉中茶三百万斤，可得马三万匹”。[⑤]包括撒拉族在内的“西方诸部落，无不以马售者”[⑥]。“其通道有二，一出河州，一出碉门，运茶五十余万斤，获马万三千八百匹。”“太祖之驭番如此”。[⑦]永乐时，茶马互市继续顺利进行，不过开始出现了私茶出境日多的现象。“永乐中，帝怀柔远人，递增茶斤。由是市马者多，而茶不足。茶禁亦稍弛，多私出境。”[⑧]永乐时金牌信符制也停止了（宣德十年复行之）。

宣德时（1426~1435年）西北各茶马司缺茶，于是招商于四

---

①《明史》卷九十二《兵志四》，中华书局1974年版。

②《明史》卷八十《食货志四·茶法》，中华书局1974年版。

③《明史》卷一九八《杨一清传》，中华书局1974年版。

④《明史》卷一九八《杨一清传》，中华书局1974年版。

⑤《明史》卷八十《食货志四·茶法》，中华书局1974年版。

⑥《明史》卷八十《食货志四·茶法》，中华书局1974年版。

⑦《明史》卷八十《食货志四·茶法》，中华书局1974年版。

⑧《明史》卷八十《食货志四·茶法》，中华书局1974年版。

川茶仓承受官茶运赴各司，“官茶百斤，加耗什一”，准许补给每百斤另加十斤的损耗，同时发给“由帖”（正项茶引之外准许私营的茶证），以资鼓励。因之，西北各地的私茶越来越多。《明史》说，“正统末，罢金牌……边氓冒禁私贩者多。”[①]所云“冒禁私贩”，正表明民间贸易是难以人为地禁阻的。到弘治三年（1490年）复招商买茶于川陕，运赴西北各茶马司，官取其十之四以市马，商有其十之六，“始令货卖”。[②]即以私茶合法地与边民贸易。从此，茶马交易不再全部为官府所垄断，良马反而多投入民间贸易的渠道。在明武宗正德（1506~1521年）时，杨一清督理马政茶政，奏准招商买茶，“以半与商，令自卖。遂著为例永行焉”，[③]私茶只会越来越多。杨又想恢复金牌信符之制，但“金牌以久废，卒不能复”[④]。到嘉靖“三十年（1551年），诏给番族勘合，”[⑤]即重新颁发给能比对勘合的金牌，然“初制讫不能复矣”[⑥]。《明史》言及此事时说：“商人正引之外，多给赏由票，使得私行。番人上驷尽入奸商，茶司所市者乃其中下也。”[⑦]上等马尽入商人之手，正说明农业经济和牧业经济相互依存的关系越来越密切。茶是撒拉族等民族的生活必需品，茶叶中含有咖啡碱、茶多酚、茶色素等多种成分，有药用和保健作用，对于居地高原，多食肉酪，副食缺乏的民族

---

①《明史》卷九十二《兵志四》，中华书局1974年版。

②《明史》卷八十《食货志四·茶法》，中华书局1974年版。

③《明史》卷八十《食货志四·茶法》，中华书局1974年版。

④《明史》卷八十《食货志四·茶法》，中华书局1974年版。

⑤《明史》卷九十二《兵志四》，中华书局1974年版。

⑥《明史》卷九十二《兵志四》，中华书局1974年版。

⑦《明史》卷八十《食货志四·茶法》，中华书局1974年版。

群众说，茶可以补充其所需的许多营养成分而维持其生理和饮食的平衡。《明史》所云“番人嗜乳酪，不得茶，则困以病”[①]，就是对上述现象的粗略概括。

这里须说明的是，上述关于茶马互市的史料中的“西番”、“番人”，在明代和清代前期的王朝官方文书和文人笔下，一直是把撒拉族列入其内的。如重要文献之一的《边政考》卷九，就把撒拉族列在“河州卫番”之中。列在撒拉族前边的有双奔族、尕工族、火蓝族等等，列在其后边的有边多族、列思巴族、尕藏族等等。由此可见，撒拉族长期被当作番族，上文引述的史料是包括撒拉族在内的。其次，撒拉族在河州茶马司交马领茶，与河州卫所属各番族是一体进行的。

茶马互市中茶篦、茶封的包装形式和重量，传统相沿，延用至今。

第二，对畜牧业发展的影响。撒拉族既然长期属于纳马之族，畜牧业在其社会经济中必然占有重要地位，当时的生产状况如何，可以从纳马数目推测而知。

明洪武时河州卫和必里卫颁发金牌21面，共纳马7 705匹，平均每面金牌纳马360余匹。当时撒拉族领有金牌一面，每三年遣官合符交易一次。加上民间贸易，每三年市马之数当不少于380多匹。到嘉靖三十一年（1552年），金牌增至两面，每次纳马之数当在七八百匹上下。可见，人口和畜牧业经济都有大的发展。

现在姑且依1949年后历年综合统计数字作为测算标准，用来估算撒拉族历史上的经济状况。在畜群中，一般说羊占70%左右，大牲畜占30%左右。大牲畜中，马占10%~20%，牛占80%左右。

---

① 《明史》卷八十《食货志四·茶法》，中华书局1974年版。

马占总牲畜头数6%左右。[①]这个数据来自牧业经济，对农牧兼营的撒拉族可能不完全吻合，但可作为参照使用。据此可知，明代撒拉族的畜群是相当可观的。纳马之数，一般是马匹总数的十分之一。三年互市一次，每次纳马700~800匹，平均每年当为200~250匹，马群总数当在2 000~3 000匹。那么羊只头数，当以万计了。嘉靖时撒拉族人口总数为1万，约2 000户，平均每户占有马1匹以上，羊不少于20只。

凡纳马之族的田地名为“茶马田地”，不纳粮赋，不出科差。清雍正十年（1732年）正月二十五日甘肃巡抚许容奏折中谈到明代及清初茶马制度时说：“以茶中马之例，每年于洮岷、河州、庄浪、西宁四司所管番土人民，以茶易马……以有易无，彼此两便。……名为茶马田地，惟知中马当差，并不承纳赋税，以故牧畜蕃息，领茶交马。”[②]许容在此指明“领茶交马”的部落，在和平安定环境中“牧畜蕃息”的事实。随着生产的发展和经济的繁荣，民族人口必然增加。撒拉族于蒙元初迁来时在170户以上，千人左右。经过约300年的发展，到明嘉靖二十六年（1547年）为“一万名口”，翻了三番还多。正是由于人口增加，畜群增加，在嘉靖三十一年八月，撒拉族领有的金牌又增加了一面。

畜牧业经济中的贫富，是由拥有的马牛羊数量来衡量的。马不仅是重要的战士乘骑、交通工具、狩猎用坐骑和财富，也可供给人们皮革、肉、乳等物，所以人们多以马作为歌颂对象，婚礼中也多以马作聘礼。乾隆《循化志》卷四记述撒拉人的聘礼时

---

① 《青海畜牧业经济发展史》，第一章第四节，青海人民出版社1983年版。

② 芈一之编：《撒拉族档案史料》，青海民族学院民族研究所铅印，1981年，第2页。

说："马二匹，或马一骡一，贫者则以四小牛。"[①]这正说明撒拉族历史上曾存在过相当长时期的畜牧业经济的事实，否则不会明显地反映在婚姻礼俗上。

第三，对农业生产的影响。甘青各地凡是宜农宜牧的地方，在邻近农业经济的影响和促进下，大都逐渐变为以农为主，以养活日益增多的人口。在同样面积的土地上，从事农业的收获物比从事牧业的收获物会大大地增加。撒拉人聚居的循化，也是沿着这条道路发展的，以致原先的"茶马田地"，逐渐变成了农田。这种变化过程，从明初开始，到18世纪完成。雍正四年（1726年）清廷派地方官员在撒拉十二工"查田定赋"，标志着这个变化的基本完成。

土司制度是以土司世官其地，世有其土，而土司统治下的属民是以世为其民为前提的。土司和属民的关系也是建立在上述土地关系上的。撒拉族土司由本族的首领嬗变而来。在部落制度下，牧场、土地本来是公有的，游牧人群对土地的私有观念是陌生的，他们对自己使用的生产工具和生活资料最早产生私有观念。对于土地，土司得自于封建王朝的封授和赐予，渐渐地由公有公用而变为私有。

撒拉人迁来后，农牧兼营。明朝时虽属纳马之族，没有畜牧业是不行的，但同时也进行农耕。土司属下的土兵和属民，有战事需要当然从征，无战事时在茶马田地上进行放牧和农耕。随着邻近地区农业的发展，农业收获优裕于牧业收获，牧场便逐渐向农田转化。在这种转化的过程中，土兵逐渐变为农民。随着征调

① ［清］龚景瀚：《循化志》卷七《风俗》，青海人民出版社1981年版，第291页。

次数的减少，长时期的和平生活，土兵们便自然地以从事农耕为主要职责了。土司作为领主，在达到他的权势高峰时，会朝大地主的目标急速地转化。土司占有大量的农田，也不能排斥小地主的产生。于是，18世纪以后撒拉族社会中出现了领主经济同地主经济的矛盾和斗争，这种斗争反映到宗教上便会产生复杂的教派斗争现象。

# 第二章 清朝前期中期

清顺治二年（1645 年）清军西进，统治甘青一带地方。当时清朝统治集团忙于对付南明政权和农民军余部，对西北边卫着眼于羁縻安抚，所以率由旧章，一如明制。清雍正时始有变更，由于周围地区政治形势的变化和撒拉族内部社会经济的发展，在清王朝全面加强对青藏高原各地统治的同时，对撒拉族的管理体制也相应做了较大变更，即查田定赋、设循化营、置两个土千户，接着又设立循化厅。于是，撒拉族由本族土司管理的“纳马之族”变成了“土流并举”、“以流治土”。在撒拉族聚居地区既有驻扎兵丁的循化营，又有管理民刑钱粮等事务的循化厅，并设清王朝封授的两个土千户。这样，一方面促进了这个地区社会经济的发展、对外交往的增多、庶民地主势力抬头；另一方面，人民群众负担加重，社会阶级矛盾的复杂因素增多，以教派斗争为表现形式的社会矛盾和阶级斗争逐渐呈现出不可遏止之势。

# 第一节　查田定赋、封授土司和设营立厅

清初对河湟等地采取“绥靖”和“羁縻”政策，“画土分疆，多沿明制”。[1]清雍正朝及以后，因政治形势发生变化，开始在今循化地区查田定赋、封土千户、设循化营及循化厅，以强化在这一地区的管控。

## 一、清初河湟地区的政治形势

清朝在雍正初年后才在循化地区设官建制，对撒拉族进行比较直接的统治。在此以前的80年，基本沿用明制，仍是“河州边外地”[2]，居住在“边外地”的撒拉族，是河州的“纳马之族”。

1645年总督孟乔芳率军经略陕西陇右各地，河湟地区各家土司降附清朝。此时青海广大牧区由厄鲁特蒙古和硕特汗王所统治。清朝在今青海直接统治的地方仅为湟水流域农业区各地，以及黄河南岸的“河州边外地”的循化和贵德一带地方。康熙十三年（1674年）吴三桂发动反清叛乱（三藩之乱），陕西提督王辅臣在平凉响应，陕甘震动，厄鲁特蒙古也蠢蠢欲动，屡次在边地发生骚扰。西宁镇总兵官王进宝率汉土官兵收复兰州、临洮等地。在军事纷扰之时，康熙十六年（1677年）撒拉族土司韩进忠之子韩愈昌被甘肃提督“靖逆将军”张勇委派为“随征都司”，随清军作战，得以为外委土司。[3]同年二月，驻牧在黄河南岸的

---

①《清史稿》卷五十四《地理志一》，中华书局1976年版。

②［清］龚景瀚：《循化志》卷一《建置沿革》，青海人民出版社1981年版，第23页。

③［清］龚景瀚：《循化志》卷五《土司》，青海人民出版社1981年版，第220页。

被史书称作“西彝”的蒙古“纠吐蕃数千围撒刺”，张勇檄调河州协副将杨三元统兵进到今循化县境内的起台堡，大败之。[①]康熙二十年（1681年）五月，蒙古“黄霸台吉攻围撒喇”，杀苏只工20余人，张勇调各路救援。[②]蒙古人两度围攻撒拉在于：一则达尔加等与吴三桂有相互呼应之势，企图从中渔利；二则撒拉土司站在清军一边，不为蒙古大酋所赞赏。达尔加之叔达赖黄台吉驻牧于日月山一带，坚决反对达尔加等骚扰多事，“力持不可，使者交驰于南北，乃各罢去”。[③]直到吴三桂反清事平，青海土地上蒙古各部妥帖投顺，撒拉人才得到安定的生活环境。

康熙四十四年（1705年），藏族上层与和硕特蒙古上层争权夺利，第巴桑结嘉措欲毒杀拉藏汗[④]未遂，事泄，拉藏汗率兵讨诛第巴，青海亦加强防务，整饬兵备。西宁镇总兵官殷泰委韩愈昌之子韩炳及原先协管茶马事务的韩沙班的裔孙韩大用，同为“守备”。[⑤]同年，钦差商某（疑为商南多尔济）又委二人同为“都司”[⑥]。

---

① ［清］王全臣撰：《河州志》卷四《彝情》，临夏市图书馆1985年版，第126页。

② 这部分蒙古原是西海蒙古卜儿孩后裔达尔加部。达尔加也自称“黄台吉”，或写作“珲台吉”、“黄霸台吉”。见《河州志》，《甘宁青史略》卷十七。

③ ［清］梁份：《秦边纪略》卷六《近疆西夷传》，青海人民出版社1987年版，第404页。

④ 拉藏汗是和硕特固始汗长子达延鄂齐尔汗之孙。达延汗去世，其子衮楚克达赖汗继位，其子拉藏汗坐镇拉萨，统治西藏。拉藏汗诛杀第巴以后，被康熙帝封为翊法恭顺汗。

⑤ ［清］龚景瀚：《循化志》卷五《土司》，青海人民出版社1981年版，第220页。又，当时河州设协，驻副将，归西宁镇统辖，故西宁镇得以委任所属武官。到雍正十三年，河州协升为镇，设总兵。

⑥ ［清］龚景瀚：《循化志》卷五《土司》，青海人民出版社1981年版，第220页。

后来于雍正元年（1723年）奉大将军年羹尧的檄调，参加了对桌子山（位于今甘肃天祝以西，大通河以东）的军事征剿。

另一方面，从清康熙“黄册档”中查知一件陕西茶马御史编的《陕西土官番人姓名马匹茶篦数目文册》[①]，在西宁茶马司项下列有八条关于撒拉族的材料，记载：“撒剌族番人文作中马一匹茶×篦”等数字。从此可知：一是清代初年，撒拉族本来在河州茶马司交马领茶，也可在西宁茶马司交马领茶；二是文册上载明交马人是“撒剌族番人文作”，依旧时规定交马人应是撒拉族土司，清代扩大茶马交易范围，别人也可以领头交马领茶了。

雍正初年，河湟地区和青藏高原的政治形势发生了巨大变化。简言之，康熙帝去世，雍正帝新即位，和硕特蒙古亲王罗卜藏丹津乘朝廷变故，发动武装反清斗争，以“恢复先人霸业”为口号，企图恢复固始汗时的西裔大邦，抗拒清朝势力进入青藏高原。雍正元年十月后，清军平叛，雍正二年二月，罗卜藏丹津彻底失败，只身逃往准噶尔部。清廷批准年羹尧拟定的《青海善后事宜十三条》和《禁约青海十二事》，[②]作为在青藏高原行政立法的基本准则，强化中央集权统治，维护国家领土统一。主要内容有：调整地方建制；在蒙古族中划界编旗，纳入内藩；在藏族中确立千百户制等等。从雍正三年后次第付诸实施。对撒拉族的管理体制，也相应做了一系列调整和加强，主要有：雍正四年“查田定赋”；雍正七年封授两个撒拉族土千户；雍正八年设立循化营，修筑循化城和衙署兵房；乾隆二十七年设立循化厅。

---

① 芈一之编：《撒拉族档案史料》，青海民族学院民族研究所铅印，1981年，第1页。该件属康熙时“黄册档”，原件系白麻纸，首尾缺，毛笔书写。

② 该两份文件，见《清世宗实录》卷二〇；《东华录·雍正四》。

## 二、查田定赋

在撒拉族查田定赋是与在河州所属各个原先“纳马之族”的“安插降番”同时进行的。乾隆《循化志》卷四对此写道：“四年（七月），青海都统达、西宁总兵周，[①]安插降番，清查地土，至河州。”接着又写道：“其时中马久停。乃调（撒拉族）土官韩大用、韩炳至州，饬令查明户口地段、下籽数目，造册。”[②]清朝官员未曾亲自到撒拉族地区查田，而是“饬令”本族头目自查造册，难免不实，隐匿少报。

造册上报田亩数字若干，当时不是以亩数计量，而是以“地段”和“下籽”多少计量。上引《循化志》卷四说：“每年应纳粮七十四石五斗二升八合三勺。内，水地六千六百三十四段，下籽仓斗四百九十二石六斗一升，每下籽一石，纳粮一斗五升。旱地一百三十六段，下籽仓斗六石三斗六升八合，每下籽一石，纳粮一斗。”[③]地段大小不等，水旱地共 6 770 段，其中水地占约 98%，旱地占约 2%。如果下籽一斗，收获八斗，谓之“八分田”；收获一石，谓之“十分田”，以此类推。水浇地较旱地收获较多，故纳粮比例较多。水地 6 634 段，共下籽仓斗 492 石 6 斗 1 升，平均每段下籽仓斗 7 升 4 合 3 勺；旱地 136 段，共下籽仓斗 6 石 3 斗 6 升 8 合，平均每段下籽仓斗 4 升 6 合 8勺。[④]《循化志》卷

---

① “达”，即达鼐，钦差办理青海蒙古番子事务大臣，即青海办事大臣；“周”，即周开捷，时任西宁镇总兵。

② ［清］龚景瀚：《循化志》卷四《族寨工屯》，青海人民出版社1981年版，第155页。

③ ［清］龚景瀚：《循化志》卷四《族寨工屯》，青海人民出版社1981年版，第155~156页。

④ 清代仓斗，为全国性官方度量衡制，每仓斗一斗约合今21市斤。

四接着说："盖较鸿化各族为重。然水田甚多，地亦肥美，且所报地段俱系自开，但有各工总数，并无花户细名。每岁头人催纳足额而已，隐漏亦不少矣。"[①]撒拉人从此时开始缴纳赋粮，每年745斗有余，虽较鸿化等族为重，然较之全省全国来看，向官府缴纳的粮赋数量是比较轻的。

## 三、封授两个土千户

### （一）由准备改土归流到正式设置土千户

康熙四十五年（1706年），给事中陈允恭密奏在广西、贵州、云南等地翦除土司之策，准备次第改土归流，加强统一集权。当时河州知州王全臣闻风而动，也对清廷呈报"详文"[②]，列述河州所属各族土司、国师的情况，包括韩大用、韩炳在内。他主张"清其疆界……查其户口"，"令诸子剖其土地，分其部落，即降职承袭"，"将不待数十年，而土司国师之田地土丁口，皆入版籍。"[③]由于当时全国政治形势所局限，青藏高原和今新疆等大片区域犹为厄鲁特蒙古贵族所统治，故此事尚未提到议事日程；而且"河州十九族，与汉民错居"，地小人寡，"固不必如此也"，[④]所以王全臣的主张没有得到清廷允准。

雍正二年（1724年）平定了罗卜藏丹津的反清武装斗争，河

---

①［清］龚景瀚：《循化志》卷四《族寨工屯》，青海人民出版社1981年版，第156页。

②"详"，为清代公文种类之一。当时地方官督、抚、司、道有资格上报"奏折"，知州秩卑，无资格上"奏"，只可由上司转呈"详"。

③［清］王全臣撰：《河州志》卷二《河州卫田赋》，临夏市图书馆1985年版，第46页。

④［清］龚景瀚：《循化志》卷四《族寨工屯》，青海人民出版社1981年版，第141页。

州协副将岳超龙抚定河州以西番族数千帐，青海底定。清政府为清除地方割据势力隐患，对青藏等地的政治、宗教、驻军等方面作了大刀阔斧式的整顿和改革。从雍正三年改西宁卫为西宁府，设青海办事大臣衙门，在蒙古族划分二十九旗，在藏族委任千百户的同时，对撒拉族聚居地区也有改制和部署。在此前后，从雍正四年开始在西南地区次第实施改土归流，新添设的府州县有60多个。又于雍正五年设置“驻西藏办事大臣”。但在河湟地区却保留和设置了十多家土司，其中在撒拉族中设置了两家土司。在设置两家土司过程中，也有一个由“毋庸设立土千户”到“奉旨设立土司”的转变过程。

雍正三年（1725年）川陕总督岳钟琪在给清廷的奏折中主张“应及时细加筹划，务期久远可行”之办法，不设土司，土地按亩纳税，户口登入版籍。其奏折说：“凡切近河、洮、岷州内地番人与百姓杂处者，向通汉语。自归诚后，已令改换内地服色，无庸设立土千百户。但就其原管番目，委充乡约里长，令催收赋科。久则化番为汉，悉作边地良民。其去州县卫所较远之部落，现在有地耕种者，令按亩纳粮……”①

雍正四年七月，青海办事大臣达鼐和西宁镇总兵周开捷，从西宁历贵德、河、洮等处番人驻牧之地，在河州饬令韩大用、韩炳造册上报，查田定赋。每年“承赋输科”，由原先管理茶马事务的河州同知管理。

雍正七年（1729年）春，在黄河南岸发生了保安堡兵变和马满舟起而响应的事件，促使封疆大吏改变原来主张，而奏请朝廷

① ［清］龚景瀚：《循化志》卷一《建置沿革》，青海人民出版社1981年版，第24~25页。

封授撒拉族土司。事情经过大致如下。

保安堡（今属同仁县）位于循化西境的隆务河畔，自明初即驻有屯兵，设保安（驿）站和操守所，归河州卫归德守御千户所管辖。明万历二年（1574年）扩建保安土城，名之“保安堡”，设守备驻防，“专司操守，不兼屯政”。明亡清兴，河州卫所设置仍沿明制。保安堡仍驻守备，有兵120名。“保安之兵，以土番充，骄悍不受制，守备不敢至堡”，寄居于临夏双城堡，“有名无实，羁縻而已”。[①]雍正七年，在土千总王喇夫旦[②]率领下，发生兵变，即《循化志》卷一所载的“尾大不掉”。土千总王喇夫旦“将关支兵饷，一切差操，皆操纵自恃，不由守备经理。而所募番兵[③]，亦复效尤”。[④]撒拉人马满舟起而响应，骤然间河州西鄙即今循化、同仁一带形势紧张，“人多势众，沿边番族，亦生畏惧，遂得肆其奸顽”。[⑤]于是，河州协副将冒重光率兵前去镇压处理，并檄调西宁镇辖之大通营参将马顺、西宁镇标游击李有用[⑥]，分兵截杀，[⑦]发兵合剿。

① 芈一之：《同仁土族考察报告》（五屯的民族历史），见《青海土族社会历史调查》，青海人民出版社1985年版。

② 王喇夫旦，据芈一之1983年在同仁调查，年都乎村老人们都说，洪布王喇夫旦是他们的祖先，年都乎寺院大经堂墙上画有王喇夫旦像，云云。

③ 番兵，实乃同仁五屯原先之屯兵，今为同仁土族。

④［清］龚景瀚：《循化志》卷一《建置沿革》，青海人民出版社1981年版，第26页。

⑤［清］龚景瀚：《循化志》卷一《建置沿革》，青海人民出版社1981年版，第27页。

⑥ 乾隆《西宁府新志》卷十四《官师》，雍正七年时，西宁镇标游击中李姓一人，即李有用。

⑦ 胡琏《建城记》载：“河协副将冒为统帅，大通忝将马为截杀，镇标左营游击李为监军，分兵进剿。”见［清］龚景瀚：《循化志》卷二《城池》，青海人民出版社1981年版，第88页。

在撒拉族外委土司韩炳、韩大用密切配合下，很快擒获王喇夫旦，解散原土兵武装，马满舟也被捕杀。一场风波，迅速底平。事情过后，守备移驻保安堡，守兵增至200名，规定不准在当地募充，全由内地调派。并增设把总一名。

撒拉族外委土司在这次事件中，用自己的实际行动证明是封建王朝的有用工具，这一点在地方大吏中留下了深刻印象。因而促使他们认真考虑在多民族的这一块地方，应该善为利用效忠于王朝的封建头目，但又不至于产生“尾大不掉”之弊，须分其力，于是有了封授两个土司之议。雍正七年川陕总督岳钟琪的奏折说：“至撒喇回民，虽系土目韩炳、韩大用所辖，而系外委土司，职守轻微，回民奸悍者多不服。今请将韩炳、韩大用二人，各给与土千户号纸，令分辖回族，则凡不法回民（引文中的“回民”、“回族”，应为撒拉族——著者），既畏营员，又见韩炳等系奉旨设立之土职，自必共相儆惕。将来编查户口、输纳钱粮等事，亦易办理。”①

奏折上报，同年六月，清廷准奏，兵部发下雅字第七十一号和第七十二号号纸，正式封授韩大用为“保安堡撒喇土千户”，管辖下六工中五个和上六工中查汗都斯工；韩炳为“保安堡撒喇土千户”，②管辖上六工中五工和下六工中清水工。从此，撒拉族由两个土千户分别管辖。

（二）两个土千户出现的历史渊源和世系

1. 一族两土司出现的原委

---

①［清］龚景瀚：《循化志》卷一《建置沿革》，青海人民出版社1981年版，第29页。

② 韩大用、韩炳均授“保安堡撒喇土千户”职。

本来“一族无两土司之例”，撒拉族在明代只有一名土司，“明初为撒喇族土官者，韩宝之长房子孙而已”。[①]而到雍正七年时，封授了两个同为土千户职衔的土司。总的说来，是撒拉族内部社会经济发展、生齿日多的产物，也是清政府对少数民族“分而治之”的产物。但是也有其具体原因，应该予以具体分析。

首先，从两个土司对上六工、下六工交叉管理来看。上六工土司是明末土司韩进忠之孙、韩愈昌之子韩炳，管辖西乡上六工中的街子、草滩坝、查加、苏只、别列五工和东乡下六工中的清水工，属民主要是撒拉“四房”，全为韩姓。下六工土司韩大用，其父韩承恩，其祖韩清谏，在明末清初不是土司，管辖东乡下六工中的张哈、孟达、打速古、乃曼、夕厂五工和西乡上六工中的查汗都斯工，属民主要是撒拉“五族”，“马姓十居其九”，次为沈姓等。这种交叉管理的情况，已从中透露出两位土司的不同来源。对此有史为证：“撒喇族旧传四房五族，韩昱为长房，韩光祖[②]为二房，其三房四房皆韩姓也。五族则杂姓，而马姓居十之九。四房属韩昱，五族属韩光祖，此其大略也。街子工有马姓百余家，属韩光祖。苏只工之别列庄皆马姓，前为韩光祖管，今又属于韩昱，其中亦不无参错也。”[③]

总之，下六工土司专管“杂姓”，即使居住在上六工土司驻地的街子工的百余家马姓，也归远在东乡的下六工土司管辖。所

① [清] 龚景瀚：《循化志》卷五《土司》，青海人民出版社1981年版，第223页。

② 韩昱，上六工土司，韩炳之孙；韩光祖，下六工土司，韩大用之曾孙。

③ [清] 龚景瀚：《循化志》卷五《土司》，青海人民出版社1981年版，第218页。

以，人们把下六工土司俗称作“马土司”。可见这个马土司并非“根子土司”，而是由韩土司派生出来的。

其次，据韩光祖自开宗图世系看。乾隆《循化志》卷五所录原文如后：

始祖韩沙班，系河州卫右所军籍。于明季年间从大夫归附河州口外撒喇地方有功。嘉靖三十一年八月内，在于乞请议复金牌旧制以遵国体以驭边方以资军政事案内，领获金牌一面，准授世袭百户之职。嗣后相传，并未承袭。沙班子韩清谏，子韩承恩，承恩子韩大用，但接替办理族务。康熙四十四年，西宁总兵般委守备职衔，又钦差商委都司职衔。雍正元年，大将军年调征尔阿加囊贤[1]有功。又调卓子山，剿番，有功。雍正六年，呈请河协冒设官安兵。七年六月，在于遵旨议奏事案内，兵部给雅字七十一号号纸，授保安堡撒拉土千户之职，管辖五族……[2]

这段材料所叙世系事迹，真伪参错，令人生疑，主要有：

一是“大夫”，指《循化志》卷五所述的“邓大夫”，乃明初邓愈。该志编纂者龚景瀚在“按语”中说：“明初，邓愈为御史大夫，取河州，所云大夫，当指邓愈也。”韩沙班既然“从大夫归附”，也是明初人了，与韩宝同时代了。为何到 180 多年以后的嘉靖三十一年（自洪武三年即 1370 年归附，到嘉靖三十一年即 1552 年，已有 183 年）始领获金牌？世人决无如此长寿者，此其一。

① “贤”，音索，青海古籍中常用字，如“昂贤”（寺院中权力颇大之官职），“贤南”或“索南”，等等。

② ［清］龚景瀚：《循化志》卷五《土司》，青海人民出版社 1981 年版，第 221~222 页。

二是上六工土司，从韩宝到雍正七年时韩炳，传 11 人。而下六工土司，从韩沙班到韩大用，同样经过约 360 年，为何仅传 4 人，谬妄已甚。此其二。

对此，龚景瀚在乾隆时已辩驳较明，兹将龚在《循化志》卷五的“按语”引录如后：

推寻其故，一族无两土司之例，明初为撒喇族土官者，韩宝之长房子孙而已。其后生齿日繁，乃令次房管理外姓五族，不过头目之类，非土司也。韩沙班亦韩宝子孙，不知相去几代，为嘉靖时人，系次房管理五族者。分地分民，相承已久。当［嘉靖］三十一年清理茶政，复设金牌[①]，因授以百户之职。然韩氏长房已于正统元年升授副千户，则百户仍其所属，协办茶马，不能抗衡两大也。（原开宗图，即说“并未承袭”，“但办理族务”，并非土司——著者）。至鼎革之后，两房俱未袭职，而各有分地，渐昧初制。将军、总兵以其势均力敌，各授以外委土司。而韩大用尤有才略，为一族所畏服。雍正八年设官安营，遂并授土千户之职，俨然抗体矣。所开宗图，将韩沙班推而远之，以示与韩宝同系世职，不知年代世次之牴牾，其迹不可掩也。[②]

总之，韩沙班是明嘉靖时人，协办茶马。韩光祖自开宗图的作伪情弊，难以掩饰。分地分民，相沿成习。清初而后，初制已昧，将军张勇、总兵殷泰对两家同样委用为“外委土司”，俨然

---

① 当时“清理茶政，复设金牌”，“诏给番族勘合”。见《明史》卷八十《食货志四·茶法》，中华书局1974年版。撒拉族人口已多，纳马也多，金牌由一面增至两面。

② ［清］龚景瀚：《循化志》卷五《土司》，青海人民出版社1981年版，第223~224页。

抗体，遂并为两土司了。

2. 土司承袭和世系

清代土司的承袭制，与明代基本相同。对土司所领土兵，没有明代那样重视，额设数目很少。清代版图远超明代，原先西北边卫皆成内地，八旗兵和绿营兵战斗力也强，清前期一些战事，各家土兵用作防守关隘而已。

土司的承袭除前已所述年及十五岁方准袭职，和造具宗图供地方官加结层报中央王朝外，还规定须有“邻封土司甘结”和“户首老民甘结”，连同原领号纸，由县报府、再转报布政司，呈督抚，奏请皇帝批准，方可袭职任事，手续较前更加严密。笔者芈一之于20世纪60年代初在中国第一历史档案馆所查到的几件关于土司承袭的档案“题本”，也可证明上述各种规定程序。如：

乾隆十三年（1748年）三月甘肃巡抚黄廷桂关于韩旭承袭其已故父亲韩文广土千户的题本；

乾隆十五年（1750年）七月甘肃巡抚鄂昌关于韩玉麟承袭其已故父亲韩振武土千户的题本；

乾隆二十八年（1763年）十月兵部尚书刘统勋题本，内开有甘肃巡抚常钧疏称：韩光祖承袭已故父亲韩玉麟土千户事；

嘉庆六年（1801年）十月陕甘总督长龄奏折，关于土千户韩昱因患腿疾步履维艰，呈报令其子韩辉宗承袭土千户事。①

两家土司于清代世系分列于后：

上六工土司世系：韩愈昌——子——韩炳——子——韩文广——子——韩旭——弟——韩昱——子——韩辉宗——子——韩福——韩廷佐——韩起忠（末代）

① 各件档案均见芈一之编：《撒拉族档案史料》，青海民族学院民族研究所铅印，1981年。

下六工土司世系：韩沙班——子——韩清谏——子——韩承恩（清初）——子——韩大用（土千户）——子——韩振武——子——韩玉麟——子——韩光祖 弟韩光泽代——子——韩卿——子——韩忠魁——子——韩源——子——韩膺禄（末代）

上六工土千户传8人，下六工土千户传10人。①

下六工土司承袭曾发生过一次冒争事件。事情发生在乾隆初年，当时循化厅尚未设立，故无厅卷可查。《循化志》卷五在对韩光祖所开宗图中不少乖谬，写“按语”辩驳后，又说：“韩天禄控争，未必不为此，惜其卷无存，遂不可考耳。”乾隆三年（1738年）韩大用病故，其族人韩天禄控争土司，许久未息。到乾隆七年方予了结，准由韩大用子韩振武承袭土千户。由此可见，族人对韩大用冒开宗图作伪，知之颇详，难免有狡黠者效尤。

3. 土司印信

依照制度，土司有印信，以便行文发令时用印。撒拉族土司在明朝时的印信，已不可考。清代的印信，有下述文字记载。

乾隆四十七年（1782年）六月，土司韩昱、韩光祖在兰州呈报总督，请照庄浪鲁土司、西宁李土司之例，颁给关防。经布政司议定认为：鲁土司鲁璠、李土司李问彭等，系卫指挥使职衔，秩三品，向有兵部所颁印信；韩昱、韩光祖只是千户职衔，秩五品，“若请颁部印，恐干驳斥”。“但土司有管束土兵之责，若以白文申禀，亦不足昭信守。”故按营弁之例，由布政司颁给木戳钤用。当年十一月甘肃布政司发下木质戳记，文为：“循化撒喇族上六工土千户之钤记”和“循化撒喇下六工千户之钤记”。②

---

① 土司世系，据《循化志》卷五；清代乾隆、嘉庆档案，《陶勤肃公奏议遗稿》等史料编列。

② ［清］龚景瀚：《循化志》卷五《土司》，青海人民出版社1981年版，第225页。

木质戳记发下来了，但为时不久，即被吊销。当年十二月，土司韩昱私填路照给查辖西印往西宁贸易，被察觉。次年，布政司“将两土司钤记吊销”①。

到乾隆四十九年，韩昱、韩光祖向河州镇申禀转报总督，恳请发给钤记。又经布政司议定，“仍行刻给”木质戳记，并明确规定：“止许申呈文禀印用，不得于所属回民给照。”②同年闰三月颁发新刻木质钤记，文为：“循化厅属管理上六工番回土千户钤记”和“循化厅属管理下六工番回千户钤记”。③

**四、设立循化营，建城驻兵**

因撒拉族聚居的今循化县东有雪山相隔，北有大河相阻，地处黄河、大夏河之间，牵制河州、西宁，连接黄河九曲，为西陲要地，地位日趋重要。自唐代以后即在这里修城建县或驻兵。唐贞观十年（636年）置米川县，“兼置米州。十年罢州，县仍旧”，④该米川县城在今循化清水河中游张哈（即张哈塌城。米川新县移河之北今化隆甘都农场古城），当时所云米川，指清水川。宋代在今起台堡附近修一公城，又名移公城、循化城；⑤明代修起台堡城，驻兵。清代在黄河南岸今积石镇修循化城。

---

①［清］龚景瀚：《循化志》卷五《土司》，青海人民出版社1981年版，第225页。

②［清］龚景瀚：《循化志》卷五《土司》，青海人民出版社1981年版，第225页。

③［清］龚景瀚：《循化志》卷五《土司》，青海人民出版社1981年版，第225页。

④［唐］杜佑撰，王文锦等点校：《通典》卷一七四《职官十四·州郡四·宁塞郡》，中华书局2012年版，第4 551页。

⑤ 李智信：《青海古城考辨》，西北大学出版社1995年版，第164~166页。

（一）设立循化营和驻扎兵丁

雍正七年（1729年）平定保安堡兵变后，在地方文武官员授意下，韩炳、韩大用以撒拉族头目身份向上司呈请在撒拉地方“设兵驻防”。其呈文称：“撒喇地广人稠，回民桀骜不驯，微末土目，委难约束，请设兵驻防，以期安帖。”[①]次年，总督岳钟琪据以转奏清廷，提出建议：将原先年羹尧条奏事宜“议于保安堡添设游击员弁，增兵四百名”一事，升格为“营”，而“改设于撒喇”，“将兵制加增，居重驭轻，更为妥协”。并设想“若于撒喇地方安设营汛，弹压化诲，教养训练，则数年之后，即可为边地藩篱之用”[②]。奏折上后，雍正八年六月清廷批准，于撒拉地方设营，称“循化营”。

据胡琏《建城记》，“循化”名称系雍正皇帝“钦赐佳名”[③]，义为“遵循王化”，与宋代“循化城”（即一公城，距积石镇约40公里）不存在渊源关系。

循化营制：驻游击一员，千总一员，把总二员。兵八百名，马二步八；步兵之内，战兵守兵各半。兵员，“俱以附近民人募补，不得仍前将番回部族充伍”[④]。循化营游击，隶河州协副将兼辖，西宁镇总兵统辖（雍正十三年河州协改镇，驻总兵，西宁镇

①［清］龚景瀚：《循化志》卷一《建置沿革》，青海人民出版社1981年版，第27页。

②［清］龚景瀚：《循化志》卷一《建置沿革》，青海人民出版社1981年版，第27页。

③［清］龚景瀚：《循化志》卷二《城池》，青海人民出版社1981年版，第89页。

④［清］龚景瀚：《循化志》卷一《建置沿革》，青海人民出版社1981年版，第28页。

不再统辖）。保安堡驻守备，为循化营游击之专辖属营。雍正十三年（1735 年）又以起台堡隶循化营。一营及二堡，互为犄角之势。循化营的管辖范围，包括原保安、起台二堡汛地，东至廿四关，西至贵德汛界，该营汛防共 11 处，有红庄塘、白庄塘、清水塘、孟达塘、木厂塘、沙坡塘、查加沟塘、边都塘等，每塘各有塘房数间，驻兵丁若干名。到乾隆四十六年（1781 年）八月，阿桂、李侍尧筹议善后事宜，循化营改驻参将，并添驻守备一员。

从上可见：在平定罗卜藏丹津武装反清斗争和保安堡兵变后，设循化营；在镇压乾隆四十六年撒拉族人民反清斗争后，将循化营提高级别。在循化设营驻兵是清王朝消弭地方潜在分裂势力，加强中央集权统治，维护国家统一的措施之一，是社会历史发展的必然结果。

清朝时循化城池图

（二）修建循化城和衙署兵房

循化营既已设立，必然要修筑城垣衙署和兵房。岳钟琪请设营驻兵的奏折中一并提出：“所需游击驻札城堡、衙署、营房等项事宜，俱照例勘估拨银建造。”①

建城地址。勘查建城地址，由总督委派河州知州顾尔昌，会

① ［清］龚景瀚：《循化志》卷一《建置沿革》，青海人民出版社1981年版，第28页。

同兰州营武官，自河州出老鸦关踏勘。雍正七年（1729年）闰七月下旬到今循化县积石镇一带地方。“勘得离老鸦关一百六十里，有草滩坝一处。其西南一百五十里，则为上龙布，正西八十里则为下龙布[①]；其东八十里俱系撒喇地方，接连起台堡，实为番回适中之处。其地周围二十余里，南面大山，北临黄河，河北亦有大山……其间地势平衍，山水环抱，风和气聚，土脉又甚坚厚，开渠引水亦属便利，可以建筑城垣。”[②]该地位于撒拉十二工之中，草滩坝“适居十二工之中，据其腹心，以制其手足，固亦虑其犷悍以为扼要之图也”[③]。于是决定在这块开阔平衍的地方修建城垣。占用百姓“耕熟之地约百余亩，现在河［州］厅纳粮，其地自应给价除粮”[④]。

建城费用。选址既定，估算费用。顾尔昌等预计，建城周垣三里一分，开设东西二门。需用木材，离建城处二百余里的上龙布地方有森林可采伐，从河中扎筏顺流而下，可至工地。所需砖瓦、石灰、石条、石柱等材料，雇募匠役，就近烧造采运。人工匠役需用器具，照实估算，共约需银42 300余两。该项开支不必由工部户部拨付，而由犯罪官员效力出资。

雍正初年，翰林院左中允（也有资料说，原任翰林院编修）

---

① 龙布，今写作隆务。隆务镇位于隆务河畔，同仁县治所在。

② ［清］龚景瀚：《循化志》卷二《城池》，青海人民出版社1981年版，第85页。

③ ［清］龚景瀚：《循化志》卷四《族寨工屯》，青海人民出版社1981年版，第156页。

④ ［清］龚景瀚：《循化志》卷二《城池》，青海人民出版社1981年版，第86页。

陕西韩城人张缙，“服中生子”，[1]干犯法纪，“奉旨，于川陕沿边派修城垣一处，效力赎罪”。[2]雍正八年八月，由总督岳钟琪咨文“转饬张缙，自备资财，前往河州口外撒喇地方，实心办理”[3]修建城垣事宜。

自雍正八年（1730 年）动工，十年夏竣工，十年闰五月验收，又由巩昌粮茶通判方可式前往监督，雍正十年八月循化营第一任游击胡琏立有《建城记碑》以纪其事。

循化土城一座，呈方形，周三里一分零（每里为 180 丈），开东西二门。建衙署、庙宇、兵房 1 600 间（后又续建 108 间），并保安堡守备、把总衙署及兵房 400 间。张缙又情愿报捐银 3 000 两，作为新兵搬家之需。总共用银 50 065 两。[4]

撒拉族聚居的循化，因军事需要，向设驿站墩台。河州至贵德，明初设六站，清水即其一。每站设番官一员，如内地驿丞例，各给印信、站马，应付往来公使。[5]从今循化城向东 70 里积石关，再东南 70 里银川铺，50 里河州城，此为宋元时旧路。明

---

① 芈一之于20世纪60年代初在循化搞调查座谈得知，据当地父老回忆，原书院士子相传，张缙干犯法纪非属民刑案件，乃“服中生子”，玷辱名教，被皇帝罚出资修城。

② ［清］龚景瀚：《循化志》卷二《城池》，青海人民出版社1981年版，第86页。

③ ［清］龚景瀚：《循化志》卷二《城池》，青海人民出版社1981年版，第86页。

④ ［清］龚景瀚：《循化志》卷二《城池》，青海人民出版社1981年版，第87页。

⑤ ［清］王全臣撰：《河州志》卷四《彝情》，临夏市图书馆1985年版，第124~125页。

代于积石关之东设长宁驿（元积石州城遗址），也为茶马市易之处。循化城修建以后，进一步整顿墩台制度。乾隆三年（1738年）总督查郎阿奏请：自老鸦关至保安旧有墩台十处，路长墩少，巡防难周。拟从老鸦关至起台堡添设二座，起台堡至循化城添设三座，循化城至保安堡添设三座，共达18座。每座墩台添设马兵二名，步兵三名。兵部覆准旋行。[①]从此，由于循化设营及所辖起台、保安二堡，互为掎角，以及添设墩台，使这一地区的军政统治和治安秩序得到进一步的巩固和加强，撒拉族社会发展纳入了正常的封建化轨道。

### 五、设立循化厅

设立县一级的地方政权机构，是在乾隆二十七年（1762年），距雍正八年设立循化营已有32年。设立循化厅是加强中央集权统治的合乎逻辑的发展，是设营屯兵后的必然之举。

#### （一）定赋设营后的必然举措

在明代和清初，撒拉族“［籍］中马香田为名，既不纳粮，又无差徭”[②]，惟知交马领茶。到康熙末，停止中马，无徭无赋，羁縻而已。按照封建社会通例，“种地上粮，普天同例”，[③]撒拉族的上述状况当然不能长此存在。在雍正四年（1726年）查田定赋造册，虽云赋额无多，终于与昔日不同了。从此，撒拉各工以及口内十二族、西番四十九族、南番二十一寨的田赋、番

---

①［清］龚景瀚：《循化志》卷三《营汛》，青海人民出版社1981年版，第101页。

②［清］龚景瀚：《循化志》卷四《族寨工屯》，青海人民出版社1981年版，第147页。

③［清］龚景瀚：《循化志》卷四《族寨工屯》，青海人民出版社1981年版，第144页。

贡粮[1]和命盗案件、户婚田土词讼，均归原先管理茶马事务的河州同知管辖。而该同知驻在河州城内，并未莅土亲民，故称“遥隶”。随着民、财、司法等事务的日益增多，各族群众到河州州城办事，近者往返三四百里，远者往返七八百里，诸多不便，而该同知也难知晓下情。通达政令，也属诸多不便，与清廷加强中央集权统治是相悖的，需要改变这种“遥隶”式的行政体制。类似的循化北边隔河毗邻的今化隆县，地域辽阔，北达北山，南至黄河，县治碾伯镇。随着人户和民财司法等事务的增多，于乾隆五年（1740 年）在巴燕戎格、札巴、甘都设三营，到乾隆十年设巴燕戎格抚番厅（民国初改为巴燕戎县，建省后改为化隆县），民户 3 021 户。也是随着形势发展而改变行政管理体制的。

其次，从河州同知的职责看。明代之卫，均设有“监收厅”以司钱粮出纳稽纳稽核等事宜。河州的监收厅初设通判，对当时河州、贵德、保安、起台等营之数万粮糈，均由其经管，并兼管茶马司事务，有收入支出疏销之责，且管各族茶马市易，故驻河州。万历三十二年（1604 年）改设“同知”[2]。至清初，专司茶马，兼管水利，已非昔日之旧

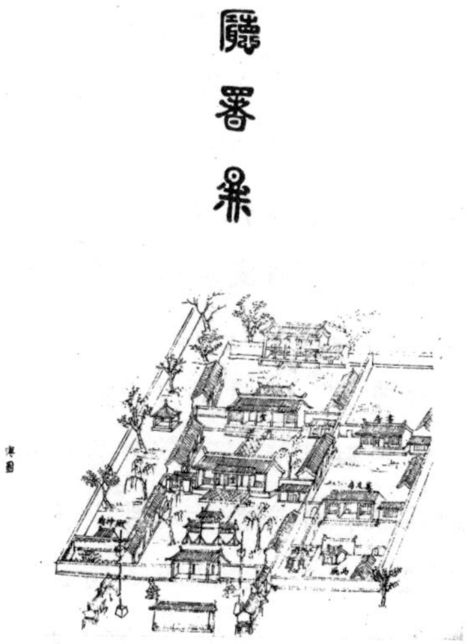

清朝时循化厅署图

① 番贡粮，指对归附番族，不论种地顷亩，每户纳粮一仓斗。

② ［清］龚景瀚：《循化志》卷五《官师》，青海人民出版社1981年版，第195页。

了。雍正四年（1726年），裁河州卫，事务归河州，监收钱粮之责已无，而茶马又停。该同知管辖各族民财司法事务，仍驻河州，于其职责实不相称了。

其三，循化设营后，兵粮支给，原由河州拨支，而各族纳粮又必须到河州交纳。如果就近兑拨，实为方便，但又无司其事的衙署。

所以，从行政实践中看，河州同知不应继续实行“遥隶”了，应从河州城迁到适宜的地方。乾隆二十六年（1761年）总督杨应琚奏请将河州同知移驻循化城，叙明移驻的理由，兹摘引如后：

窃查河州同知现在驻札河州城内，其所管番民七十一寨一十五族，计一万四千余户，散处河州边外之循化、保安、起台地方，相距河州城近者往返三四百里，远者七八百里不等。一切命盗案件及户婚田土词讼，俱隶河州同知管理。该丞远驻州城既难遥制，所管番民亦多未便。当查该丞衙门从前兼管河（州茶马）司茶务，有收支疏销之责，是以驻札河州城内。今臣明因虚设无益，现已另折奏请裁汰。虽有存剩陈茶搭支兵饷，河州知州即可就近兼管。应请将河州同知移于边外之循、保、起三营适中之循化城内驻札，则一切命盗词讼案件，俱得就近迅速办理，番民完纳粮赋，亦得免于远涉，而流棍匪徒不得潜匿滋事，于番民实为有益……兵丁应赴州支领之粮，就支给……①

乾隆二十七年（1762年）三月，吏部覆准。同年七月，在循化城内建筑衙署。从此，称“循化厅”，隶于兰州府。“循化厅

① ［清］龚景瀚：《循化志》卷一《建置沿革》，青海人民出版社1981年版，第30~31页。

同知一员，正五品”。[1]道光三年（1823 年），改隶于西宁府。这样，清朝从行政系统上统治了撒拉十二工和附近各藏族部落，循化厅的正式名称为“循化抚番厅”。

循化营和循化厅的相继设置，在撒拉族历史上是有比较深远影响的事件，使撒拉族的社会经济发展加快了，与内地的经济文化联系更加密切。

（二）赋税和兵粮马草负担

雍正四年定赋，本属从轻定课，且对户口地段并非清查，“例不编查保甲”，而由韩炳、韩大用造册自报，隐匿当属不少。姑且以约 1 600 余户计，种田 6 770 段，内水地 6 634 段，旱地 136段，纳粮74.52 石有余，每户平均不足 5 升（均以仓斗计）。雍正十三年土司造册[2]，额粮 88.2 石余。较之其他各地也不为重。但是，由先前之无赋无徭状态，骤然转为纳粮当差，人民群众不能不感到是一种负担。而负担最重者，还在于由此伴生的额外负担。

其一，土司浮收。史载，“土司包收，其上纳者，未必十分之一也。”[3]定赋比率，水地每下籽一石，纳粮 1.5 斗；旱地每下籽一石，纳粮 5 升。如果说水地是七分田、八分田（即收成为下籽的七倍八倍），纳粮比率为约 2%左右。可是土司催收时是按“每下籽一斗，纳租三市升”。当时循化的度量衡制，每市斗等于

---

① ［清］龚景瀚：《循化志》卷五《官师》，青海人民出版社1981年版，第189页。

② 将薛厂沟列入，故多于雍正四年数。见［清］龚景瀚：《循化志》卷四《族寨工屯》，青海人民出版社1981年版，第162页。

③ ［清］龚景瀚：《循化志》卷四《族寨工屯》，青海人民出版社1981年版，第147页。

仓斗2斗8升。如此算来，即折合每下籽一石，纳租3市斗，等于仓斗8斗4升，比官府赋额多出16倍。所以，清廷从轻定课，人民未受实惠，土司从中浮收自肥。

其二，附征草束。按当时甘肃全省“赋役则例”：每征粮一石，加征茶马料五升，草束银一两二钱。仅草束银一项，就是苛重负担。撒拉十二工纳粮88石余，应附征草束银105两。当时粮价如何？据《循化志》载，乾隆五十七年时小麦一仓石，价一串170文有余；青稞一仓石，价一串70文有余。当时钱价，每银一两换铜钱1 080~1 100文不等，即粮价每仓石约值银1两左右。负担之草束银105两，约合粮105石，超过正额粮赋许多。①

此外，还须考虑循化等营兵丁粮料对循化人民带来的影响。据载：“循化营兵八百二名，马二百六十五匹，每年供支粮料六千八十九石。”“保安营兵五百一名，马六十匹，每年供支粮料二千七百三十四石。”“起台营兵二百五十一名，马三十二匹，每年供支粮料一千三百八十四石八斗。”②上述三营每年供支粮料共10 200余石。循化厅之设置，本来有就近支给兵粮之目的。循化厅所辖族寨工屯“共九十四处”，每年征收粮赋除撒拉十二工的88石以外，尚有番贡粮1 031石。故该志又说：“厅仓每岁所入不过一千石之番粮，不敷者十之九。”③解决这项约9 000石的兵粮缺额，除由河州估拨一部分外，即就地采买。

---

①［清］龚景瀚：《循化志》卷三《兵粮》，青海人民出版社1981年版，第114页。

②［清］龚景瀚：《循化志》卷三《兵粮》，青海人民出版社1981年版，第106页。

③［清］龚景瀚：《循化志》卷三《兵粮》，青海人民出版社1981年版，第112页。

用货币就地买粮，会促使当地有更多的粮食投入市场，对活跃农业经济，促进商品流通，会有积极作用。撒拉族的封建农业经济在雍正、乾隆时有很大的发展，与上述经济活动不能说没有内在联系。但这方面的史料留存不多，难以详加说明。兹从下列两条史料予以叙述。

《循化志》纂修者龚景瀚说："秋冬二季，粮广价贱，[①]本地易于得粮。……说者必谓边外产粮不广，难于购买，然亦视岁之丰欠何如耳。……自七八月陆续收买，至年终止，可得四五千石。循化过河以北，为西宁［府］巴燕戎厅地方，粮食极广，价与循化相仿。……惟极边僻地，商贾稀少，换钱买粮，俱当为之以渐。"[②]又，"［兵丁］一切麦豆油盐，悉从内地驮运而至。"[③]

由上史料可知：一是今循化、同仁等地的农业经济已有相当程度的发展，有余粮可卖。过黄河北岸属今化隆县，沿河谷地带产粮颇丰，所云"粮食极广"。二是循化城内可能于建城后有店铺陆续开设，但由于当地商品经济不发达，兵丁所需的副食调料如油盐等，还需从内地驮运而至。三是当地"商贾稀少"，"换钱买粮"，都相当困难。

由于市场发育不良，兵丁买粮困难，出现强买硬拉，难免会激起官民矛盾。建城设营之后50年左右，爆发了撒拉族历史上第一次杀官起义，即苏四十三领导的反清武装斗争。龚景瀚对此

---

① 当地种粮，一年一熟，夏历二月以后春播，七月以后收割，故云"秋冬两季，粮大价贱"。

② ［清］龚景瀚：《循化志》卷三《兵粮》，青海人民出版社1981年版，第113~115页。

③ ［清］龚景瀚：《循化志》卷三《兵粮》，青海人民出版社1981年版，第107页。

评论说："自设官立营，土司之威权日减……而事寄渐轻，不能约束其众，回民亦自此多事矣。"[①]这位曾任循化厅同知的闽中人认为，设官立营后土司威权日减，是多事的主要原因，而忽略了这一带地方伊斯兰教门宦的产生及带来的对社会正负两面的影响。但"自此多事"，则符合历史实际。

## 第二节　撒拉族社会经济的发展

清代雍乾之世，是撒拉族历史上社会经济发展的重要阶段。与前一阶段相比，其主要特点是封建地主经济有所发展，封建领主制经济日益不得人心，农田水利有长足发展，民族人口日益增多。在这样的基础上，产生了人民群众反对封建领主（土司）、反对清朝官府的武装反抗斗争。

### 一、农业经济和民族人口

#### （一）农田垦殖

撒拉族地区，"明初开创，旷土本多，招募番回开垦"。[②]经过长期发展，尤其是设营立厅之后，内地比较先进的农业生产技术和谷物果蔬种子等源源传入，促进了农田数量增加、农业经济发展。

康熙四十五年（1706年）河州知州王全臣巡察到积石关，"关口大禹王庙，墙垣无存，尽为禾黍。询之土人，称

① ［清］龚景瀚：《循化志》卷四《族寨工屯》，青海人民出版社1981年版，第156页。

② ［清］龚景瀚：《循化志》卷四《族寨工屯》，青海人民出版社1981年版，第147页。

系韩大用、韩炳部落所耕种”①。雍正七年（1729 年）总督岳钟琪奏折中说：“今保安、撒喇地方，凡有成熟之地，久为番回恒产，此外既无闲田可垦。”②同年土司造册，但称草滩坝十一庄，次年始有十二工名目。③说明这个时期农田益辟，人口益增。

当时农田数目可如下述：雍正四年（1726 年）土司册报数目：6 770 段，内水地 6 634 段，旱地 134 段。雍正七年和十三年册报，略多于上数。

据乾隆二十九年（1764 年）册及《循化志》卷四所载各工数据列为下表：

**各工农田段数、下籽数、纳粮数统计表**

| 工　名 | 农田段数 | 下籽数(仓斗) | 纳粮数(仓石) |
|---|---|---|---|
| 街子工、草滩坝工 | 1 902 | 6 98.3 | 16.3 |
| 查加工 | 1 790 | 6 85.8 | 8.15 |
| 苏只工、别列工 | 1 100 | 8 51.9 | 15.082 |
| 查汗都斯工 | 1 280 | 3 83.5 | 8.15 |
| 清水工、打速古工 | 1 203 | 8 73.7 | 13.105 |
| 孟达工 | 1 208 | 缺 | 2.70 |
| 张哈工、乃曼工 | 1 599 | 1 330 | 16.11 |
| 夕厂工 | 993 | 缺 | 8.15 |
| **合计** | **11 075** | | **87.75** |

①［清］龚景瀚：《循化志》卷四《族寨工屯》，青海人民出版社1981年版，第138页。

②［清］龚景瀚：《循化志》卷一《建置沿革》，青海人民出版社1981年版，第28页。

③［清］龚景瀚：《循化志》卷四《族寨工屯》，青海人民出版社1981年版，第156页。

通过上表可知：农田段数比雍正四年册报增加 4 305 段，增长近 64%。但又可看出纳粮数有几个工是相同的，如街子工 8.15 石，草滩坝工 8.15 石，查加工 8.15 石，查汗都斯工和夕厂工也都是 8.15 石。可见当时造册上报时并非据实填写，而是相沿未改，载入档卷了。

上述段数的亩积是不确定的，水地每段折合后来亩积比旱地较少，概括言之，每段约折合 2~3 亩。11 075 段，约为 22 100~30 000 亩之谱，估折中取 25 000 亩为准。这些数目中，“所报地段，俱系自开，但有各工总数，并无花户细名……隐漏亦不少矣”。[①]实际农田亩数，当大大超过册报数字。总之，从几次册报数字，无疑会看出农田是持续增多的。

其次，姑且依册报户 2 780 户计算，每户平均占有农田 9~10 亩。

（二）民族人口

民族人口数字，是封建社会时期一个民族盛衰的主要标志之一。据已知资料，明嘉靖时（16 世纪中叶）是“一万名口”[②]。清雍正五年（1727 年），西宁镇依上年查田定赋时韩大用、韩炳自报数字为 1 600 余户[③]。如果每户平均以 6 人计，共约 1 万人。从明嘉靖至此时已经过了 150 余年的和平时期，而人口未增，显然不足凭信。土司册报当时，顾虑到纲赋应差，有意隐匿少报，亦在情理之中。雍正七年（1729 年），总督岳钟琪在奏请于循化

① [清] 龚景瀚：《循化志》卷四《族寨工屯》，青海人民出版社1981年版，第156页。

② [明] 张雨：《边政考》卷九《甘肃·河州番》。

③ [清] 龚景瀚：《循化志》卷四《族寨工屯》，青海人民出版社1981年版，第159页。

设营驻兵的奏折中提到："撒喇地方……约有六千余户"[①]忽然又增多几倍。虽然所云"撒喇地方"的居民也包括藏族在内，《循化志》曾明确地说过"撒喇各工，皆有番庄"，[②]但也反映出前二年的户口数明显不实。

再据雍正七年（1729年）册和乾隆二十九年（1764年）册，列表如后：

**雍正七年、乾隆二十九年户数统计表**

<table>
<tr><th>工　名</th><th>雍正七年户数</th><th>乾隆二十九年户数</th></tr>
<tr><td>街子工</td><td>161</td><td rowspan="2">542</td></tr>
<tr><td>草滩坝工</td><td>164</td></tr>
<tr><td>苏只工</td><td>122</td><td rowspan="2">299</td></tr>
<tr><td>别列工</td><td>157</td></tr>
<tr><td>查加工</td><td>163</td><td>471</td></tr>
<tr><td>查汗都斯工</td><td>159</td><td>311</td></tr>
<tr><td>清水工</td><td>161</td><td rowspan="2">197</td></tr>
<tr><td>打速古工</td><td>82</td></tr>
<tr><td>孟达工</td><td>310(原缺)</td><td>310</td></tr>
<tr><td>张哈工</td><td>168</td><td rowspan="2">440</td></tr>
<tr><td>乃曼工</td><td>158</td></tr>
<tr><td>夕厂工</td><td>140</td><td>210</td></tr>
<tr><td>合计</td><td>1 945</td><td>2 780</td></tr>
</table>

① [清] 龚景瀚：《循化志》卷一《建置沿革》，青海人民出版社1981年版，第27页。

② [清] 龚景瀚：《循化志》卷四《族寨工屯》，青海人民出版社1981年版，第157页。

上列两次册报户数，乾隆二十九年户数比雍正七年户数增长42.9%，增加835户，略高于前述农田增长比率。上列户数，也不是真实情况。《循化志》卷四写道："至户口之数，乾隆二十九年（1764年）册，撒喇族共二千七百九户，大口三千四百九十七口，小口三千五百八十八口。四十六年（1781年）新教诛夷者将近及千户，[①]而今册八工之数，核之亦不少差，知保甲册之非实矣。"[②]此所言是有道理的。一是乾隆二十九年（1764年）册为2 780户，乾隆四十九年（1784年）"诛夷"976户，到乾隆五十余年即今册，"亦不少差"。如果以2 780户为基准，则隐匿户口将及千户。如以"今册"为基准，也不是实际数。二是以人口数计，大小口共7 085人，比之16世纪中叶的"一万名口"反有减少，其"隐匿"口数当以数千或一万计。对此，慕寿祺曾指出："休养生息，其数当不止此矣。"[③]而实际户口"共有六千余户"[④]，约合3万余人，是接近实际情况的。当年因反清斗争失败户口遽减1 000户左右，尚有约5 000户。

（三）农田水利

雍正、乾隆时，撒拉族社会经济有较大发展，还表现在水利兴修方面。

---

① 乾隆四十六年苏四十三反清武装斗争失败，"新教凡九百七十六户，皆剿尽无余"。

② ［清］龚景瀚：《循化志》卷四《族寨工屯》，青海人民出版社1981年版，第158页。

③ ［民国］慕寿祺著：《甘宁青史略副编》卷三，兰州俊华印书馆1936年，第54页。

④ 乾隆四十六年四月二十七日阿桂和珅奏折，《钦定兰州纪略》卷六。［清］方略馆编：《清代方略全书》（三〇），北京图书馆出版社2006年版，第353页。

撒拉十二工“水田甚多，地亦肥美”[①]。雍正四年土司册报农田6 770段中，水地占6 634段，占97%以上。即使扣除山旱地段不易为别人看到而隐匿不少以外，也反映出水利兴修的情况。值得注意的是乾隆三十四年（1769年）新修草滩坝渠一事。草滩坝位于循化城附近黄河南岸，平坦旷野，有数十顷。在循化厅同知张春芳[②]倡导和主持下，由街子工上游开渠，引街子河水，历锭匠庄至石头坡，蜿蜒20里，由土门山入黄河。丈得地“约二十万弓，计亩则三十余顷”[③]。这位原籍江南水乡、熟悉水利的张春芳，“既思循化雨泽素鲜，每借渠水之利，独是河水难通，又无溪涧”，数十顷平坦旷野，“委弃与石田等”，岂不可惜。“爰谋之乡老”，又“度形势之高下……亲历指示”，厥功告成，“顿成沃壤”，[④]变干旱田为水浇田，至今仍得灌溉之利。正如《循化志》卷五所载：“张春芳……有开草滩坝水渠德政，八工利之。”[⑤]于今也不应忽视。

乾隆五十七年（1792年），龚景瀚曾“议复开草滩坝新渠，垦城东（即下滩）荒田，而徐及引河之策”。因“不旋踵去任，

---

① ［清］龚景瀚：《循化志》卷四《族寨工屯》，青海人民出版社，1981年版第156页。

② 张春芳，浙江归安县人，乾隆三十二年冬任循化厅同知，次年春调署巩昌府，三十三年冬回任，三十四年升任云南大理府知府。

③ ［清］龚景瀚：《循化志》卷七《水利》录《张春芳草滩坝工水渠记》，青海人民出版社1981年版，第272页。

④ ［清］龚景瀚：《循化志》卷七《水利》录《张春芳草滩坝工水渠记》，青海人民出版社1981年版，第271~272页。

⑤ ［清］龚景瀚：《循化志》卷五《官师》，青海人民出版社1981年版，第190页。

事遂中止”[①]，未成。当时，循化“厅境多山田，惟起台、边都二沟有水泉之利，番回引以为渠，溉田转磨。然泉力微，夏月常苦旱，黄河行境内而人不知用，皆云：岸高水下势不可引”[②]。龚景瀚曾企图“自其上流开之，亦自可行，工大费钜，盖虑始之难也”[③]，终未有成。直到中华人民共和国成立后，方引黄河水建成“黄丰渠”，溉田并发电，并建“红星渠”，灌溉查汗都斯工荒滩数千亩，使成沃壤，已经今非昔比了。在《循化志》中对各工水渠及溉田数目，“书其所知者，而阙其余以俟考”，[④]兹依之列述如次：

| | |
|---|---|
| 夕厂沟渠 | 至清水入黄河，浇地 1 545 段。 |
| 起台沟渠 | 至木厂塘入黄河，浇地 2 931 段。 |
| 张哈工渠 | 引起台沟之水。 |
| 清水工渠 | 引起台沟之水。[⑤] |
| 查加工渠 | 引边都沟之水。 |
| 街子工渠 | 共七道，东岸五道，西岸二道，引边都沟之水。 |
| 草滩坝渠 | 二道，引边都沟之水，自街子工上游开口引 |

① ［清］龚景瀚：《循化志》卷七《水利》，青海人民出版社1981年版，第269页。

② ［清］龚景瀚：《循化志》卷七《水利》，青海人民出版社1981年版，第269页。

③ ［清］龚景瀚：《循化志》卷七《水利》，青海人民出版社1981年版，第269页。

④ ［清］龚景瀚：《循化志》卷七《水利》，青海人民出版社1981年版，第269页。

⑤ 按：起台沟与夕厂沟二水，汇于张哈工之白庄，本为一水，流至清水庄人黄河。

水。浇草滩坝田 1 506 亩，浇下滩田 830 亩。

又，《西宁府续志》卷一《地理志·水利》所载撒拉各工水利情况较详，其中包括乾隆以后续修的和龚景瀚当时所未详而俟考的。再列述如次，说明撒拉人是颇得灌溉之利的：

| | |
|---|---|
| 夕厂沟渠至清水工 | 溉田 2 566 段。 |
| 查加工渠 | 溉田 743 段。又 1 790 段。 |
| 街子工渠 | 溉田 516 段。 |
| 草滩坝渠 | 溉田 631 段。 |
| 张哈工渠 | 溉田 858 段。 |
| 苏只工渠 | 溉田 1 100 段。 |
| 查汗都斯工渠 | 溉田 1 280 段。 |
| 合　　计 | 溉田 9 484 段。① |

**二、手工业和家庭副业**

由于资料缺乏，对撒拉族的手工业和副业难以全面论述，仅从几个侧面叙述这一时期社会经济的发展变化。

（一）羊毛纺织

撒拉族“民间素用羊毛绩线织褐，并无惰民”②。当时用捻线锤手工捻羊毛成线，尚无纺车。褐即褐子，将羊毛线放在织床上手工织成。羊毛多用白色羊毛，织成白色褐子。用黑色羊毛织成的褐，叫黑褐。农村市场上“货则黑褐、白褐、白毡、沙毡。

---

① 以上参见［清］邓承伟：《西宁府续志》卷一《地理志·水利》，青海人民出版社1985年版，第52~53页。

② ［清］龚景瀚：《循化志》卷七《农桑》，青海人民出版社1981年版，第279页。

撒拉绒虽有名，此地实不出，出于狄道”①。狄道，今属甘肃省，金、元、明时为临洮府治。这段史料表明，撒拉人在制造以羊毛为原料的褐子和毛毡方面，早有一定基础。《循化志》上述记载所反映的正是乾隆年间的情况，当时男耕女织的状况，已跃然纸上。至于民间的铁工、木工、瓦工和制靴等工匠，到了近代才见诸活动。即使到近代，这些铁、木、瓦工等工匠，也没有摆脱家庭副业的范畴而成为独立的手工业部门。至于纺纱、织布等业，因地理条件关系，迄未出现。

（二）园艺蔬果

撒拉人先民在中亚生活时即经营园艺蔬果。丘处机在撒马尔罕见到的情况是：“献瓜田五亩，味极甘香，中国所无，间有大如斗者……果菜甚赡，所欠者芋栗耳。茄实若粗指，而色紫黑”②云云。据《循化志》记载，撒拉十二工蔬菜水果是很丰盛的。该志卷七《物产》描述循化附城一带菜蔬和干鲜果品说：“菜蔬则

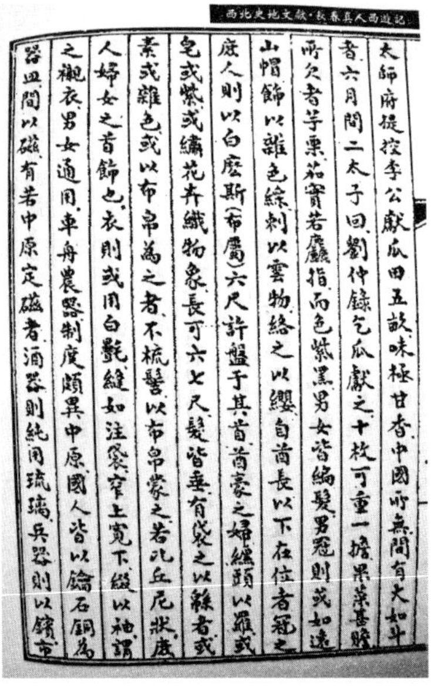
西北史地文獻·長春真人西遊記

太師府提控李公獻瓜田五畝味極甘香中國所無間有大如斗者六月間二太子回劉仲祿乞瓜獻之十枚可重一擔果菜甚贍所欠者芋栗茄實若粗指而色紫黑男女皆編髮男冠則或如遠山帽飾以雜色絨刺以雲物絡之以纓自酋長以下在位者冠之庶人則以白麼斯（布屬）六尺許盤于其首酋豪之婦纏頭以羅或皂或紫或繡花卉織物象長可六七尺髮皆垂有袋之以絲者或素或雜色或以布帛為之者不梳髻以布帛蒙之若比丘尼狀庶人婦女之首飾也衣則或用白氎縫如注袋窄上寬下綴以袖謂之襯衣男女通用車舟農器制度頗異中原國人皆以鍮石銅為器皿間以磁有若中原定磁者酒器則純用琉璃兵器則以鑌

《长春真人西游记》中有关撒拉族先民园艺蔬果的记载

① ［清］龚景瀚：《循化志》卷七《物产》，青海人民出版社1981年版，第296页。

②《长春真人西游记》（卷下）。杨建新主编：《古西行记选注》，宁夏人民出版社1987年版，第218页。

本城……皆有，……白菜多而佳，惟红庄撒喇种之，花椒和川椒稍逊，别工之花椒则不及也”、“其附城左右，则菠菜、瓠子、芹菜、茄子、黄瓜菜、菜瓜、葫芦、西瓜、葱、韭、蒜、苜蓿、山药，园中皆有之。”川椒，即世称之“辣椒”。花椒不属于蔬菜，一般归之于干果类，循化花椒质地优良，远近闻名，至今依然。关于水果，该志载有西瓜，还有“果则桃、杏、苹果、樱桃、林榛……葡萄”等。干果除花椒为食品作料外，有枣、核桃，“核桃尤佳，出积石关者皮薄”。①还有梨为水果中大宗物产，“梨，名为长把梨者，味酸；有一种形尖者，名油交团，颇甘；其至冬熟者，名冬果，形圆，味尤佳”。②芈一之于20世纪60年代初在撒拉各工做社会调查时得知，有不少蔬菜种子是张春芳从内地带进来的。西瓜虽在18世纪时即已种植，但在以后的时间里种者不多，新中国成立后种西瓜者方逐渐多起来。总之，撒拉人擅长莳弄蔬果。

### （三）引水转磨

即所谓“水磨”，“激轮跳珠旋转磨”，用以进行粮食加工，磨麦成粉。在黄河上下各地，对粮食加工磨粉自古以来是用两片石磨。石磨的驱动力，有用人力推曳的，也有用牲畜拉曳的，上片石磨转动，下片石磨固定不动。用水流落差驱动，却是上片石磨固定不动，驱动旋转的是下片石磨。这种水力转磨，三国曹魏时已由张既从中原传至河湟地区。史载湟中地区“中有流水，羌多相依水筑屋

---

①［清］龚景瀚：《循化志》卷七《物产》，青海人民出版社1981年版，第294页。

②［清］龚景瀚：《循化志》卷七《物产》，青海人民出版社1981年版，第294~295页。

而居，激流而硙”，[1]后一句即指水磨。撒拉族居住的黄河南岸的今循化县，至迟在清代雍乾时已有使用水磨的记载。

（四）熬制土盐

撒拉人所食之盐有两种，一为出于日月山以西的茶卡盐池之盐，世称“青盐”，由蒙古人驮运至西宁，再由西宁转贩过去。“青盐味佳”，但“路远脚价重，故来者少，民间多食土盐”[2]。二为土盐，就地用碱土熬制而成。循化过“黄河以北诸山下沿河一带碱土”，“取土以水泡之，经夜，去土，将水入锅熬煮，成盐，为方块。”“至今无课无税”，“以边地番夷杂处，听民之便也。”[3]于此可知，撒拉人多食用土盐，而且是自己动手熬制成盐。青海出产的茶卡盐和宁夏出产的池盐，当时撒拉人食用者罕见。

（五）使用火枪打猎

撒拉人本来就以狩猎为副业，到雍乾时已使用火枪。撒拉人“素业射猎，精火枪”，[4]即指此而言。并且还能制造火枪，孟达工塔萨坡庄（也写作“他洒坡”）制造的，叫“塔萨炮”，准头很好。

综上所述，可以看到18世纪时撒拉族的社会经济状况，有了显著的发展。嘉庆二十五年（1820年）至道光五年（1825年）

---

①［宋］李远撰，马忠辑注：《青唐录》，见《青海地方旧志五种》，青海人民出版社1989年版，第9页。

②［清］龚景瀚：《循化志》卷七《盐法茶法》，青海人民出版社1981年版，第284页。

③［清］龚景瀚：《循化志》卷七《盐法茶法》，青海人民出版社1981年版，第284页。

④［清］魏源：《圣武记》卷七《国朝甘肃再征叛回记》，中华书局1984年版，第310页。

任循化厅儒学训导的杨薰(泾州人)在其所撰写的《小积石斋述略记》中对撒拉人聚居地方有如下描述:

阅八工之撒拉,半住花村。余吟塞曲,廿四关似解弦歌;寺诵天经,七十族俨知学问。歇家举里[①],掌教题坊[②]。番判生熟以为常,回分旧新而滋变[③]……若夫天时则风愆于雨,[④]地利则水决为渠,泉存而土许成盐,县废而川仍为米。[⑤]谷如菽麦,菜如芥椒,果如枣梨,花如葵菊。烹鲜讵少鲂鲤,[⑥]走险恒多鹿獐。披黑羊以御寒,[⑦]驾犏牛而致远。柳之质坚成材,石之品清造器,土棚以充大厦,木洼[⑧]以当扁舟。杯盘皆膻肉酪浆,服饬尽韦耩毳幞。农圃原宜于春夏,樵采罔间乎秋冬。[⑨]

上文是对循化地方的社会经济文化生活的生动描写。此外,

---

① 歇家,少数民族贸易之中介,通民族语言和贸易知识。也有开店铺者,可以住宿,也可代存货物。清水工大庄原有三个孔木散,其中有歇家孔木散,故云“歇家举里”。

② 掌教坊渡口,在厅治西十五里,也名乙麻木庄渡口。“掌教题坊”,该庄以掌教为名。

③ 撒拉人中在乾隆时有旧教和新教,两派教争导致了乾隆四十六年的武装反清斗争。

④ 循化风多雨少,旧时称之“干循化”。

⑤ 米川,唐贞观十年在今循化境内置米川县,兼置米州。后县废而该川仍称米川。

⑥ 黄河中鱼甚多,但撒拉人、番民“不知渔,无取之者”。

⑦ 黑毛羔皮,为御寒良裘。

⑧ 木洼,类似独木舟,用大圆木,中间挖空,可客数人。或二或三联结,如筏。行水以木锨划之,用以渡河。

⑨ [清] 邓承伟:《西宁府续志》卷九《艺文志》,青海人民出版社1985年版,第465页。

当时循化城已出现了坐商和当铺。乾隆末年循化厅已设有官办儒学，城乡另有义学4处。

## 三、封建地主经济成分发展及其与领主经济的矛盾

经济发展的历史趋势应该是领主土地占有形式逐渐被新的地主土地占有形式所代替，这条规律在位于西北边地的撒拉族社会发展中也会反映出来。前文叙及清初撒拉族地区业已开始出现土地买卖，从“卖产土司”反映出来。此外，土司开始把农田佃种于别人。如，夕厂郭娃宁哈加之孙，乾隆末年担任总练，其“所种之地，俱系撒喇田土，年纳租粮”[①]。据此可见，在撒拉十二工沿边地方（夕厂和积石关内外）而非街子、清水、张哈等地方，已出现租佃关系。再看苏四十三之祖父，康熙时从河州迁到街子工，苏四十三之父苏那黑，“置庄田于查加工之古节烈庄，遂为节烈庄人”。[②]节烈庄在塘坊庄之南，地临番寨，也属于十二工的沿边地方。也就是说，除撒拉土司统治的中心地区以外，在其沿边地方已出现了土地买卖现象及新的地主占有土地形式。这种趋势肯定会发展和蔓延下去，尤其是设营立厅之后，内地官员兵丁成批进入，他们不会去培养和促进领主经济，而会加速地主经济的发展趋势。下列几件事情能看到这种情况。

### （一）价买开渠占地

乾隆三十四年同知张春芳主持修浚草滩水渠时，对开渠所占田地的处理是价买。《循化志》卷七《水利》有“前所买开渠田

---

①［清］龚景瀚：《循化志》卷四《族寨工屯》，青海人民出版社1981年版，第157页。

②［清］龚景瀚：《循化志》卷八《回变》，青海人民出版社1981年版，第312页。

地”[①]的记载，可见在十二工腹心之地也出现了土地买卖事情。

（二）“富回”产生

当时所说的“富回”是对世俗的庶民地主或富农的称呼，如韩二个被称作“清水工河西庄之富回也”[②]。清水工分河东大庄和河西庄等庄，世袭哈尔居住在河东大庄，比较贫苦的人民居住在河西庄。据民间世代流传的对领导撒拉人民起而抗争最后献出生命的英雄人物韩二个的传说，他是在唐晒山开荒垦田而致富的，他没有土司土舍的贵族身份，和苏四十三一样是新兴经济成分的代表人物。

（三）由佃种土司土地到购置庄田

《循化志》言及土司田地时说：“汉人无田者，亦从之佃种。所称土户，不尽其部落也，故不曰庄而曰佃，言皆土司佃户也。”[③]撒拉土司之佃户大多在其沿边地方，前文已言之。苏四十三之父苏那黑，随父自河州迁来，在古节烈庄“置庄田”，自己购置庄田，拥有土地占有权，不再是原先那样佃种土司田地。田地不是购自土司，可能购自当地藏族，也可能购自在沿边地方自己垦荒成田的撒拉人。总之，这是不应被忽视的社会经济发展趋势。苏四十三和韩二个因领导反清斗争成为重要历史人物，因而留下了一些家世史料。还有众多的类似人户，没有被重视被记载下来。

---

①［清］龚景瀚：《循化志》卷七《水利》，青海人民出版社1981年版，第271页。

②［清］龚景瀚：《循化志》卷八《回变》，青海人民出版社1981年版，第312页。

③［清］龚景瀚：《循化志》卷四《族寨工屯》，青海人民出版社1981年版，第147页。

由于新兴的经济成分在雍正、乾隆时得到长足发展和“富回”阶层的兴起，以及领主统治下的广大属民向往人身依附关系较松弛一些的新的经济制度和新的身份，于是产生了不同于过去的更为复杂曲折的阶级矛盾和内容。他们对于土司、哈尔的统治和尕最制度，感到是一种桎梏，要求冲破它，因而出现了看起来似乎扑朔迷离，其实质仍是反映阶级斗争的旧教新教的教派斗争。这是信仰伊斯兰教的民族在领主统治下的广大群众，在18世纪时所能采取的适宜的斗争。要进一步说明这个在过去不曾被人们重视的问题，不妨举出下列几件重要史实审视一番。

新教的领导人苏四十三、韩二个等人，就其阶级地位说，属于庶民地主或富农，他们不是旧统治体系中的人物和领主统治的得益者。而旧教或老教的主要支持者是土司、哈尔和尕最等人，就其阶级地位说，属于具有世袭特权的身份性地主阶级，或者说是领主及其支柱。

新教旧教几次斗争的地点，并不是在土司和尕最的根子地方——街子，而是在下六工的张哈工和张哈寺。其原因前文已交代，下六工是“外姓五族”的聚居地，他们并不是根子姓，多是从河州等地迁入而成为土司属民的。他们起来成为反对领主制的先锋，有其深刻的历史原因和社会原因。

新教群众多为贫苦人户。从乾隆四十六年（1781年）斗争失败后官府“善后”事宜留下的资料分析：新教976户，遗存田地4 651亩，[①]平均每户4.7亩有零。每户以6口人计，人均不到0.8

①［清］龚景瀚：《循化志》卷六《人物》，青海人民出版社1981年版，第265页。

亩，大大低于当时人均占有土地的水平。再看老教阵亡土兵家属被赏给的土地，每户得到 13.9 亩。[①]从上述两个数字可以得到明显对比，新教群众是贫困人户。而且，新教群众的土地，据前往调查处理所谓“逆产”的兰州道图萨布禀报，“多系山头地角，依崖傍壑，零星沙地，不成片段”。[②]可见多系自垦的边角山地，不是土司份地的原有地块，同时也说明这等土地质量低劣和他们的阶级地位了。

还有不可忽略的一件史实，新教斗争失败后，对所谓“逆产”的处理，不是“价卖”、“拍卖”，而是按照领主制的老办法，“赏给阵亡土兵等家属”，“均匀派拨，令其佃种”。[③]土地所有权属于土司。土司的领主土地所有制不但没有受到限制，反而得到延续和扩张，这未尝不是撒拉族历史发展进程中的一个回旋，同时也说明这次以“灭土司”为口号的斗争确实是失败了。

综上，撒拉族历史发展到 18 世纪时，社会生产力有了明显的进步，封建领主制统治下新的经济因素兴盛起来，阶级矛盾比以前更为曲折复杂。这个时候，压在撒拉族人民头上的大山是封建土司制和与之相表里的宗教、尕最制以及支持它们的清王朝。阶级斗争的发展，是围绕着这条主线运行的。于是乾隆四十六年

---

① ［清］龚景瀚：《循化志》卷六《人物》，青海人民出版社 1981 年版，第 265 页。

② 乾隆四十六年八月初十日阿桂、李侍尧为遵旨查议新教遗田土酌令交土司均匀派拨折，《钦定兰州纪略》卷十六。见［清］方略馆 编：《清代方略全书》（三一），北京图书馆出版社 2006 年版，第 338 页。

③ 乾隆四十六年八月初十日阿桂、李侍尧为遵旨查议新教遗田土酌令交土司均匀派拨折，《钦定兰州纪略》卷十六。见［清］方略馆 编：《清代方略全书》（三一），北京图书馆出版社 2006 年版，第 340 页。

（1781年）爆发了苏四十三、韩二个领导的反清武装斗争。

## 第三节　茶马互市的终结

茶马互市是历史上国内民族间的一种贸易形式和经济交流形式，各族定期纳马，是“国家存在的经济体现就是捐税”[①]的一种贡赋形式，也是封建皇朝对纳马民族的一项重要政治措施。明朝时，撒拉族是河州卫纳马十九族之一，中央政府在撒拉族地区有效地推行茶马互市制度，取得一定的效果。随着政治形势的变化，茶马互市制度在清初雍正年间被终结，这无疑促进了撒拉族地区民间贸易的发展。

### 一、茶马互市终结的政治背景

清初沿袭明制，于顺治二年便在河州及西宁、洮州、庄浪开设茶马司，由陕西茶马御史监督，招商运川、汉、湖茶，以茶易马。所得公马拨交各地边军，母马拨交各苑马监（军马场）喂养。清初茶马比价，上马给茶十二篦，中马九篦，下马七篦。[②]每篦重10斤，每篦合2封，每封重5斤。仍然派官巡查，禁私茶出境。撒拉族在清初几十年间，仍一如明代，属于河州的纳马之族，领茶中马，不纳粮赋。

随着清朝在全国范围内的封建统治的确立，北部和西部疆域的扩大，以及民族间贸易的繁盛，茶政马政也会随着政治形势的

---

① 马克思：《道德化的批判和批判化的道德》，《马克思恩格斯全集》第四卷，人民出版社1965年版，第342页。

② 雍正十年正月二十五日甘肃巡抚许容奏折，见芈一之编：《撒拉族档案史料》，青海民族学院民族研究所铅印，1981年，第2页。

变化而作相应的变化。到康熙四年（1665 年）裁撤陕西各苑马监，康熙七年（1668 年）裁陕西茶马御史，各茶马司归甘肃巡抚兼辖。到康熙四十三年（1704 年）放宽私茶禁令，“行人携带十斤以下者，停其搜捕。如有驴驮车载无官引者，即系私茶”。[①]这反映出民间茶贸易更为繁盛而不可遏止了。次年，茶马事务停止差官，各茶马司停止易马，所管茶叶改征税款或变价折银，充作兵饷，茶马司停办。茶税事务仍由巡抚兼理。

到雍正三年（1725 年），政治形势又有新的变化。先年已平定了蒙古贵族罗卜藏丹津反清武装斗争，清廷加强了对青藏高原各地各族的统治，改变和调整原先的地方建置，将西宁卫改成西宁府，茶税由西宁知府管理。雍正四年在撒拉各工查田定赋，茶马互市终止。雍正九年（1731 年）因对西部准噶尔用兵，需用大批军马，又将停办二十多年的茶马互市恢复，“令五（茶马）司复行中马之法”，茶马比价同于清初。实行 4 年，到雍正十三年（1735 年）又停止，裁去各茶马司。改征茶封税款，每封征银 2 钱 5 分，准许民间自由贸易。马匹自然也准许自由买卖了。至此，延续几百年的茶马互市制度正式告终。

**二、茶马互市终结的影响**

茶马互市制度的终止，可以从社会经济方面说明如下四点情况：一是国家疆域更加扩大了，包括有广大的农业区和辽阔的牧业区，无论是政府需用的军马或民间需用的挽马、耕马，来源充裕，买卖方便，不再需要用旧时的垄断性的以茶易马的办法。西北各民族所需用的茶，也不仅是一种茯茶，也是来源充裕，货畅其流，不必再沿用旧制以马易茶。《清朝文献通考》

---

①［清］杨应琚：《西宁府新志》卷十七《田赋·茶马》，青海人民出版社1988年版，第432页。

卷三〇《征榷考五·榷茶》载："本朝牧地广于前代，……大宛、西番尽为内地，渥洼天马，皆枥上之驹，"即说明了这种情况。撒拉族及其他各族不再需要茶马互市了，这是历史的进步。二是国内各民族间相互依存的经济交流日益繁盛，民族间的贸易壁垒，势必被冲破。《清朝文献通考》卷二六《征榷考》说："西陲底定，拓疆二万里，商民持布币而往者，轮蹄万计，……商贾市易之地，已倍广于向时。"这段话道出了原在明朝时西北边卫，已非"边"了，西番已成内地，"西域"已成"王土"，民族间经济交流通过货币为中介的贸易即可，不必再以马易茶。三是茶马司撤销了，在循化等地出现了"歇家"（也称做"歇役"）。这类父子相承的歇家，是由茶马互市时的通译演变来的。他们熟悉几个民族的语言，谙于贸易知识，担任民族间贸易的中介人，成为甘青一带一种特殊的职业。后来他们中一部分人变为近代商业资本家。陕甘总督沈兆霖于同治元年（1862 年）三月初八日奏折中说："宁、通、循、贵、丹、戎各属地方，向设官歇家，经理蒙番住宿贸易。"①清末，外商在循化等地开设洋行收购羊毛，也是通过歇家进行的。这是研究包括撒拉族在内的青海社会经济史时不可忽视的一个重要问题。四是在茶马互市时，撒拉人食用互市中得来的巴茶或湖茶，互市停止以后，"私贩盛而商茶壅"，"缉禁之文岁岁不绝，而终不能禁。近年以来无地无私茶，循化、河州所食散茶皆大叶而黄色者，较之官茶，其价甚廉，闻皆出于四川，由松潘一路来者，至此不过十余站"。②这种茶由康区运

① 同治元年三月初八日沈兆霖遵议边防要务章程七条折，见芈一之编：《撒拉族档案史料》，青海民族学院民族研究所铅印，1981年，第213页。

② ［清］龚景瀚：《循化志》卷七《盐法茶法》，青海人民出版社1981年版，第285页。

来，俗称之“康大茶”。

## 第四节 尕最制度

撒拉族从13世纪定居到今青海省循化县以后，在六七百年的历史发展中，伊斯兰教一直有较深的影响。自18世纪以后，发生过三次教派斗争，其中第一次采取和平方式，后两次导致了流血斗争，这在我国信仰伊斯兰教的民族中属于有较大特殊性的问题，尤其是尕最制度。

### 一、尕最制度及其始末

一般研究者认为，撒拉族的宗教信仰虽属逊尼派的大伊玛目派，即哈乃斐派，实际上受波斯来的什叶派的影响颇大。元代，在中央政府下设置的“回回掌教哈的所”之“哈的”，属波斯语名称，后也译写成“嘎锥”或“尕最”，即宗教法官之意。《瀛涯胜览·忽鲁谟斯国》中记有霍尔木兹人“男家则置酒请加的，加的者掌教门规矩之官也”。“加的”即“哈的”，也即尕最。伊斯兰教从唐初传入中国以后，在各教坊内，管理教务的有“筛海”，即教长；管理民事的有嘎锥，即宗教法官，掌管教法之人。不论唐宋时的筛海或嘎锥，还是元时的哈的，在伊斯兰教民中都有掌管户婚、钱粮、词讼之权。他们的地位受到绝对尊敬，在教民中有“如奉官府”的比喻。教门中的“掌教”和嘎锥，由群众推举，也有变成世袭制的，如撒拉族。

撒拉人于13世纪举族东迁时，把尕最制也从中亚带来了。据社会调查时民间老人们传说：撒拉人定居到循化后，怕失掉教门，从中亚来了40名筛海，由苏来曼率领至街子。按照老规矩，在这40名教长中推选出一位尕最，执掌教法。元朝推行“因其俗而柔其人”[①]的政策，除推崇佛教道教外，对色目人和伊斯兰教也给予优待，中央设“回回掌教哈的所”，使各地穆斯林建筑清真寺和必要的宗教活动受到保护。在这样的政治环境和撒拉人的宗教信仰渊源下，上述说法是可信的。同时，这一群体本来就是信仰宗教的居民，到了新的地方，从事着新的活动，披荆斩棘开辟新的家园，有必要运用宗教的权威和信仰的支撑，把某种新的需要加以固定化，使之有利于部落首长的统治。于是，请来 40 名筛海，并从中产生一名尕最，也是很容易理解的。不过，当时的尕最是推选产生的，不是世袭的。

尕最在汉文历史文书中也称作“总掌教”或“总理掌教”，在清廷档案中也称作“世袭总理掌教”。循化街子清真大寺乾隆二十六年（1761 年）匾额上写着“总理掌教韩光明”。尕最住在街子，主持街子大寺。相传街子清真大寺建于明初洪武年间，是撒拉族的祖寺，清代乾隆二十六年重修扩建，规模宏大，气势雄伟，主要建筑采用汉族宫殿式屋顶，是青海省伊斯兰教第二大寺[②]。又由于该寺收藏有尕勒莽率众东迁时白骆驼驮来的手抄本《古兰经》，所以该清真大寺名扬遐迩，是中国西北地区著名的清真寺之一。尕最之演变成为世袭总掌教，我们认为约于明初和撒拉族土司制确立同时产生。对于这个问题，缺乏明文记载。龚景瀚纂修《循化志》时对土司世系记载详明，对宗教上层和尕最世系则略而不记，给几百年后的今人留下一连串问号。兹姑作分析如后。

从土司和尕最的传世时间看：尕勒莽的嫡系嗣孙韩宝于明洪

① ［明］宋濂等撰：《元史》卷二〇二《释老传》，中华书局1976年版。

② 青海省伊斯兰教第一大寺是西宁东关清真大寺。

武六年（1373 年）被封为世袭百户，撒拉族土司制度从这时开始。以后子孙相传，升副千户。清雍正七年（1729 年）封土千户，到光绪二十二年（1896 年）止。前后历时 520 余年，传世约 20 人。尕最世袭制也在光绪二十二年与土司制同时终止。街子骆驼泉畔的尕最墓地共埋 17 人，可见尕最传世至少 17 人。各人寿命长短不一，土司中有打仗“阵亡”的和“病殁行间”[①]者，不能寿终正寝。而尕最则无此类情况。故应推知，世袭尕最制的起始时间，约略也在明初土司制开始之时。可以说，两者同时始，同时终。

从土司制和尕最制相互配合上看：土司从政治上进行统治，尕最从宗教上进行统治，两者互为表里。前者用行政、暴力进行统治，后者用“神力”、精神进行统治，其目的是一致的。在撒拉族社会里，有一种特殊的基层组织，即“阿格乃”和“孔木散”。阿格乃系男系近亲血缘组织，由三五户至十多户组成。孔木散由数个阿格乃组成，原先也是血缘组织，以后逐渐发展演变成地缘组织。所有撒拉人，都分别属于一定的阿格乃和孔木散。每一个孔木散内有一位“哈尔”，意为长老或长者，在土司制度下演变成世袭的基层头人，也称“哈尔户长”。尕最统治的基层是各村支寺的学董，而支寺的学董也是由哈尔户长担任的。哈尔户长是土司统治的支柱，他们有世袭身份和一定的政治特权，也属于统治阶级，是身份性地主阶级的组成部分。两者关系如下：

---

① 明末崇祯时，韩进忠任“汉羌游击”，阵亡。清嘉庆初年，土司韩光祖调赴汉南，“病殁行间”，等等。见［清］龚景瀚：《循化志》卷五《土司》，青海人民出版社1981年版，第230页。

土司——工——村、孔木散（哈尔户长）
‖
尕最——海乙寺(工)——支寺(村)(学董)

这种世俗的和宗教的相互紧密相连的两套系统，除说明两者的互为表里关系以外，也说明两者的孪生性。土司驻在街子，尕最也驻在街子，街子是撒拉族的中心；土司制与尕最制都是世袭制；土司制与尕最制同时兴起，也同时被废止，构成撒拉族历史上上层建筑的一个显著特点。

尕最姓韩，与土司同姓。尕最世系及17人姓名，因资料缺乏，目前尚不完全清楚。依据零散资料，仅知清雍正以后的几代尕最姓名，且不完整，谨列于后，一则保存这些珍贵史料；二则供有志于此者共同研究。

韩哈即[①]，雍正九年（1731年）时曾与马火者互控。[②]

韩光明，见街子清真大寺乾隆二十六年匾额，是重建该大寺的主持人。

韩哈济，见《循化志》卷八和乾隆时清廷档案材料。乾隆三十年（1765年）后与新教贺麻路乎互控。其弟韩伍参与互控案，被官府流放。

韩四个，其子韩三个，见嘉庆四年清廷档案。韩四个父子率兵赴汉南打仗，清廷赏给守备顶戴。

韩伏禄，见道光三十年清廷档案。与土司韩福一起向提督桂

---

① “哈即”和“哈济”，应是“哈吉”的不同记音。“哈吉”是对朝觐过天房的人之尊称，而非真实名字。由此可知，雍正、乾隆时有撒拉人朝觐过天房。

②［清］龚景瀚：《循化志》卷四《族寨工屯》，青海人民出版社1981年版，第158页。

龄、总兵萨炳阿兵营款服。

韩六保，其子韩五十三。

韩五十三，见社会调查和清廷档案。光绪二十年曾在街子用手打掉新教阿訇韩七十的头巾，引起教派之争。

**二、尕最制下的清真寺系统及宗教活动**

尕最负责执行伊斯兰教法，监督所属教民遵守宗教仪规，履行“五功”。

尕最之下设有“三长”，即“三长制”，或叫“三掌教制”，也是世袭的，即：一、伊玛目一人，负责领拜和讲经；二、海提卜一人，负责领导教民念经；三、玛真一人，每日五次准时登上“唤醒楼”（也叫天楼、宣礼楼、邦克楼），督促教民按时礼拜，所以也叫念“邦克”的人。此外，木札威一人，负责寺内事务性和看守门户工作等。

撒拉各工有宗寺，也叫海乙寺，各村有支寺，也叫小寺或尕寺。群众平日宗教活动在本村支寺中进行，即《循化志》中说的“回俗有大小礼拜之日，小礼拜在本寺”。[①]主麻日（聚礼日，星期五）和重大节日，则齐集各工的海乙寺，或上下六工之人分别齐集到街子工大寺和张哈工大寺。乾隆四十六年以前，新教老教发生争执多在张哈工寺，可见当时主麻日是到海乙寺或某个大寺进行活动的。

对于亡人“占礼”（即占“知那孜”）和结婚念“合婚经”（即念“尼卡亥”），是尕最的专有权，别人前去也是代表尕最去的，所收礼物当然也须上交尕最。

---

①［清］龚景瀚：《循化志》卷六《寺院》，青海人民出版社1981年版，第258页。

各工海乙寺也有类似“三长”的“三头”：海乙寺教长称掌教，另有副掌教和小掌教，但不世袭。各支寺有阿訇一人，也称伊玛目。

从清真寺系统说，支寺隶属于海乙寺，海乙寺隶属于大寺。上级对下级有管辖权，对下级寺的阿訇有任命权，有出“豪孔”（教法）和处理民事纠纷之权。所有撒拉人在宗教生活上都受尕最的指导和监督。总之，世袭尕最制使尕最变成了宗教贵族。

据《循化志》卷六和卷八，乾隆前及乾隆时有清真寺 73 座，住寺人员 300 余人。乾隆四十六年（1781 年）后，新教寺院全行拆毁，减为 59 座。乾隆五十四年（1789 年）循化厅同知斐英阿造册，有大寺和海乙寺 9 座，小寺 50 座。如果按当时撒拉族人户计算，平均每 50 户即有清真寺 1 座。①

## 第五节　乾隆四十六年反清起义

18 世纪后期，撒拉族地区的阶级矛盾、民族矛盾和伊斯兰教教派矛盾交织在一起，斗争有时隐蔽，有时明显，曲折复杂。到乾隆四十六年（1781 年）爆发了因教派斗争导致的撒拉族人民反清起义。②经过 130 余天的战斗，这场起义宣告失败。起义失败后，清政府调整了统治策略，强化对这一地区的行政、军事控制。

---

① 依乾隆五十四年数字，人户 2 927 户，清真寺 59 座，平均 49.6 户有清真寺一座。

② 对于这次起义，有的人只看到由教派斗争导致，而不愿从社会经济运动中去发掘其规律和斗争实质，从而把它看作是彼此互杀、官府偏袒，终逼成“乱事”，没有什么正义性可言；甚或站在清朝的立场上，用《钦定兰州纪略》和《圣武记》的观点把它说成“叛乱”。这些都是不正确的。对撒拉族历史上这次震撼清廷的武装斗争事件及其历史影响，应当有科学的解释。

## 一、起义的背景和导因

乾隆四十六年撒拉族反清起义的斗争初期，虽然是从伊斯兰教的新老教派斗争开始的，但是“所有这些在宗教外衣下进行的运动都是由经济原因引起的”[①]。任何地方发生阶级矛盾和震荡，总有一种社会要求为其背景。而且，“阶级矛盾由于宗教矛盾和民族矛盾而更加尖锐”。[②]所以，乾隆时撒拉族反清起义既有宗教因素也有一定的社会经济原因。

### （一）时代背景

18世纪中叶以后，撒拉族聚居区及其毗邻的河州、狄道等地的社会状况发生了明显变化，伊斯兰教中已经产生了门宦和教派。当时吏治败坏，贪污成风。在甘肃查出的一桩大贪污案——监粮案，就是其中之一。该案犯罪人员自布政使王亶望和以下道、府、州、县官员113名，追缴赃款捐监银281.1万余两，等于当时全甘肃省每年正额粮赋28.5万余两的约10倍。查抄王亶望家产，仅绸缎一项即有50 000余件，“金银逾百万两”。[③]陕甘总督勒尔瑾于乾隆四十六年（1781年）四月底被逮京问罪后，在其家奴曹禄家查抄出银19 000余两，金200多两。诚如同年五月初二日乾隆帝“上谕”中说的：“家奴所积财产已至巨万，勒尔瑾岂竟无贪黩营私之事？”[④]如此数额惊人的财物，是从包括撒拉

---

① 恩格斯：《论早期基督教的历史》，见《马克思恩格斯全集》第22卷，人民出版社1965年版，第526页。

② 列宁：《塞尔维亚和保加利亚胜利的社会意义》，见《列宁全集》第18卷，人民出版社1965年版，第392页。

③ 乾隆四十六年“上谕档”。见《清史稿》卷三三九《王亶望传》，中华书局1976年版。

④ 乾隆四十六年五月初二日“上谕档”。芈一之编：《撒拉族档案史料》，青海民族学院民族研究所铅印，1981年，第57页。

族人民在内的甘肃全省各族人民身上搜刮来的。乾隆四十六年时的钦差大臣、大学士阿桂在《钦定兰州纪略》卷十四中明确地说："甘省封疆大吏，不思洁己奉法，率属惠民，乃公然侵蚀冒销，蠹国病民，为从来所未有。浸至积戾召殃，致有逆回苏四十三之事。"[①]阿桂等公开承认清朝官吏们的贪赃枉法是激起撒拉族民众反清起义的重要原因之一。

其次，从撒拉族内部看。在18世纪时领主制经济下已有新的经济成分产生，人民向往着人身依附关系较轻的经济制度。封建土司和宗教界的尕最与清朝官府相互勾结，加重了对撒拉族人民的压迫和剥削，阶级矛盾随之日益尖锐化。与此同时，新经济成分的代表者"富回"日渐成长壮大，他们与广大贫困农民一道要求冲破封建领主制的束缚。反映到宗教上，则是土司、尕最支持"老教"，广大贫苦农民和"富回"则支持与老教对立的"新教"。上述是对当时撒拉族内部的基本的阶级状况的分析。

其三，循化厅官员"苟安岁月"，无"尽心于地方"。据史载："按循化地处极边，缺分清苦[②]，番回多事，官此者视若畏

---

① 见［清］方略馆 编：《清代方略全书》（三一），北京图书馆出版社2006年版，第223页。

② 循化厅地处河州边外，经济落后，生活艰辛。据《循化志》载：同知每岁俸银27.86两，养廉银800两，共827.86两。无公费。"每岁除公帮公摊司扣外，所得不过三百余金，一切杂费皆出其中，如墩台则每年三十余金，考棚则三年一百七十余金。""官此者谋衣食之不暇，而能尽心于地方之事哉。"又，武官、参将每岁俸银39.34两，薪银120两，蔬菜烛炭银48两，心红纸张银36两，养廉银500两，共743.34两。另外，例马8匹，每年支料豆九斗，草六十束，每束折价银一分，每匹每月支小乾银九钱。以上参见［清］龚景瀚：《循化志》卷七《经费》，青海人民出版社1981年版，第286~287页。

途。大宪一视同仁，不欲一人独受其苦，又或忽之为不足轻重之地，故数月辄一易其人。”[①]自乾隆二十七年（1762 年）设循化厅，至乾隆四十六年（1781 年）的 19 年间，循化厅同知先后有 16 人，平均每人在职时间为一年又两个月多一些。官员更替频繁，送往迎来，开支招待，均来自于百姓。上峰“大宪”对之视而不见，或通同作弊。于是“官既视为传舍，苟安岁月，风土情形毫不熟悉，求其为斯土谋治安之策，盖亦难矣”[②]。正是这块“忽之为不足轻重之地”的循化，成为反清斗争的爆发地。

（二）门宦制度产生和教派斗争开始

这次反清斗争是以伊斯兰教派斗争所起，这就需弄清楚伊斯兰教门宦制度产生和教派斗争开始及有关问题。

门宦，是伊斯兰教中的神秘主义与中国封建家族制度相结合而产生的一种宗教制度，“甘肃之回教门宦，隐然一封建制度也”。[③]“门宦”一词据传系沿用“门阀”、“仕宦”而来，用以标明一种世袭的门第、身份、地位和特权。门宦与教派有区别，一个教派可以有几个门宦，有的教派也可以没有门宦。教派是依据对教义教规的解释不同而区分，门宦是以教主不同而区分。各门宦都有教主，一般是子孙世袭，教民称之为“太爷”。门宦各自独立，互相排斥。从这个意义上说，它也可以说成是教派。

门宦是穆斯林地区阶级矛盾在宗教上的反映。清初，具有集中扩大的教坊和教主兼地主且世袭罔替等特点的门宦制度在河州

---

① ［清］龚景瀚：《循化志》卷五《官师》，青海人民出版社1981年版，第192页。

② ［清］龚景瀚：《循化志》卷五《官师》，青海人民出版社1981年版，第192页。

③ ［民国］慕寿祺著：《甘宁青史略正编》卷十八，兰州俊华印书馆1936年，第38页。

临洮一带出现，以后门宦发展到国内各地，影响极为深远。它有三方面内容：一是出现了被神化了的教主，教主葬地建“拱北”，受教民崇拜。二是世袭的教主称“太爷”，对教民有绝对权威。管辖许多教坊，太爷可以委派“热依斯”（教主代理人）进行统辖，所属教坊的阿訇由教主委派或撤换。三是穆斯林对太爷应捐纳进贡财物。凡门宦势力所到之处，原先“阁迪木”式教坊随之破坏。由此可见，门宦制度是地主阶级上层人物要牢抓神权的产物，使教民牢牢地置于身兼教主及大地主的直接控制之下。“所谓门宦者，犹汉人之称宦门也。其初创教之人传之子孙，继继绳绳，以至今日，教下概尊之曰老人家。对于老人家命令服从唯谨，虽令之死，亦所甘心。”①从清初到民国的近三百年间，甘宁青地区主要存在三大教派（阁迪木、伊合瓦尼和西道堂）和四大苏菲学派及其所属40余支门宦，不同的门宦不同的教派，产生了层出不穷的教派之争。在撒拉族及其毗邻的河湟各地，主要有四大门宦及其所属几十个支门宦，即虎夫耶门宦、哲赫林耶门宦、嘎的林耶门宦和库不林耶门宦。其中虎夫耶系统的花寺门宦和哲赫林耶门宦，与撒拉族的关系相当密切，曾引起过流血冲突事件。

尽管在甘宁青地区宗教上发生了上述如此重大的变化，但清朝统治者却一概视而不见，没有相应的宗教政策。满洲统治集团原本极力推崇藏传佛教以安众蒙古、西藏，屡见于皇帝“上谕”或官方文字中。而对伊斯兰教则反是。早在顺治五年（1648年）发生过甘州回民拥护前明皇裔朱识锛、反对清朝的武装斗争，清廷对穆斯林因此种下成见，经常疑及穆斯林与明朝残余势力有勾

---

① ［民国］慕寿祺著：《甘宁青史略正编》卷十八，兰州俊华印书馆1936年，第38页。

结。于是，对伊斯兰教不能客观地看待，常严加禁绝。从当时的官吏奏折和皇帝“上谕”中可以反映出来。如：

雍正七年四月辛巳上谕：“数年以来，屡有人具折密奏，回民自为一教，异言异服，且强悍刁顽，肆为不法，请严加惩治约束等语。……又如奉旨禁宰牛只，而劝民较农勤稼，所以重惜力耕之物命。闻回民颇有怨言，且有私自屠宰者。此即居心残忍，不务本奉法之一端也。”①

又，雍正七年六月上谕：“惟百姓中有回子一类，以宰牛为业，试思贸迁有无，百工技艺，何业不可营生，而必欲为此犯禁伤农之事。”②

又，雍正八年五月，署安徽按察使鲁国华奏请禁止清真寺把斋等，未能允可。③

包括撒拉族人民在内的穆斯林，即在上述历史背景和社会环境中生活生存。而伊斯兰教派之争在河州地区日益频仍，激荡着这个地区的民族矛盾、阶级矛盾，且日益尖锐，终于爆发了武装斗争。

（三）老教和新教，花寺门宦和哲赫林耶门宦

乾隆四十六年（1781年）撒拉族人民反清斗争导因于老教和新教之争，此时老教指花寺门宦，新教指哲赫林耶门宦。

1. 花寺门宦

该门宦属于虎夫耶门宦系统。“虎夫耶”系阿拉伯语，意为“隐藏”、“低念”，或称“低念派”。这个门宦系统支系多，较分散，社会影响颇大，花寺门宦为其支系之一。花寺门宦创始人是马来迟（1681~1766年），其祖上原籍长安，后迁居河州。其祖父马从善，明朝授建武将军，有二子：长子榜俊，经营商业；次子

---

① ［清］王先谦编：《东华录·雍正十四》，雍正七年四月辛巳。

② ［清］王先谦编：《东华录·雍正十四》，雍正七年六月丙申。

③ ［清］王先谦编：《东华录·雍正十六》，雍正八年五月甲戌。

家俊，武拔贡，家道殷富，号称“马十方”。马家俊年老无子，多方祈求，康熙十年（1671 年）曾到西宁谒见到此传教的穆罕默德第 25 代孙赫达叶通拉西（可能为阿里后裔），请求做“都哇”（祈祷）赐予儿女。回河州后娶河州西门横街子一汉民女子名菊花者为妻。康熙二十年（1681 年）九月初八日（也有记载为十一月十二日）果生一子，取名来迟，意即来得迟了。马来迟幼时在民和米拉沟呼拉亥村清真寺和河州八坊老王寺学经。18 岁时“穿衣”，以后在河州和民和各地清真寺任教长约 30 年。雍正六年（1728 年）马来迟随阿拉伯传教士去麦加朝觐，被阿拉伯学者尊为“中国的掌教”。雍正十二年（1734 年）由海道回国，先在广州当阿訇，[①]后在河州牟尼沟清真寺等地任教长，到过循化、化隆传教。信奉者达 20 多万人，盛行河湟，名著全国。乾隆三十一年（1766 年）九月初八日马来迟去世，在河州八坊建拱北，形如宫殿，上涂彩绘，称“花寺”。教权交其第三子马国宝，人称“三太爷”。马来迟教派的主要特点有：

一是主张先开或前开（先开斋后礼拜），不同于原先的后开（先礼拜后开斋）。

二是宣讲《冥沙经》，内容主要是赞美真主。《循化志》说：“盖纂辑天经为之。”[②]念时，聚众环坐，上身前后摆动，形似拉锯。

三是主张低念，低声吟诵，故称低念派。

四是念经毕，做两个呼图拜。

---

① 马通：《中国伊斯兰教派和门宦制度史略》，宁夏人民出版社2000年版，第163页。

② ［清］龚景瀚：《循化志》卷八《回变》，青海人民出版社1981年版，第310页。

五是念经一次，收取羊只布匹等布施（当时羊一只，价银一钱，折合铜钱 100 余文）。

2. 哲赫林耶门宦

创始人马明心，又名马明清（1721~1781 年），祖籍武都，其祖父因灾荒迁居陇西县城，又迁榆中县马儿坡。马明心为遗腹子，生于康熙六十年（1721）正月初一日。幼时祖父、母亲相继去世，随叔父生活、学经。雍正六年（1728 年）随其叔父赴麦加朝觐。数年后（有云乾隆九年）回国，在河州、循化等地传教。此时马来迟已拥有众多教徒和较大地盘，资财丰厚，名声甚著。据载，“羡马来迟之得利，学其所为，别纂一经，名曰卯路”，[①] 即《卯路提经》。乾隆二十六年到循化传教。因和花寺门宦发生冲突，讼至官府，马明心被判离开循化。乾隆二十七年（1762 年）马明心迁居定西官川，信徒日增，名噪一时，别省之人，千里访学，官川成为哲赫林耶的基地，故该门宦又有“官川门宦”之称，马明心被称为“官川太爷”。该教派的主要特点有：

一是宣讲《卯路提经》，内容主要是叙述穆罕默德生平。念时上身左右摇摆，摇头诵经，故又称摇头派。

二是主张高声朗诵，也称高念派。“哲赫林耶”一词，本有高念之意。

三是念经毕，做一个呼图拜。

四是念经一次，收忏钱五六十文。收费较轻。[②]

---

① ［清］龚景瀚：《循化志》卷八《回变》，青海人民出版社1981年版，第311页。

② 乾隆五十四年十月十五日上谕，见芈一之编：《撒拉族档案史料》，青海民族学院民族研究所铅印，1981年，第163页。原载：“甘省回民新旧二教每致互生嫌衅，盖因旧教念经须用羊只布匹，所费较多。新教念经仅取忏钱五六十文。小民希图省资，是以愿归新教。”

五是主张传贤，反对传子（驳斥马来迟父子相传，不合教理）。入其教者，穷苦人可以得到周济（念经所收“海的叶”即布施，阿訇除留足自己生活需用外，应施舍给穷人。驳斥马来迟积财致富）。

《循化志》对上述旧教新教之不同概括地叙述为：“新教之异，念经时则摇头，念毕则要拳舞手。其死而葬之也，以足踏坟，视其升天入地之别。大略不过如此。……且新教富，而老教贫，入其教者皆有周济。人情贪利，附之者愈众。”因为马明心所传，与以前马来迟所传不同，“遂别为新教，而以前开之教为老教。然皆非回民自古相传之旧也”。[①]以上是社会上穆斯林对旧教新教的识别和称呼。而原来各门宦因和马明心所传之教有比较尖锐的利害冲突，所以“河、狄各门宦闻之以其与老教有不同处，遂诋之曰新教”。[②]《甘宁青史略》的著者在这里用语是“诋之曰新教”，可见旧教对新教的愤怨。

由上可知，马来迟所传和马明心所传，在宗教学理上并无原则分歧，只是些枝节之争。这些枝节之争的实质，是争教徒和地盘，即争经济利益。[③]皆非“自古相传之旧也”。尔后的教争，大多类此。

## 二、乾隆年间的教派斗争

### （一）“前开派”与“后开派”之争

---

① ［清］龚景瀚：《循化志》卷八《回变》，青海人民出版社1981年版，第311页。

② ［民国］慕寿祺著：《甘宁青史略正编》卷十八，兰州俊华印书馆1936年，第38页。

③ 马通：《中国伊斯兰教派和门宦制度史略》，宁夏人民出版社2000年版，第165页。

这次教争发生在乾隆初年。这是撒拉族历史上也是河湟地区历史上第一次伊斯兰教派之争。“回教一而已矣”[①]，元、明至清初，传统的阁迪木教坊绵绵不绝，不分什么教派。至乾隆初年，“而河州回民始有前开、后开之异。……马来迟者，河州之前开回民也”。[②]前开派即主张先开斋，后礼拜，为马来迟所创立，前文业已叙明。其时以正统自居的阁迪木派的马应焕对“前开”不能容忍，“乾隆十三年，后开回民马应焕赴京控马来迟邪教惑众”。[③]

当时清朝中央将此案发交甘肃省巡抚黄廷桂审理。审理结果，“将马应焕依诬告律反坐从重。……问拟充军。并议令前开、后开，各遵祖教，遇有丧事不许一起延请两造念经，致滋事端”[④]。马来迟受到的不公正待遇，得以昭雪，取得了合法地位。“马来迟与其子国宝，遂往来行教”，[⑤]并到撒拉十二工传教。这次教争，“前开派”取得了与“后开派”平等的传教权利和地位。这时撒拉十二工的尕最是韩哈济，对马来迟非常佩服赞赏，“师而事之”。又由于前开符合广大信教群众的生活要求，“《冥沙经》一册，既简而省费，又新其耳目”，“一时翕然从之”，

① ［清］龚景瀚：《循化志》卷八《回变》，青海人民出版社1981年版，第310页。

② ［清］龚景瀚：《循化志》卷八《回变》，青海人民出版社1981年版，第310页。

③ ［清］龚景瀚：《循化志》卷八《回变》，青海人民出版社1981年版，第311页。

④ ［清］龚景瀚：《循化志》卷八《回变》，青海人民出版社1981年版，第311页。

⑤ ［清］龚景瀚：《循化志》卷八《回变》，青海人民出版社1981年版，第311页。

“于是十二工，皆前开之教矣”。[①]马来迟所创之花寺门宦风靡于撒拉十二工和毗邻河州地区。当马明心于乾隆二十六年到循化传教时，这里已经是马来迟、马国宝的宗教教派的天下。

（二）新教与老教之争

马明心朝天房回来后，先在河州传教。马来迟和马明心都是“哈吉”，都学有所成，前者传虎夫耶，后者传哲赫林耶，而且马明心对教义教法的阐述，比较透彻灵活，对宗教仪式也有所简化，但是作为客户的马明心势单力薄。而马来迟父子在本籍河州根深叶茂，教徒众多，以正统自居，容不得马明心。马明心强调所收布施要用于周济穷人，对马来迟将教权交于其子持批判态度，主张传贤不传子等等。双方展开尖锐斗争。马明心在河州传教受阻，遂于乾隆二十六年（1761年）转到循化传教。“马明心自西域回，慨然欲革除门宦制度，意谓道者公也，岂为一家所私有？教规者随时变通者也，不宜胶柱鼓瑟。”[②]马明心的主张显然有一定进步意义，受到广大贫苦穆斯林的欢迎。他反对门宦传子的世袭制度，在一定意义上和领主制度下的农民反封建的思想是一致的。所以，马明心在循化白庄一带传教，很快便得到撒拉族群众和“富回”的支持和信奉。是年三月，“贺麻路乎、苏四十三延于其家，拜为师，从之者浸众”。[③]马明

① ［清］龚景瀚：《循化志》卷八《回变》，青海人民出版社1981年版，第311页。

② ［民国］慕寿祺：《甘宁青史略正编》卷十八，兰州俊华印书馆1936年，第38页。

③ ［清］龚景瀚：《循化志》卷八《回变》，青海人民出版社1981年版，第311页。又，贺麻路乎可能是张哈工之人。

心娶撒拉女子韩氏为妻，准备长期定居循化。“遂别为新教，而以前开之教为老教”。[1]从乾隆二十六年后，始有新教、老教之名，原先马来迟所创“前开”，被称作“老教”或“旧教”。马来迟一派在形成门宦，势力壮大以后，以正统自居，容不得马明心一派，于是重演当年“后开”派的做法，排斥和控告新教，以致演出了新教、老教的对立和斗争，最终导致流血冲突。

新教的迅速传播，搅乱了土司、尕最、老教上层分子的清梦，引起他们的反对和压制，新教“反盛于马来迟之教，于是争端起矣”[2]。两个教派的斗争，一开始即带有一些阶级斗争的性质，也即某些研究者说的“包含有一定政治、经济方面的因素，掩藏着本民族内部平民与地主间利害冲突的斗争性质”[3]。新教的前述特点在一定程度上代表了土司制度下贫苦农民和世俗地主的利益，与历史上一些农民战争有类似的“均贫富”思想。再看教争双方攻击对方的论据：老教攻击新教“摇头高念”，“邪教惑众”，力图把新教打成“神学异端，予以根除”。新教攻击老教“收取布施过多”，直截了当地从经济利益上争取群众，壮大自己。

1. 乾隆二十七年第一次教争

乾隆二十七年（1762年）马明心同杨回子、周玉忠在循化传

---

① [清] 龚景瀚：《循化志》卷八《回变》，青海人民出版社1981年版，第311页。

② [清] 龚景瀚：《循化志》卷八《回变》，青海人民出版社1981年版，第311页。

③ 喇秉德、韩建业：《苏四十三起义的历史回顾》，载《青海民族学会学术论文选集》，第二辑，1983年。

教，与马来迟之子马国宝相遇。张哈工宗寺主麻日时[①]，两派各讲各的，互不相容。马国宝以“邪教”将马明心告到循化营。官府与土司、尕最相为表里，当然袒护老教，但又不能定新教为邪教，因为十多年前马来迟曾被马应焕控告至官府说成“邪教”并未定罪。循化营游击马世鲲将马明心逐出循化，也将马国宝送回河州原籍，企图以此了结。并责令贺麻路乎出具甘结，保证“永不招留外来游民”。对此，《循化志》说：“二十七年马明心与马国宝相遇于撒喇，以讲经不同致讼。游击马逐回各原籍，不许在番地生事”云云。[②]

马明心离开循化，到安定县关川镇传教，并到兰州、金积、平凉等游方。在贺麻路乎和马索南、韩哈勺等领导下，新教在循化地区仍继续发展。在张哈工寺侧边“墙壁画门为图”[③]，单独礼拜。并自筹经费，另建清真寺三座，作为据点，与老教抗衡。

2. 乾隆三十四年第二次教争

新教继续传播，新建清真寺三所，这对尕最及所支持的花寺门宦来说，是一种挑战和威胁。乾隆三十四年由尕最韩哈济出面再次将新教告到官府。循化厅同知张春芳公开袒护老教，判令将新教三寺封闭，“勒碑永禁”，强令信教群众都到老教寺院念经。

---

① “该处回民每遇婚丧，必延请本工掌教同总掌教在章哈礼拜寺念经”。见乾隆四十六年四月二十七日阿桂、和珅奏折，《钦定兰州纪略》卷六。见［清］方略馆 编：《清代方略全书》（三一），北京图书馆出版社2006年版，第353页。

② ［清］龚景瀚：《循化志》卷八《回变》，青海人民出版社1981年版，第311~312页。

③ ［清］《清高宗实录》卷一一三〇，乾隆四十六年五月上丁丑。

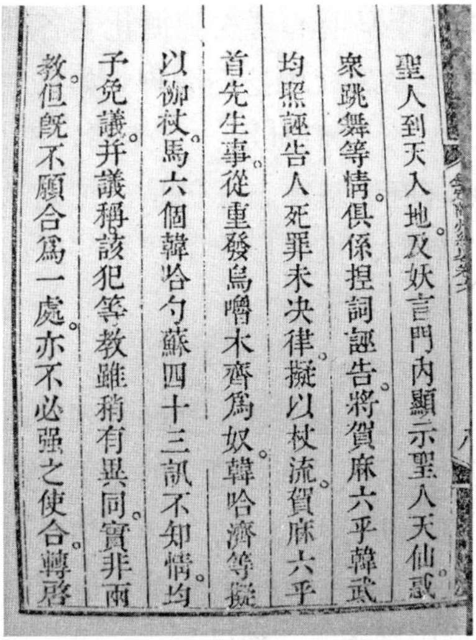
聖人到天入地。及妖言門内顯示聖人天仙惑
衆跳舞等情。俱係揑詞誣告。將賀麻六乎韓武
均照誣告人死罪未决律擬。以杖流。賀麻六乎
首先生事。從重發烏嚕木齊爲奴。韓哈濟等擬
以枷杖。馬六個韓哈勺蘇四十三訊不知情。均
予免議。并議稱該犯等教雖稍有異同。實非兩
教。但既不願合爲一處。亦不必强之使合。轉啓

《钦定兰州纪略》中有关撒拉族乾隆年间教争的记载

贺麻路乎等人不服，以“串通马国宝敛钱惑众，诱人入教等情”将韩哈济等九人控告到甘肃按察司。韩哈济也不示弱，由其弟韩伍（或武）出面，将贺麻路乎、苏四十三等以“妄言祸福”，“妖言显圣”反控于官。按察司经兰州府同河州、循化厅讯明详请，审明诬告，呈请总督朗山题奏，各以诬告反坐处罚。将贺麻路乎、韩伍均照诬告人死罪未决律拟以杖流，韩伍判“流千里”，贺麻路乎以“首先生事”，从重发往乌鲁木齐给兵丁为奴。[①]韩哈济等拟以杖枷。苏四十三、马六个、韩哈马，“讯不知情，均予免议”。[②]判明两教“既不愿合为一处，亦不必强之使合”。[③]新教三寺，准许分开礼拜以杜争端。对于马明心和马国宝，均不追究。从此，新教争得了与老教同等传教的合法地位。但两

① 于乾隆四十二年即1777年病故。见乾隆四十六年八月初十日阿桂、李侍尧为酌筹善后事宜奏折，《钦定兰州纪略》卷十六。

② 乾隆四十六年四月二十七日阿桂、和珅奏折，《钦定兰州纪略》卷六。见［清］方略馆 编：《清代方略全书》（三一），北京图书馆出版社2006年版，第356页。

③ 乾隆四十六年四月二十七日阿桂、和珅奏折，《钦定兰州纪略》卷六。见［清］方略馆 编：《清代方略全书》（三一），北京图书馆出版社2006年版，第356页。

派仍在激烈地斗争着。乾隆三十六年马明心再次到循化会各处阿訇传经衍教，[①]扩大影响。老教也从新教中挖掘墙脚。如查加工陆某四人具结，“今愿仍归旧教”。官府批示：“弃邪归正，甚属可嘉，赏银牌四面。”[②]可见官府的基本态度仍是袒护老教的。虽然如此，许多人纷纷加入新教，很快形成了新教“反盛于马来迟之教”的局面。

3. 乾隆三十八年第三次教争

贺麻路乎被充军后，苏四十三继为新教首领。他经常到定西与马明心联系，和另一首领韩二个共同领导新教群众的斗争。苏四十三是查加工古节烈庄人，生于雍正五年（1727年），幼年时代，正处在清王朝在循化设营立厅、撒拉族两个土千户封授之时。马明心于乾隆二十六年到循化传播新教，他已年过三十，成为第一批信徒。到贺麻路乎被充军后，苏四十三已是年过四十岁的有威望的阿訇了。清水工阿什匠村人韩二个，是富有资财的一位“富回”，成为新教第二首领。《循化志》载：“四十三以谋，而二个以财，两人互为用。四十三常住于二个之家。”[③]韩二个散家财，多造鸟枪，藏于其家，以防老教挑起械斗。新教在苏、韩二人领导下，以下六工为基地，迅速地传播开来。老教群众成批地转入新教，十二工中除藏民区的夕厂工和最东边的孟达工及最西边的查汗大寺工外，都有成批的新教群众。老教上层分子不肯

① 乾隆四十六年四月二十七日阿桂、和珅奏折，《钦定兰州纪略》卷六。见［清］方略馆编：《清代方略全书》（三一），北京图书馆出版社2006年版，第358页。

② ［清］龚景瀚：《循化志》卷八《回变》，青海人民出版社1981年版，第312页。

③ ［清］龚景瀚：《循化志》卷八《回变》，青海人民出版社1981年版，第313页。

善罢干休，不时捕风捉影，寻机械斗。乾隆三十八年（1773年）九月，老教赴厅控告，途遇争斗，杀新教一人。循化厅同知张春芳断以罚服。十一月，韩二个率人杀老教四人，也照罚服例完结，韩二个被枷责。自此之后，争斗不息，互有死伤。

4. 乾隆四十五年第四次教争

河东大庄的韩三十八当上"哈尔户长"以后，企图利用"户长"身份压服河西庄的哲派，使之服从。哲派对之反抗愈烈。乾隆四十五年九月，打速古工有丧事，新教老教复因念经仪式不同而致争斗，新教一人受伤，不久死去。循化厅同知洪彬依《番例》断以赔半个命价。苏四十三、韩二个令尸亲不具领，以示抗议不服。老教也不示弱，相持不下。

**三、由教派斗争转变到杀官起义**

（一）"杀老教，灭土司"口号的提出

乾隆四十五年（1780年）腊月十六日，苏四十三于韩二个家，杀牛宰羊，会集草滩坝等八工哲派教徒，令各备器械，准备应付较大规模的教争。同时，苏四十三提出带有行动纲领性的口号，"杀老教，灭土司"，[①]以动员新教群众。这个口号把他们反对老教（花寺派）的斗争和反对封建土司的斗争联系起来，对于动员备受土司压榨的苦难农民起了重要作用。但是，没有把老教中的封建上层同一般信教群众区别开来，笼统地提出"杀老教"，反映了狭隘的宗教教派观念，从而孤立了自己，失去了群众，必然给以后的斗争带来极其不利的影响。

（二）乾隆四十六年正月新老教派械斗

乾隆四十六年正月，在清水工发生新教老教两派械斗流血惨

① ［清］龚景瀚：《循化志》卷八《回变》，青海人民出版社1981年版，第313页。

案。这是上一年两派因打速古工一教民家有丧事而发生教争的继续和扩大。正月初八，锭匠庄新教马八十等率众围攻本庄老教之家。别列和乙麻木二庄老教来援救被围攻之老教，互有杀伤。上述三庄均位于循化城附近，近者三四里，远者七八里，而官府近在咫尺，充耳不闻，其地方政治如何，已颇昭然了。正月十二，苏四十三、韩二个率领千余人，围攻清水工河东大庄，胁迫哈尔韩三十八投降，即要求他归顺新教，不从，“脔而杀之”，[①]又杀四十余人，伤百余人，“余皆惶惧乞降”。[②]新教占领了清水工，取得了教争中的初步胜利。据《循化志》卷八说：这时，“苏四十三戴大红顶，自称回王。韩二个以下皆蓝、白顶，立旗号”，[③]正式树立了自己的旗号，点燃了起事的火把，“遂围下白庄、红庄、张哈庄、里长庄、上拉便等庄，所过皆勒令献器械归降”。[④]位于循化城东的上述各村庄，一时间皆服属于新教哲派，新教已控制了地方实权。此时，循化厅同知洪彬正在兰州，循化营兵腐朽无能，游击胡松阿率兵“往来弹压而不能禁止”[⑤]。这个事件是教派斗争发展的顶峰，同时也成了杀官起义反清的导火线。

---

① [清] 龚景瀚：《循化志》卷八《回变》，青海人民出版社1981年版，第313页。

② [清] 龚景瀚：《循化志》卷八《回变》，青海人民出版社1981年版，第313页。

③ [清] 龚景瀚：《循化志》卷八《回变》，青海人民出版社1981年版，第313~314页。

④ [清] 龚景瀚：《循化志》卷八《回变》，青海人民出版社1981年版，第314页。

⑤ [清] 龚景瀚：《循化志》卷八《回变》，青海人民出版社1981年版，第314页。

(三) 三月十八日杀官起义

花寺派在哲派有组织的进攻面前，或降或逃，“或入城，赴河州控告”，①求助于官府。哈尔韩三十八被杀之后，其子韩哈勿拉赶至兰州向总督“喊控”，以苏四十三、韩一提巴拉、马八个、马三十八等为首新教“变乱”告变，洪彬始于三月初回到循化厅衙署。三月初七，循化厅文武员弁到查加工苏四十三的家乡搜捕弹压，新教抗拒，杀官兵二人。循化厅“乃连具两禀”，向总督“叙实在情形”②。陕甘总督勒尔瑾闻变后，即委派兰州知府杨士玑赴循化查办，杨士玑等采取“犹饬以镇静妥办”的策略，③不欲扩大事端。知府、副将拖至三月中旬方始成行。勒尔瑾所委候补通判谢桓，先数日到循。传谕苏四十三等赴案，不从。三月十八日，河州协副将新柱带兵丁40名由河州先到了白庄，杨士玑在后，住起台堡。

苏四十三、韩二个等率领千余人伪装老教，前去迎接，打探风声。昏聩的新柱声称：“新教若不遵法，我当为汝老教作主，尽洗之。”④苏四十三等“闻是言，反志益急”⑤。当天，在相邻白庄的张哈工杀牛羊誓师，“纠聚徒党，议举

---

① [清] 龚景瀚：《循化志》卷八《回变》，青海人民出版社1981年版，第314页。

② [清] 龚景瀚：《循化志》卷八《回变》，青海人民出版社1981年版，第314页。

③ [清] 龚景瀚：《循化志》卷八《回变》，青海人民出版社1981年版，第314页。

④ [清] 龚景瀚：《循化志》卷八《回变》，青海人民出版社1981年版，第314页。

⑤ [清] 龚景瀚：《循化志》卷八《回变》，青海人民出版社1981年版，第314页。

事”。[①]令各教徒分请官兵到各家吃饭，到沙幕（太阳落山后）礼拜时，看信号，一齐杀掉官兵。有老教2人从张哈庄逃出，向新柱告变。新柱还以为妄言而驱出之。当晚，新教1 000余人攻进白庄，杀死新柱，并剥其顶戴衣服，正式揭起了反清起义的大旗。杨士玑已得悉白庄消息，加强了起台堡的防备。但该堡驻兵仅250名，兵单力弱。19日黎明，起义的新教群众包围了起台堡，午刻攻破，杀杨士玑等十余人。堡中军械、骡马、帐房等物，尽为新教所得，壮大了新教的战斗力。于是，一场先为教争，后为反清的武装斗争，由杀官夺械而正式爆发。在这场斗争中，撒拉族土司始终站在清王朝一边。驻在乃曼工的下六工土千户韩光祖令韩光英（土都司韩玉麒之子）率领土兵前往白庄、起台救援。可是，迟到一步，救援之兵变成了送丧队伍。

**四、起义战斗过程**

从乾隆四十六年（1781年）三月十八日杀官起义始，义军攻占河州、兰州等地，对峙兰州城外，又苦战于华林山，最终于同年七月初六日宣告失败。

（一）攻占河州

撒拉族反清起义队伍在苏四十三、韩二个率领下，由起台堡大道直趋河州。三月二十一日晨抵达河州城下，攻战一天，于二更时破城。河州知州周植自缢，[②]守城的官吏或阵亡或被杀或逃。起义军夺得河州协印信一颗，并打开监狱释放关押的监犯，[③]深

① ［清］龚景瀚：《循化志》卷八《回变》，青海人民出版社1981年版，第314页。

② 据《兰州府志》卷七《官师》，周植，江苏上元人，创办凤林书院，城破后投水死。据载：“署河州知州周植因城失守，自缢身死。”见《清高宗乾隆实录》卷一一六八，乾隆四十七年十一月丙申。

③《清高宗乾隆实录》卷一一二九，乾隆四十六年辛丑四月上己未。

受各族人民欢迎。这时，有回族500余人和少数汉民也参加到起义行列。新教把马来迟的拱北掘开，曝骨示众，也杀死了老教首领马来迟家属以及一些来不及逃跑的尤其是南关的老教群众，教派忿争之事得到了部分满足。

在这次战斗中，韩二个不幸中炮伤肋牺牲，使起义军失去了一位重要的领袖。同时，由于只顾勇猛向前挺进，没有留下人员灭土司，守住老家，使循化地区不久又重新陷入清军和土司、老教之手，起义者家属也多被搜捕入狱。

（二）攻打兰州

1. 马明心被诱捕，起义者家属被拘押

循化的韩哈勿拉到兰州喊控告变以后，地方官府施展了一系列措施以应变。总督勒尔瑾密饬安定县知县黄道煚把马明心诱到县城，于三月中旬解送兰州，押入狱中。这样做，一则杜绝马明心直接领导这场势将燎原的斗争，二则可以作为人质便于施展剿抚之计。

陕甘总督勒尔瑾闻知苏四十三杀官起义后，一面“飞章入告”奏明朝廷，一面飞调固原和凉州、西宁、甘州、肃州五提镇兵共2 000名，又于督标兵续调500名前往循化堵剿，并札令甘肃提督仁和前往会办。当勒尔瑾从兰州行抵狄道时，从兵丁李成得禀告中已知河州被起义军攻占，便就地驻扎，扼守住河州赴兰州的通道。

循化厅方面，同知洪彬、游击胡松阿及派来会同查办教争的贵德营游击白守忠，于三月十九日闻报文武官员在白庄、起台被杀后，一面联衔具禀，飞报河州和兰州，一面请兵西宁镇，同时调集撒拉族土司土兵和藏兵土兵，防守循化城。西宁镇代总兵贡楚达尔率兵迅速赶到循化，截断赶赴河州的起义军的后路。循化的官兵分头搜捕新教起义者的家属和滞留在家的新教群众。从乾隆四十六年（1781 年）三月到八月，他们被官兵捕杀 100 余名，生获男女幼孩 600 余名。[①]

2. 直趋兰州，攻占西关

苏四十三等为营救马明心，于二十三日绕过狄道，渡洮河，直捣兰州。当苏四十三领军渡洮河时，渡船已被官军击沉。在此危急情形下，洪济桥等六庄的东乡族和回族（都信奉马明心所创的哲派新教）人民不惜拆掉自己的房屋扎筏渡起义军过河。东乡族有一首民歌，生动地记述了当时的情景："撒拉反者唐汪里，唐汪里有个亲戚哩，管着一顿吃的哩。拆的房子联的筏，一筏一筏过撒拉。"这里有三四百人在阿訇马德明的率领下参加到起义队伍的行列中来。至此，以撒拉族哲派新教为主的包括回族、东乡族和少数汉族在内的 2 000 多人的反清起义队伍，直奔兰州。

起义军于二十五日直抵兰州西关外。先聚于乱骨堆坪，继而一举攻占西关，占据西关清真寺，作为军事指挥所。为防堵甘州、凉州、西宁等地赶来的清军包抄，烧断通河西的西关黄河桥，然后专力攻城。并派人往安定、会宁一带联络哲派新教，请前来帮助攻城营救马明心。

3. 攻打兰州内城，马明心被害

乾隆四十六年（1781 年）三月二十七日，苏四十三率众从西关猛攻兰州内城，声言要求释放教主马明心。此时兰州城内兵力空虚，布政使王廷赞采用缓兵之计以救危城。急令皋兰知县蒋重熹密唤马明心以及一同被押随身服侍马明心的其表侄张怀德（陕

① ［清］龚景瀚：《循化志》卷八《回变》，青海人民出版社1981年版，第316页。

西回民）和侄女婿张汉（安定回民）登城劝义军退兵；而马明心却“俯向贼作番语，色甚厉，俄挽头上巾掷城”，[①]表现了他不畏强暴和视死如归的决心。王廷赞计不得逞，遂密令蒋重熹将马明心在城头杀害。[②]城下起义者愤怒异常，大举攻城。

这次起义震动了清廷，乾隆皇帝派大学士“诚谋英勇公”阿桂为钦差大臣，前来主持镇压这次起义。因阿桂在河南办理河工，不能立即抽身前往，便派户部尚书和珅、“超勇侯”海兰察、“襄勇伯”明亮等率京营劲旅“健锐”、“火器”两营各挑选 1 000 名，又派护军统领额森特驰往镇压。还有将军伍米泰（西安将军），提督仁和（甘肃提督）、马彪（陕西提督），总兵图钦保（固原总兵）、德宁（凉州总兵）等驰兵进剿。同时，令户部拨银 180 万两充作兰州军饷；又令自京城经晋、陕到兰州沿途驿站添设腰站，准备膘壮马匹，以备快速传递文报和京兵过境食宿，等等。清朝官军陆续从各路赶到兰州城外，达二万余人，但皆营于城东，互相推诿不敢先战，仍战胜不了二千余名英勇的反清斗士，形成两军对峙的局面。

（三）对峙兰州城外

义军抵达兰州后，即占据西关和城南靠城不远的八蜡庙、五泉山等处为主要据点，居高临下，俯攻兰州城，得地利之便。及

---

① ［民国］慕寿祺著：《甘宁青史略正编》卷十八，兰州俊华印书馆1936年版，第50页。

② 马明心殉难后，官府严密封锁消息，将其尸体埋于皋兰县衙马厩之侧总驿站，后迁葬广武门外先农坛。事后，石乡老将尸体偷出埋于东川自家坟园沾吉，故有石太爷拱北之称。光绪末年，其后裔将马明心遗体从石乡老家坟园迁出，在兰州东稍门修建拱北，民国二年重修。1958年迁葬兰州北山，后迁桃树坪，成为哲赫林耶门宦的圣地。

至两次攻城失利，清军又陆续齐集，在清军逼迫下，义军乃将主力移于兰州城西南即西关之南的龙尾山、华林山一带，从此双方对峙于兰州城外。

1. 军事态势

龙尾山在东，华林山在西，二山紧连，北临黄河，隔山之南即为洮河，易守难攻，并且紧逼西关，山高于城，甚得地利。义军粮秣，据马复才被俘后供称，“约敷一年吃的”[①]。不利的是，清军兵力数倍于义军，且火器精良。义军后路已被清军切断，退回循化之通道业已堵塞。从总的形势看，义军陷入了大包围之中。

2. 清军仰攻失利

在敌众我寡的情况下，起义军据守险要的华林山，修筑了坚固的防御工事。撒拉族起义军凭借华林山有利地形和巧妙的防御工事，加上他们“素业射猎，精火器”，使官军“屡衄挫锐，每夜辄惊扰，枪炮达旦”[②]。清军每次进攻都“不能扑进”，数次仰攻，都没取胜。四月十九日，固原总兵图钦保率游击王三杰等仰攻华林山，起义军“凭高下压，势如建瓴”，击毙图钦保、王三杰。这是清军在这次兰州之战中阵亡的第一个“二品”大员。总兵官及弁兵数百人伤亡，尚书和珅及清军将领为之丧气，对义军再不敢小视。乾隆帝以“办理谬误”、“师久无功”等罪，“将勒尔瑾革职，拏交刑部治罪”。[③]以李侍尧代之，和

① 乾隆四十六年闰五月二十六日军机处奏折附《马复才供状》，见《钦定兰州纪略》卷十。见芈一之编：《撒拉族档案史料》，青海民族学院民族研究所铅印，1981年，第103页。

② ［清］魏源：《圣武记》卷七《国朝甘肃再征叛回记》，中华书局1984年版，第310~311页。

③《清高宗实录》卷一一二九，乾隆四十六年辛丑四月庚午。

珅被调回北京。

四月二十一日，阿桂自河南抵达兰州。他作了种种部署，使战场的局势发生了变化。阿桂集中兵力统一指挥，采取围困策略，来对付起义军。构筑卡栅，铁壁长围，企图把义军压缩到最后一点，“聚而歼之”。阿桂令撒拉族土司韩煜率众打先锋，又调四川金川屯练藏兵千名和阿拉善旗蒙古兵七百“助剿”。接着又断绝山上水源，使起义军处于非常困难的境地。从此义军进入被动挨打和渐趋衰败时期。义军方面，经过一个月左右战斗后，日有伤亡，只剩下 1 000 余人。义军为缩短战线加强防守，放弃了龙尾山，集结到华林山上。起义军始终团结如一，顽强地进行着战斗。连阿桂等人也不得不承认：“惟是贼不过千余，而办理如此费手，实非臣意料所及。”①

（四）义军苦战华林山

义军在敌强我弱的情况下，占据颇具险要的华林山，修筑防御工事，据山自守，艰苦战斗。

1. 苦战前期（五月初经闰五月到六月中旬）

从乾隆四十六年（1781 年）五月初二日起，阿桂开始了对华林山义军的围攻，每次战斗，义军凭险自守，“守御甚固”。于是阿桂改用火炮远程轰打，急调保安四屯（今属青海同仁县）士兵和增调卓尼“铁部番兵”，于华林山外围加强防堵“围困”，并加强“攻心”宣传。在如此围困下，义军如想突围，实属困难。

2. 苦战后期（六月中旬至七月初六日）

乾隆四十六年（1781 年）五月底和六月中旬，阿桂先后组织

---

① ［清］那彦成纂：《阿文成公年谱》卷二十三，乾隆四十六年五月二十一日。清嘉庆十八年（1813年）刻本。

三次围剿。第一次围剿（闰五月十五日），清军采用“以退为进”，诱义军出壕，“突前扑压”。经过这一次围剿，义军所占华林山上的地盘缩小，清军马兵接着占据山下黄河岸边，义军陷入四面围困的孤山之上。第二次围剿（闰五月十七日至六月），清军进一步采用“坐困乏食”、“不战自毙”之策，用各种办法切断义军水源。义军的马骡牛驴数百头，渴毙殆尽，人员受渴也甚，但仍极其顽强地坚持着。阿桂曾惊奇地说：“断水数日，尚能死守，实出意计之外。”①第三次围剿（六月初至六月中旬），由于六月初雨水偏多，清军断水之计未能全部奏效，就改用大炮远程轰击，企图以重型武器来对付据险守山的人数不多的反清义军。并定于六月十五日发动大举攻剿。此次激战，义军伤亡甚大，苏四十三等不幸英勇牺牲。

苏四十三及其他几位阿訇的牺牲，意味着义军领导集团的覆灭和义军战斗进入最后阶段。但是，义军并没有停止抵抗，而是由新的年轻一代的韩黑提卜、韩三个、韩六十个、马作南和小木洒（苏四十三徒弟）率领伤残义军300余人退到华林寺内死守，一直到“华林寺殿屋虽已击坍，尚存一角及围墙”的最后关头，起义者还“在内藏匿死守”。七月初六日，清军放火焚寺，义军战士全部壮烈牺牲，“无一降者”。

**五、对乾隆年间反清起义的评价**

乾隆四十六年（1781年）所发生的事件，是青海历史上也是西北地区历史上信仰伊斯兰教的民族第一次因教派之争导致的武装反清斗争，值得认识和思考的问题不少。

---

① 乾隆四十六年六月初一日阿桂、李侍尧奏闻事折，《钦定兰州纪略》卷十。见［清］方略馆 编：《清代方略全书》（三一），北京图书馆出版社2006年版，第31~32页。

### （一）事件的性质——起义

在此之前，有过顺治五年（1648 年）甘州回民米喇印和丁国栋起兵反清斗争，但与信仰伊斯兰教无甚关涉；也有过雍正初年（1723~1724 年）罗卜藏丹津的反清武装斗争，与宗教信仰也无关涉；在此之后，有过同治年间和光绪年间回族、撒拉族等信仰伊斯兰教的民族的武装反清斗争，也与因教派信仰不同而肇致教派之争以至武装斗争有很大区别。有的研究者仅看到教派、流血、风暴，而不能运用历史唯物主义作指导思想，看不到是与非、正义与非正义，看不到社会经济发展和阶级状况，认为这场斗争是“暴乱”、“混乱”。也有的研究者看到了这场斗争是清朝政府实行政治压迫、民族压迫、经济剥削的结果，评价为“起义”。但是，这些看法似乎忽略了历史唯物主义和马克思主义宗教观，名之“18 世纪哲赫林耶穆斯林的起义”①。这些观点都不为学界所赞同。这次起义发生在信仰伊斯兰教的循化撒拉族中，由新旧教争引起，而教争又同与循化毗连的河州相关联。加之河湟和甘州、肃州、宁夏等地历来是众多民族活动的舞台，尤其是元代以后，伊斯兰教在西北广泛传播，不少民族成员纷纷皈依伊斯兰教（如新疆大部和一部分蒙古人），一些新发展形成的民族（如回、撒拉、东乡、保安等族）也与伊斯兰教关系密切。在这样的社会历史条件下所发生的各种事件，都难免与伊斯兰教有这样或那样的联系。恩格斯指出：“如果说这许多次阶级斗争在当时是在宗教的标志下进行的，如果说各阶级的利益、需要和要求都还隐蔽在宗教外衣之下，那末这并没有改变事情的实质，而且也容易用

---

① 杨怀中：《清代中国伊斯兰教论集》，宁夏人民出版社1981年版，第47~107页。

时代条件来加以解释。”[①]因此，对于这一事件，不能笼而统之地因“教派斗争”及其后来往往为统治阶级所利用的缘故，而拒绝去揭示这种教争的阶级实质和社会根源，否认其正义与非正义性。反过来说，肯定这种斗争和承认某一教派在当时所起的积极作用，并不是说任何教派斗争都具有阶级斗争性质，更不是说在所有教派斗争中新教一概是进步的。正是基于上述认识，我们认为苏四十三领导的撒拉族穷苦农民的起义，是在伊斯兰教争面纱的掩盖下，反抗本民族内部土司头人的阶级斗争，其后发展到反抗清王朝的民族压迫的起义。

对苏四十三等提出的“杀老教、灭土司”的口号，应具体分析。“杀老教”虽然带有很大的盲目性，但仍包含有反对老教封建领主头人和门宦制度等内容，反映了庶民百姓与宗教上层和世俗领主间的矛盾。“灭土司”则直接将矛头指向统治者、剥削者，具有无可争议的鲜明政治倾向。正因为如此，当事态发展到清朝官府公开以军事手段镇压的时候，便杀官起义，这是斗争的必然继续和发展。应当说，起义过程中宗教、阶级、民族的因素都交错存在，随着斗争形势的发展而相互消长，愈到后来，反抗阶级压迫和民族压迫的因素愈显著，到坚持华林山战斗时，则更直接地表现为同清王朝相对抗。我们认为评价这次事件为“起义”，主要是指从三月十八日到七月初六日这 130 余天期间以暴力反抗清朝官府的暴力而言。官修的乾隆《循化志》卷八指责副将新柱“大言以速变”，是有一定道理的。而起义的直接参加者——贫苦农民也绝无含糊，当苏四十三见到知府杨士玑“犹执

① 恩格斯：《德国农民战争》，见《马克思恩格斯全集》第7卷，人民出版社1965年版，第400页。

部民礼”，“其党哗曰：今已反矣，何拜为！”[①]后来参加起义的群众也说：“造反是苏四十三的意思，那马明心也是知道的。”[②]可见当时无论清朝统治者一方，还是起义者一方，对于这一点都是明确的，并非单纯的教派之争。“对于完全受宗教影响的群众的感情说来，要掀起巨大的风暴，就必须让群众的切身利益披上宗教的外衣出现。”[③]这是历史上许多农民起义的特点。我们不能，也不应该用一种固定的模式来评判它，中外历史上无数次起义在形式上、特点上实际上也不存在完全同一的模式。综上所述，对苏四十三所领导的反清武装斗争，是作为一次起义来加以肯定的。[④]

这次反清起义的正义性，突出地表现在比较有力地打击了清朝统治集团和本民族内部的统治阶级。在四个半月时间里，“层层布置，提督则任和、马彪，将军则西安满城伍弥泰，总兵则图钦保、德宁，大将军则海兰察、明亮、额森特，尚书则和珅带钦差关防，阿桂调自河工，京兵则健锐、火器营，满兵则索伦马队及巴图鲁，汉则凉州、甘州、肃州、西宁、循化之兵，土兵则连城鲁璠所部，蒙古则阿拉善骑兵，总督则李侍尧出自狱中，额驸

① ［清］龚景瀚：《循化志》卷八《回变》，青海人民出版社1981年版，第315页。

② 乾隆四十六年闰五月二十六日军机处奏附《马复才供状》，见芈一之编：《撒拉族档案史料》，青海民族学院民族研究所铅印，1981年，第103页。

③ 恩格斯：《路德维希·费尔巴哈和德国古典哲学的终结》，见《马克思恩格斯选集》第4卷，人民出版社1972年版，第251页。

④ 芈一之：《论苏四十三反清斗争事件——兼论乾隆时循化教派斗争性质》，1982年“伊斯兰教学术讨论会西宁会议”文件，载《西北民族文丛》，1983年第3辑。

则拉旺多尔济，浩浩荡荡麇集兰州。犹以为未足，阿桂又飞咨四川总督文绶，速饬维州协副将李天佑带兵一千名来甘”。[①]还调卓尼土司兵，“劳师多到二万余”，[②]“糜国家百万金钱，然后平之。”[③]在撒拉族内部，新教农民杀死了哈尔户长，一度控制了撒拉十二工的大部分地方，有力地打击了封建统治。

（二）失败的原因分析

由于历史条件的制约，失败是难免的，人们从封建社会农民起义的一般结局中不难找到答案。尚需说到的是，这次起义发生在特定的社会历史条件下和信仰伊斯兰教的农民群众中，封建社会农民的落后性，加上民族的宗教的狭隘性和保守性，限制了参加起义队伍的规模，造成策略上更多的失误，很快走上失败的结局。

首先，双方力量对比悬殊。乾隆时还处于盛世，统治者能够迅速地调动国家机器，调集各路军兵，进行镇压。而起义队伍人数很少，其领导人不懂战事，犯有一系列策略性错误，不可能战胜清军。从整体社会看，当时阶级矛盾、民族矛盾远没有达到清末时的普遍尖锐、剧烈程度，因而起义陷入孤立无援，被动挨打，最终被残酷地镇压下去的局面。

其次，有若干具体原因值得思考。

---

① ［民国］慕寿祺著：《甘宁青史略》卷十九，兰州俊华印书馆1936年版，第7页。

② ［民国］慕寿祺著：《甘宁青史略》卷十九，兰州俊华印书馆1936年版，第5页。

③ ［清］龚景瀚：《循化志》卷五《官师》，青海人民出版社1981年版，第192页。又，乾隆四十七年十二月兵部尚书户部尚书和珅题本，此役共耗银一百二十八万六千余两。见芈一之编：《撒拉族档案史料》，青海民族学院民族研究所铅印，1981年，第158页。

一是斗争是因宗教教派而起的。哲派新教在这次斗争中不仅在动员群众方面有很大的局限性，而且在团结本民族一致反抗清朝的民族压迫政策方面也起了分裂作用。狭隘的宗教教派观念，使他们不能区别信仰老教——花寺派的土司头人和他们控制下的劳动人民，笼而统之地提出“杀老教”的错误口号，以致造成在民族内部相互仇杀，不分敌我，严重地扩大了打击面；不能争取和团结信仰老教的人民群众一同战斗，反而使老教群众在土司韩昱、韩光祖带领下，为清军打先锋。既然民族内部劳动人民之间都不能团结，当然也就不能指望他们去团结异教的汉、藏民族人民和争取其支持了。因此，反清斗争队伍始终人数不多，并且使清朝官府的分化瓦解计谋（如“剿一扶一”等）容易实施，也便于集中优势兵力进行围剿。这是起义失败的重要原因之一，也是宗教教派在斗争中的狭隘性和落后性的具体表现。

二是在反对封建土司头人的斗争中，苏四十三虽然“戴红顶，称回王”，但并没有制定适当的政治和经济措施，以冲击和瓦解土司统治的政治体制和社会基础。同时，也没有认识到“灭土司”和反对清朝官府的必然联系，因而当斗争转变到杀官起义，是自发的、没有周密计划的。而且在业已控制撒拉十二工大部分地方后，没有去攻打土司衙门，也没去进攻循化厅、循化营，甚至在袭杀知府杨士玑时，苏四十三对杨“犹执部民礼叩拜”。这些都反映了苏四十三等领导人在政治斗争上的不成熟性。

三是苏四十三等领导向兰州进军是一种勇猛的狂飙式的运动，在军事上没有详细计划和明确目标。攻占河州后，观望不前，未定所向。队伍前进，孤军深入，没有顾得上家属的安全。攻打兰州，为的是救教主马明心，也曾想里应外合，乘虚攻入。及至战斗不利，据守华林山，也未能及早突围，形成困守孤山的形势，致使队伍的补充以及粮食、饮水都断绝了来源，不能说不是一个致命的错误。

起义失败后，撒拉族土司在人民的血泊中得到加官晋爵。上六工土司韩昱，给三品顶戴，赏戴花翎；下六工土司韩光祖给四品顶戴，赏戴花翎。参加镇压起义的邻封土司，洮州土司杨宗业给三品顶戴，庄浪土司鲁璠予二品顶戴。这些封建土司的加官晋爵，从另一方面证明这次事件的基本性质不是教派斗争问题，而是阶级斗争问题。此外，撒拉族下六工土舍韩玉璘，由阿桂赏给土都司职衔，不世袭。跟随土司参加镇压起义的有功人员：韩光前、韩光成、韩有祥，由循化厅委以土千总；韩光福、韩光禄、韩义龙、韩位、韩玉成，由循化厅委以土把总。[①]封建领主制度依然如旧。

尽管如此，起义者的鲜血并没有白流，他们用自己的热血和头颅，发扬了撒拉族人民反抗压迫剥削的伟大斗争精神，在撒拉族人民的斗争史上，写下了光辉灿烂的一页。苏四十三、韩二个等人的战斗精神，像黄河之水一样，永流不息，与世长存。

**六、清政府的“善后”措施**

清政府“善后”措施，既有对起义民众的屠杀，也有对吏治的整肃；既有对军政部署的调整，改善统治网络，也有对宗教活动的限制，严管阿訇穆民。

（一）惩治哲派新教穆民和支持起义者

清朝官府对参加起义的哲派群众及其家属，实行“剿洗净尽”的政策。在皇帝严谕下，凡与这次起义有些微干系的，悉被株连，或被杀或被监禁或被流放充军。据载：在省城兰州“正法”56人，河州、西宁二处“正法”57人，省城及各处监禁之

---

① ［清］龚景瀚：《循化志》卷五《土司》，青海人民出版社1981年版，第226页。

“妇女幼孩三百十五名口”[①]。凡参加对义军扎筏摆渡洮河者及以茶汤招待义军的东乡、回族及其家属五六百人，俱遭杀害，其中有逃回被官兵截杀和情急跳河者200余人，前后“正法”135名，事后拿获男120余人，女95人，幼孩40人。

经过这一场大屠杀、大搜剿之后（据《钦定兰州纪略》各地共杀8 000余人），撒拉十二工人口锐减，哲派新教976户烟户死绝，老教土兵节次打仗阵亡176人，其他土兵160人。各工止存2 648户[②]。于是撒拉十二工被缩编为八工：上六工的别列工并入苏只工，草滩坝工并入街子工；下六工的乃曼工并入张哈工，打速古工并入清水工。[③]从此，改称“撒拉八工”。

撒拉族哲派新教穆民的土地财产全被没收，土地共234石有零，约合4 651亩，“所遗田土，尝给阵亡土兵之家属，委兰州道图来循化清查匀拨。”[④]

（二）对伊斯兰宗教人员的控制

清政府对河湟地区以至陕甘等地的伊斯兰教教派情况，原先并不了解，也没有什么明晰的政策。苏四十三起事之初，总督勒尔瑾“所奏回匪名目及新教旧教，总未明晰”[⑤]，遭到乾隆帝严

---

①乾隆四十六年七月初六阿桂、李侍尧为陆续拿获贼犯审明正法奏折，《钦定兰州纪略》卷十三。见［清］方略馆 编：《清代方略全书》（三一），北京图书馆出版社2006年版，第164页。

②［清］龚景瀚：《循化志》卷八《回变》，青海人民出版社1981年版，第316~317页。

③［清］龚景瀚：《循化志》卷四《族寨工屯》，青海人民出版社1981年版，第158页。

④［清］龚景瀚：《循化志》卷六《人物》，青海人民出版社1981年版，第265页。

⑤《清高宗实录》卷一一二七，乾隆四十六年辛丑三月癸卯。

厉申斥。阿桂到兰州，在调查询问后，四月二十七日，五月初九日、十四日、十九日迭次奏报，开始初步弄清。在“善后事宜”中规定：

第一，“不得复称总掌教、掌教、阿洪、阿衡、师父名目，择老成人充乡约，稽查约束。循化掌教改为总练，阿洪改为乡约。”[①]事实上掌教制（尕最）和阿訇等名目并未废除，“总练”也未实行（同治时有“总约”名目）。强令把每清真寺教长改为乡约（另有管会乡约），某某回户，应归何寺，造册申报，“依民户编造，自成牌甲”，[②]按季具结，并“每逢朔、望，令管寺乡约传集本村回民，宣讲《圣谕广训》”。[③]把清真寺作为统治穆斯林的工具，赋予阿訇一定的基层行政权力，这也是陕甘等地清真寺具有一定政治权力的历史原因。这种政治权力，在以后同治年间陕甘各地穆斯林动员共同反清斗争中，发挥了相当作用。

第二，“新教礼拜寺全毁，旧教嗣后亦不得增建。”[④]这一禁令，到同治年间也被冲破了。

第三，“不许留外来回民学经、教经及住居。每年乡约头人具无新教及前项情节甘结一次，地方官加结，年终汇齐送部。”[⑤]

---

① ［清］龚景瀚：《循化志》卷八《回变》，青海人民出版社1981年版，第318页。

② ［清］龚景瀚：《循化志》卷八《回变》，青海人民出版社1981年版，第323页。

③ 乾隆五十七年九月初六陕甘总督勒保奏折，见芈一之编：《撒拉族档案史料》，青海民族学院民族研究所铅印，1981年，第164页。

④ ［清］龚景瀚：《循化志》卷八《回变》，青海人民出版社1981年版，第318页。

⑤ ［清］龚景瀚：《循化志》卷八《回变》，青海人民出版社1981年版，第318页。

据查，乾隆五十四年西宁发生新教苏代源案。[①]当时陕甘总督勒保，依据河州知州涂跃龙禀文的建议，下令“札饬各属回民不许留外来人教经、学经，不许此村之人前往彼村念经，不许存‘卯路’、‘明沙’等经，乡约头人具结，地方官加结，按季申送”。[②]于是冥沙经与卯路提经一同被列为禁书。念诵经文，只有依古制诵《古兰经》即三十本“天经”。

乾隆四十九年（1784年），田五领导的反清起义平息后，“回民无分新教旧教，止以‘从逆’者治罪”。“按察议，新教旧教均系良民，不便歧视，从前议禁当略为变通”。[③]对哲派新教，稍微放宽了些。

清朝政府上述规定，并非禁止伊斯兰教，而是要把伊斯兰教的活动纳入到政府控制的范围内，防止再有人利用教派进行反清斗争。事实上伊斯兰教及其教派是无法禁绝的，硬性干预，所收效果适得其反。

（三）对撒拉人的职业和贸易往来的限制

乾隆四十六年（1781年）八月初十日阿桂、李侍尧奏报“善后事宜折”中，专列一项“撒拉尔回人与内地往来当严定章程以备稽查”，其中规定：“嗣后撒拉尔回人不准复充循化、河州衙役及营伍兵丁。亦不准其任意至内地行走。其有往各州县村镇贸易者，由循化（厅）同知给与照票，定以限期，事毕即令回巢，

① 乾隆五十七年九月初六陕甘总督勒保奏折，见芈一之编：《撒拉族档案史料》，青海民族学院民族研究所铅印，1981年，第163页。

② [清] 龚景瀚：《循化志》卷八《回变》，青海人民出版社1981年版，第319~320页。

③ [清] 龚景瀚：《循化志》卷八《回变》，青海人民出版社1981年版，第319页。

将票缴销，不许在各处逗留。并责成保安、起台堡、老鸦关驻守营弁兵，严切盘查，稽其出入。”[①]这项规定大大限制了撒拉族经济文化交流。

不止如此，乾隆四十八年（1783年）“上谕”又规定：“撒拉尔回人既另行居住，各为一种，则与内地回民自应区别。其往还结亲，亦当听伊九工之众自为婚配。内地回民，不得杂入其中，致日久滋事。”[②]对于河州等内地回民过去自由迁居和出入撒拉各工，从此也严加禁止。

总之，清朝官府将撒拉民族当作居住在特定地方的特殊民族，实施特别的管制措施。这种不符合社会发展潮流的硬性措施，是不能持久的。果然，此后不到20年，即调动成批撒拉人出省到陕南协助清军打仗，又不到60年出现了西北回、撒拉族等反清起义，以前的一切禁令，统统被冲破了。

（四）调整行政措施，加强军事部署

从封建统治集团看来，起义之所以能够猝然爆发而且未能或立即饬平，在于其政治统治薄弱和军事控制不足所致。在乾隆四十六年五月皇帝即迭发“上谕”，令钦差大臣阿桂对甘肃等地添设兵丁改设将备以加强统治等事详议复奏。当年九月戊辰阿桂、李侍尧奏报“办理兰州军务善后事宜”，经军机大臣议准，有如下主要内容：

其第五项为“地方繁简，宜酌改也”。兰州道一职（循化为其辖地）由原先的“部选中缺”改为“冲繁难兼三要缺，请旨简

---

① 乾隆四十六年八月初十日阿桂、李侍尧为酌筹善后事宜奏折，《钦定兰州纪略》卷十六。见［清］方略馆 编：《清代方略全书》（三一），北京图书馆出版社2006年版，第354~355页。

②《清高宗实录》卷一一七八，乾隆四十八年癸卯夏四月甲戌。

放”；循化厅同知一职，“抚绥控驭”最为紧要，由原先“部选中缺”改为“疲繁难三项相兼要缺，在外拣员题补”，并且规定要由“干练之员”担任，汉人和其他民族之人不能担任，必须由满人担任。河州太子寺地方，是兰州到河州之交通要冲，应复旧制，仍设州判。[①]军事部署方面，更加“思患预防”。严禁私贩硫磺、芒硝等制造火药的原料物资，一经查获，“计斛数分别军流”[②]；与撒拉人交易者，“应比照商船夹带出洋论斩例，从重科罪”。[③]关于陕甘增易将备兵额，营制体制，也应酌改。陕甘两省各添设驻兵6 000余名。将陕西提督由西安移驻固原；将固原总兵移驻河州，河州由协升为镇；循化营由原设游击改为设参将，归河州镇统辖。循化营添设中军守备一员，千总把总各一员，额外外委二员；驻兵增至857名，内马兵240名，步兵240名，守兵320名，口外屯防兵57名。[④]

清王朝君臣上下认真地从苏四十三反清事件中总结经验教训，调整加强统治机器，从一个侧面再次说明这次事件对清王朝的震撼程度及所产生的深远历史影响。

### 七、起义余波及循化厅设儒学

苏四十三等的起义被镇压后，清政府在乾隆四十六年（1781

---

①《清高宗实录》卷一一四一，乾隆四十六年辛丑九月戊辰。又见乾隆四十六年八月初十日阿桂、李侍尧酌筹善后事宜折，《钦定兰州纪略》卷十六。见［清］方略馆 编：《清代方略全书》（三一），北京图书馆出版社2006年版，第361页。

②《清高宗实录》卷一一四一，乾隆四十六年辛丑九月戊辰。

③《清高宗实录》卷一一四一，乾隆四十六年辛丑九月戊辰。

④［清］龚景瀚：《循化志》卷三《营汛》，青海人民出版社1981年版，第94页。

年）、四十七年、四十八年和四十九年，持续不断地办理“善后案”，影响所及，在全国范围内肃清哲派新教的余孽，各地官吏希旨生事，连早已去世的伊斯兰学者刘智、供职翰林院四译馆之金天柱，也被株连。可见这次“善后案”办理的深度和广度。在乾隆“将新教一类，使之不留余迹，以期永不滋事”[①]的严旨下，乾隆四十九年(1784年)四月在通渭石峰堡爆发了以替“马明心报复”为口号的、由田五领导的回民反清起义。[②]起义爆发后，清廷急调福康安、海兰察带京兵和各地绿营兵前往镇压，并调撒拉族土司土兵600余名“随营进剿”。六月初七，田五在靖远狼山中枪而死，七月初四日，事平。“自是，永禁回民不得立新教。”[③]

此外，对撒拉族历史有较大影响的即在循化厅新设儒学，建文庙，以加强思想文化的熏陶和统治。详见下文。

---

① 见《清高宗实录》卷一一三一，乾隆四十六年辛丑五月庚寅上谕。

② 福康安奏折，《钦定石峰堡纪略》卷十一。见［清］方略馆 编：《清代方略全书》（三二），北京图书馆出版社2006年版，第587页。

③［清］魏源：《圣武记》卷七《国朝甘肃再征叛回记》，中华书局1984年版，第312页。

# 第三章　近代时期

自苏四十三起义失败后，清政府对包括撒拉族在内的西北各地穆斯林，继续采取乾隆四十六年（1781年）、四十九年（1784年）“善后”所定的高压民族宗教政策，蓄意制造民族隔阂，以便分而治之。与此同时，撒拉族内部仍维持着世袭封建土司和哈尔及世袭宗教上层尕最的封建统治。由此，在同治、光绪年间发生了大规模的反清斗争。19世纪末，撒拉族封建社会里，开始注入资本主义因素，外国资本在中国开设的“洋行”闯入循化，清末实行的“新政”也伸及这里。进入民国时期，在封建地方军阀的统治下，撒拉族社会诸方面发展迟滞。

## 第一节　清末撒拉族人民的反抗斗争

同治、光绪年间撒拉族反清起义，是近代时期（1840~1949年）当地各种复杂矛盾的产物，清政府倒行逆施的民族宗教政策，则是引起晚清撒拉族起义的根本原因，起义的性质仍然属于群众性的反封建暴政的斗争。

## 一、同治年间陕甘回民反清起义中的撒拉族

咸丰末年到同治十二年（1873年）间，以太平天国运动为中心，在全国各地各民族当中掀起了一个范围广阔、内容复杂的反清运动，陕甘回民起义是这个运动中的一组巨澜，其中撒拉族反清起义则是颇具特色的一个浪潮。

### （一）嘉道年间的撒拉族

撒拉族地区阶级和民族矛盾不断，嘉庆道光年间（1796~1850年）撒拉族发生许多事件，并成为尔后大规模反清起义的前奏。

#### 1. 嘉庆年间的撒拉族

第一，征调土司参加镇压反清活动。乾隆四十六年（1781年）撒拉族土司韩昱、韩光祖率领土兵镇压苏四十三起义；石峰堡起义时土司又率领土兵参加镇压活动，这表明，土司是效忠于清朝的。嘉庆时，又有数次奉调随征活动。

嘉庆元年（1796年）川楚陕白莲教起义。官府认为，“回民（指撒拉）从不信邪教（指白莲教、天理教），剿贼必能得力”。[①]陕甘总督宜绵于嘉庆二年四月调撒拉土兵3 200名，由上四工土司韩昱及其子韩辉宗、下四工土司韩光祖及其弟韩光泽率领，转战于陕南西乡、兴安、汉阴等地。据史载，撒拉族当时户数4 000以上，竟征调3 200土兵。这次随征行动，历时一年多，严重地影响了撒拉族的社会生产。这支土兵虽效命疆场，仍不免遭受民族不平等的待遇。仅韩光泽等人换得“赏戴花翎”，而广大人民却蒙受深重苦难。

嘉庆四年五月，尕最韩四个及其子韩三个也被清廷的官爵所吸引，以宗教上层而想兼戴官员顶子，便自动呈报官府，愿

①嘉庆二年五月初三日上谕，见芈一之编：《撒拉族档案史料》，青海民族学院民族研究所铅印，1981年，第165页。

“捐备釜资”，带498名自愿从戎的撒拉人，前赴陕南效力。此后，尕最韩四个被赏给“守备”顶戴，五品，与五品的土千户可以分庭抗礼。这是撒拉族宗教史上一件奇特的史实。随征的头目韩哈六十、韩四十五、韩五十三、韩三十五等九人，各得“千总”顶戴。[1]

到嘉庆十二年（1807年），陕甘总督兴奎、西宁办事大臣那彦成率兵在今同仁、贵德、共和一带镇压藏族部落，调土司韩辉宗和韩卿（韩光祖之子）领土兵500人随征，在攻打沙卜浪[2]部落时，他们抢掠牛羊财物非常凶猛。为此，两土司“赏戴蓝翎”，另有头目2人得“土把总”职衔，土兵9人得“外委”顶戴。[3]在清政府反动民族政策安排下，撒拉族与邻近藏族之间，互相隔阂仇杀，引起长期互不信任。同治时反清斗争的十多年中，藏族从未支援过义军。其次，由于撒拉族土司忠实地执行“鹰犬作用”的使命，以至嘉庆二十二年（1817年）隆务寺（在今同仁县）与拉卜楞寺（在今甘肃夏河县）发生宗教纠纷时，西宁办事大臣纳尔松阿即向总督长龄提出“檄调撒拉尔兵三四千名，将隆务（寺）昂索剿灭，所获牲畜赏给撒拉尔兵丁以完其事”的建议。后因长龄“持重”，主张“不可轻议檄调撒拉尔兵丁”而未果。[4]

---

① 《清仁宗嘉庆实录》卷四七，嘉庆四年六月二十四日上谕。

② 沙卜浪，也可写作夏卜浪，驻牧于今黄南州同仁县一带。

③ 见嘉庆十二年七月廿日上谕，八月十九日兴奎长龄那彦成攻破沙卜浪奏折和九月廿一日兴奎长龄那彦成酌量奖赏撒拉尔头人奏折。见芈一之编：《撒拉族档案史料》，青海民族学院民族研究所铅印，1981年，第173页。

④ 嘉庆二十三年六月二十九日陕甘总督长岭密陈不可轻议檄调撒拉尔兵丁折。见芈一之编：《撒拉族档案史料》，青海民族学院民族研究所1981年铅印，1981年，第176页。

第二，马相伏诬告敲诈案。由于清廷将“新教”定为邪教，予以严禁。巴燕戎厅甘都塘的旧教阿訇马相伏等人乘机用这顶吓人的帽子敲诈勒索，以逞私欲。

嘉庆十六年 (1811年) 秋，甘都撒拉人马老二曾延请大通县回民马得海来家念经治病，马相伏想借机敲诈，即向甘肃按察司密报马老二系新教，并约同甘都人拉沙尔等和循化八工一些人向马老二家殴斗，抢去牛马等财物。总督那彦成指派巴燕戎厅通判督伦和游击朱保率兵平息“乱事”。[①]经按察使严烺审明，他们均非新教，纯属“马相伏一人从中滋事”。将马相伏从轻发落，枷责三月了事，牛马追回原主。

马相伏敲诈未遂，又“托名募化布施”，到卡力岗庄冶四十五家索诈，“以若不出钱，定嘱庄民指为新教”相威胁。冶四十五畏惧，被索去铜钱二十一千文，遂赴厅呈控。同时，原先被马相伏煽动一起索诈的甘都回民七木等人也赴厅首告。经游击朱保将马相伏捕获，解送到省，判处死刑。[②]一场被煽惑的教派斗争，无形消失。从这个马相伏案的前前后后，也可窥见清朝的民族宗教政策所种下的恶果的一个侧面。

第三，杨启才匿名揭帖案。杨启才系狄道州汉民，曾投军当兵，后被裁汰，不务生业，时常偷窃。经河州回民马包福成（阿訇）、马上成抓获，因此怀恨在心。杨启才逃到皋兰县界，又偷

---

① 参见[清] 邓承伟等：《西宁府续志》卷八《纲领志》，青海人民出版社1985年版，第371页。

② 嘉庆十七年三月初十日陕甘总督那彦成审拟怙恶滋事撒拉尔回民折及同日又一奏折。见芈一之编：《撒拉族档案史料》，青海民族学院民族研究所1981年编印，第175~176页。

回民张进才驴二头，被张抓获追回。杨想补兵丁名粮，苦无门路，挟恨马包福成等人，又乏报复之策。在当时对新教谈虎色变的气氛中，杨启才于嘉庆二十四年（1819年）闰四月虚构出“撒拉尔回子造反”的匿名揭帖，张贴于兰州城外华林山营门，妄图挑起大规模的政治动乱。总督长龄等官吏细视“告示”，因“印用图记字迹难以辨认”，“海河州寿”四字也属意晦罕见，又顾及“撒拉尔素性疑虑”。经过反复审理，杨启才私刻泥印“海河州寿”并无“暗号”，自供“是害河州人受罪之意”，别无他情。长龄将全案供状咨送刑部。七月初七日杨启才在兰州被正法，派员传首至撒拉尔地方枭示，遍加晓谕，以了该案。[①]

2. 道光年间的撒拉族

第一，与思昂拉部落的纠纷。道光十二年（1832年），居住今贵德、尖扎县境内的思昂拉千户所管八族数千余户，散漫驻牧在循化营卡外地面，与撒拉族相邻。时聚众持械抢劫撒拉人驮贩粮食牲畜，曾伤毙撒拉2人，“屡有报案”。[②]西宁办事大臣恒敬指派署循化厅同知夏日瑚、保安营都司宁显文，带领官兵300名和撒拉尔土兵1 000名，“前往弹压”。结果，将这部藏族赶逃山中，抢掠而归。[③]这次纠纷以后，在循化、巴燕戎一带不断发生撒拉人与藏民争夺草山事件，巴燕戎的藏民部落招引黄河南岸的同族，“外五工”的撒拉人也招请循化“内八工”撒拉人援助，“日寻械

① 嘉庆二十四年五月二十四日长龄致军机处咨。见芈一之编：《撒拉族档案史料》，青海民族学院民族研究所铅印，1981年，第179页。

② 道光十二年四月二十七日杨遇春、恒敬奏闻事折。见芈一之编：《撒拉族档案史料》，青海民族学院民族研究所铅印，1981年，第181页。

③ 道光十二年四月二十七日杨遇春、恒敬奏闻事折。见芈一之编：《撒拉族档案史料》，青海民族学院民族研究所铅印，1981年，第181页。

斗”，“互杀多名”，民族关系相当紧张，两族均自受其苦。

第二，零星的反官府斗争。清代中期以后河湟地区各个民族都处于受压迫状态。其中尤以信仰伊斯兰教的撒拉族受压迫和歧视为甚。政治上受歧视，法律上遭冤屈，生命安全无保障。加上人口剧增（据《平番奏议》，撒拉族道光初年为4 500户），生活资料严重不足，使当地民族矛盾和阶级矛盾日益尖锐。从乾隆中叶到咸丰初年（1853年），西宁府三县四厅人口增加了三倍，①而生活资料却不能相应增加。以巴燕戎为例，乾隆十年时回民只有一族、192户，到道光末已发展到五个工，约万人。在嘉庆末年道光初年，撒拉族内部户婚田土案件的增多，一则表明社会经济活动有了进一步发展活跃，矛盾纠纷趋多；二则表明民族内部在一定程度上阶级矛盾事件日渐趋多。

在清政府的民族政策驱动下，终于由民族间的纠纷转为零星的反清斗争，地点在巴燕戎黑城子一带。道光二十三年（1843年）时，西宁总兵站住曾调用黑城子撒拉人②去攻打附近藏族部落，其头人因此而得八品顶戴。后来，他们占山据险，不服从政令，梗塞交通，官府为之束手。“讵知（道光）二十四五年以来，该撒回等明目张胆，不但恃险行抢，抽税、杀人，并勾结循化、洮州、岷州各回匪留抢劫。……且因巴燕戎格民人杀死撒回四人，竟敢聚众四五百人（于二十七年）围巴燕戎格城”。③道

---

① 乾隆十一年左右总计约21万余人，到咸丰三年达到87万余人。见《西宁府新志》、《循化志》、《西宁府续志》有关材料并综合之。

② 黑城子是撒拉人说的“外五工”之一，清档案中称这里住的是撒拉人，目前均为回族。

③ 道光三十七年十月二十三日陕甘总督琦善剿除黑城撒拉回匪折。见芈一之编：《撒拉族档案史料》，青海民族学院民族研究所铅印，1981年，第185页。

光三十年十月，琦善以“巡阅”为名，派提督桂龄和西宁总兵萨炳阿率兵于十月初六日凌晨分别攻击黑城子南北门，并从山梁上用大炮轰击。黑城子撒拉人遭到琦善的毁灭性镇压。

(二) 陕甘回民反清起义中的撒拉族

同治之初，在太平天国革命的影响和推动下，爆发了陕甘或西北回民起义。反清起义的主要参加者是关中、宁夏、河湟、河西等地的回族，撒拉族、东乡族、保安族等是积极参与者，当时官府和民间一致称撒拉族为撒拉回，东乡族为东乡回，保安族为保安回，故称作陕甘或西北回民起义，这是太平天国革命的余波。下文所述，以撒拉族为中心线索。

1. 同治年间撒拉族反清起义的原因

道光年间巴燕戎厅的“外五工”发展形成，撒拉人的居住区域便有“循化八工外五工”的说法。咸丰同治时，循化、巴燕戎及相邻地区伊斯兰教主要有两大门宦，一为花寺门宦，二为大会门宦，即穆夫提门宦（也为虎夫耶门宦的支系）。花寺门宦在循化和巴燕戎，即撒拉内八工、外五工，信徒众多，势力很大。大会门宦主要活动在西宁、丹噶尔厅等地。这时期的辩教和教争，是在上述两个门宦之间进行的。

第一，人多寺少和聚众抗官。乾隆四十六年（1781年）清政府严令：“新教礼拜寺全毁，旧教嗣后也不得增建。”[①]道光后，“户口亦臻繁盛”，人口增加较快，尤其巴燕戎厅原先清真寺很少，人多寺少。“外五工”是在道光末年形成的。清政府一再重申，“遵照旧章，不得添建礼拜寺，亦不准分别新旧教。……倘

① [清] 龚景瀚：《循化志》卷八《回变》，青海人民出版社1981年版，第318页。

有回民干犯，禁令严拏，从重治罪”。[1]道光二十三年（1843年）因在拉曲岭修建清真寺引起纠纷，后遭到琦善率兵镇压。咸丰元年（1851年）起，“外五工”又为修建清真寺而斗争。咸丰六年(1856年)，卡力岗各庄起事，巴燕戎格厅派兵弹压，札巴千总王宗训、把总李林被击毙。次年（七年）八月，循化街子人韩冲等四人因调处讼事，被厅役捉押，因伤身死，其族人韩尕四等纠集八工1 000余人于十一月初一日围攻循化厅城。[2]清军派兵约2 000名，弹压解散。在这些斗争中，巴燕戎格厅昂思多庄撒拉人、花寺门宦阿訇马文义（经名哈三，人称哈（尕）三阿訇），成为颇有威信的首领。说：“马文义为回教阿晕（应为‘訇’），各处回酋咸倾心焉，故纠众颇易。”[3]咸丰八年 (1858年) 冬马文义曾率众赴丹噶尔厅辩教，“各处教民纷起效尤”，[4]成为反清起义的导火线。

第二，太平天国革命的影响和赋敛的加重。一是太平天国运动的影响。当咸丰元年（1851年）至咸丰八年（1858年）撒拉人在循化、巴燕戎地方还在为争取信教建寺和反抗暴政、聚众抗官

---

① 咸丰十年十一月二十八日壬子乐斌多慧奏，《钦定平定陕甘新疆回匪方略》卷十一。见［清］方略馆编：《清代方略全书》（一七二），北京图书馆出版社2006年版，第105页。

② 咸丰八年二月十九日陕甘总督乐斌循化厅属街子工撒回滋事派委文武驰往查办业已悔罪投诚奏折，《钦定平定陕甘新疆回匪方略》卷十。见［清］方略馆编：《清代方略全书》（一七二），北京图书馆出版社2006年版，第17页。

③［清］杨治平编纂：《丹噶尔厅志》卷一《历史·兵事》，见《青海地方旧志五种》，青海人民出版社1989年版，第187页。

④［清］邓承伟等：《西宁府续志》卷八《纲领志》，青海人民出版社1985年版，第375页。

时，外面的世界却在发生着轰轰烈烈的变化，终究使撒拉人汇入到陕甘各地穆斯林反清的洪流中去。

咸丰元年（1851年）太平天国革命爆发后，两广地区天地会反清斗争前仆后继。六年云南回民杜文秀起义，以及陕甘回民起义。直到同治三年（1864年）秋天京被清军攻占后，各地各族人民仍坚持反清斗争。其中，撒拉族成为陕甘回民起义中重要的组成部分，坚持到同治十二年终止。

二是赋敛畸重。清政府为了镇压太平天国革命，在西北各地加重协饷，加以天灾人祸，使本来已很穷困的各族人民更加穷蹙不堪，社会更加动荡，民族矛盾和阶级矛盾交织一起。据《甘宁青史略》载："西北协饷加重，正税不够供给，于是苛捐杂税相继繁兴。"从咸丰起在包括循化等地在内的甘肃全省开征绅捐、民捐、房捐、田亩捐等。更因调兵频繁，兵差、车价无法筹措，官府又开征"脚押货捐"。以致出现"民皆相向而哭，以早死为祝"[①]之怪象。

三是士兵抢掠。甘省官兵饷额常缺，咸丰二年（1852年）以后"所到协饷不及十分之一"。[②]饷项支绌，且任意截留。兵丁一有机会就"骚扰居民，搜抢财物粮石"，或者哗变。所以当时甘肃各地兵多"匪"也多，善良百姓也会被逼得铤而走险。

恰在这时，西宁大裁驻军。西宁镇总兵所辖各协路营汛官兵应

---

①［民国］慕寿祺：《甘宁青史略》卷二十一，兰州俊华印书馆1936年，第17页。

②同治元年十月十六日恩麟奏，见《钦定平定陕甘新疆回匪方略》卷二十六。［清］方略馆编：《清代方略全书》（一七三），北京图书馆出版社2006年版，第436页。

为16 713名[①]，到同治元年（1862年）时西宁镇官兵“存营无几，不敷守御”，只剩下一二千名。清政府在这里的统治力量极度削弱，给撒拉族和回族由辩教而升级为反清起义，提供了大好时机。

2. 反清起义的前奏

第一，丹噶尔辩教事件。丹噶尔厅是道光九年（1829年）由西宁县西境划分新设，以该地海藏通衢，中外咽喉，汉番蒙回聚集，事务繁多，改西宁县主簿所辖为丹噶尔厅，设同知。[②]自茶马互市停止后，民族间贸易市场由镇海、多巴移此。嘉庆、道光时曾臻极盛，本省和外地回民多迁于此。“向有狄道（即临洮——笔者注）回民旧建礼拜寺二座，以为诵经之所。迨后河州回民及巴燕戎格厅属撒回赴丹贸易，亦在该寺礼拜。嗣河、戎人数渐多，寺内拥挤，狄道回民不许河、戎回众入寺，致起讼端。”[③]巴燕戎厅官员怕事态扩大，派兵弹压，派员调处。花寺教民不免乘势抢掠久已匮乏的生活资料，“附城汉回各庄，多被抢掠焚烧，百姓畏惧逃窜”。[④]自咸丰九年初，即人言籍籍。循化八工撒拉人也欲渡河支援。总督乐斌委派候补道文运、副将赵玉

---

① ［清］安维峻等纂：《甘肃新通志》卷四十七《兵防志·兵制》。

② ［清］杨治平编纂：《丹噶尔厅志》卷一《历史》。见《青海地方旧志五种》，青海人民出版社1989年版，第163页。

③ 咸丰九年十二月二十九日陕甘总督乐斌撒拉回众滋事办理完竣地方肃清奏折。见芈一之编：《撒拉族档案史料》，青海民族学院民族研究所铅印，1981年，第195页。

④ 咸丰九年十二月二十九日陕甘总督乐斌撒拉回众滋事办理完竣地方肃清奏折。见芈一之编：《撒拉族档案史料》，青海民族学院民族研究所铅印，1981年，第193页。

俭确查禀办。最后判令将丹噶尔厅城内大寺归狄道回民，城外小寺归河、戎花寺教民礼拜，均令公推老成头人，各司各事，遵结完案。三年后辩教又起。此时陕甘回民反清起义已经爆发，无论大会和花寺，都投入反清斗争，此属后话另叙。

第二，西宁辩教事件及起义爆发。自咸丰八年（1858年）至十一年（1861年）西宁辩教，进行了三年。马文义的反清起事又促使西宁辩教以花寺胜利而结束。

花寺阿訇马文义在辩教中成为颇有威信的首领。咸丰十年(1860年) 十月，趁西宁镇裁兵之时，马文义以内外工为基础，树起了反清起义的旗帜。他率众3 000人进攻循化东边的积石关，击败碾伯官兵，遂向西宁府城进发。十一年正月占据小南川①，击溃汉团，跃兵西宁东关外。

住在西宁东关的花寺太爷马归源，早有吞并穆夫提门宦的意愿。他曾自称“得受西方圣人玉印，即能号召回部”②，以穆罕默德的旗帜号召各派统一到花寺之下。但穆夫提教主冶承祖不服，指责马归源“别立新教”③，向官府呈报。官府不详

① 小南川、大南川，今属湟中县，原属西宁县。1943 年成立西宁市筹备处，西宁县治迁至鲁沙尔。1946 年改西宁县为湟中县，县治鲁沙尔镇。

② 同治十二年癸酉，“安插回民告示”。见左宗棠著，刘泱泱等点校：《左宗棠全集》札件，岳麓书社 2009 年版，第 585 页。

③“此次起衅，因西宁回民掌教马归源，素为撒拉信服，嗣有狄道回民冶承祖等亦在西宁诵经礼拜，得受回民布施，该撒拉遂指为新教，欲与辩论。”咸丰十一年三月十七日陕甘总督乐斌西宁府属撒拉回匪滋事经臣调兵击退尚未解散现在添派官兵移咨新任西宁办事大臣相机督办折，《钦定平定陕甘新疆回匪方略》卷十一。见［清］方略馆编：《清代方略全书》（一七二），北京图书馆出版社2006 年版，第 64 页。

察，认为花寺“不法”，汉族士绅、佛教僧侣和地方官府都主张派兵“剿灭”“造反”的花寺门宦。总督乐斌急调兵3 000人督剿，这是马文义首次与数量较多的正规清军交锋。清军于咸丰十一年二月二十五日的第一次进剿，以青沙山失败结束，改用议和之法。经多次往还，新任西宁办事大臣多慧同意马文义和马归源的条件：解散西宁、碾伯汉族民团；释放被捕被押回民等。[①]此可谓第一次“抚局”。

同治二年正月各地回民已如火如荼兴起反清，西宁等地穆斯林仍在辩教争寺。三月，“西宁，大通新、老教争杀”。[②]此时马归源通知马文义率循化、巴燕戎和碾伯米拉沟撒拉、回民数千到西宁。三月初九日，将西宁东关、北关及城内后街穆夫提教民诱至东关清真大寺内，“捆缚千余，杀于东郊外南壕沟”，[③]即瓦窑沟，彻底摧毁了这里的穆夫提门宦，余众皈依花寺门宦。此是这场教争的最高潮，以花寺胜利而告终。

以今日观之，不同教派本应和平共处，当时双方都不惜用仇杀手段迫使对方降服，最终损害民族内部团结，有利于封建统治者，使亲痛仇快。随着西宁各属回民反清起义爆发，这场教争也就此终结。

---

① 咸丰十一年八月十八日乐斌、多慧撒回畏罪乞恩勒献首恶赔缴赃物地方一律肃清奏折。见芈一之编：《撒拉族档案史料》，青海民族学院民族研究所铅印，1981年，第213页。

② [清] 邓承伟等：《西宁府续志》卷八《纲领志》，青海人民出版社1985年版，第376页。

③ [清] 邓承伟等：《西宁府续志》卷八《纲领志》，青海人民出版社1985年版，第376页。

3. 起义发展、衰败时期

第一，起义发展时期（咸丰十一年即1861年到同治十年即1871年）。

一是撒拉人带动西宁回民起义。以马文义为首以撒拉人为主力的辩教起事，乐斌进剿失败，多慧含混收兵。清廷对“纵匪扰民”震怒，于咸丰十一年十月派兵部尚书麟魁、户部尚书沈兆麟赴甘查办。[①]从此，由沈兆霖主持对马文义进行第二次进剿。沈兆霖于同治元年正月二十九日接署总督印务，其主要措施是：在西宁、碾伯各地劝办民团；调集各路清军和土司土兵；派兰州知府豫师办粮台事务，绅民就地筹粮；出示晓谕巴燕戎、循化、碾伯米拉沟。从四路进剿撒拉内外各工，专力对付马文义，对其进行分化瓦解。此时，关中河朔两岸烽烟突起。清廷急令沈兆霖援陕，未能顾及僻处循化、巴燕戎的马文义。于是由马归源出面议和。马文义为保存实力，日后大举，同意议和。六月二十二日举行所谓“受降”，5 000余人“降”。清军对马文义的第二次进剿，又潦草收兵，与马归源达成第二次“抚局”。马文义领导以撒拉人为主力的西宁回民军的起事，是在循化和巴燕戎首揭义旗的，是陕甘回民起义的先声。

二是围攻西宁府城，占据四乡庄堡。在陕甘各地起义声援下，马文义领导的撒拉族回族起义军得到鼓舞，声势大振。同治元年九月，碾伯民团杀死巴燕戎打牲回民3人，声言“见回就

---

① 沈兆霖，浙江钱塘人。道光十六年进士，选庶吉士，授编修。二十五年迁司业，二十六年迁侍讲，入值上书房，故云“词馆菲才”。咸丰二年迁吏部侍郎，督江西学政，后历任工部、户部尚书，死在陕甘总督任上。《清史稿》卷四二一《沈兆霖》有传。

杀”，还要尽洗米拉沟回民，于是更激起了义军的愤怒。起义军占据了碾伯至享堂的大道，截断兰州至西宁的交通，进而占据西宁东、南、西三川。官府文武龟缩城内，不敢越雷池一步。从此进入所向无阻的胜利发展时期。同治二年（1863年）初，在马文义率义军声援下，马归源在西宁东关火并了穆夫提门宦，回众都皈依花寺。从同治二年四月起，西宁东关及四乡已是花寺教派的天下。接着，马文义率众攻陷西宁西川镇海、拉课二营堡，并围困西宁府城。当时清廷驻西宁办事大臣玉通无力抵抗，总督恩麟又无兵来援，玉通不得不由主剿改为“主抚”。

三是陕甘合势及回民起义全面开展。同治元年（1862年）夏秋以后，在清军将领胜保、多隆阿的“屠回政策”和“见回不留”的传言下，使陕甘回民分散的斗争联成了一气，汇成争取民族生存的悲壮斗争的洪流。同治二年，河州、狄道起义，西宁回族围攻西宁府城，马化龙金积堡起义。撒拉人的反清起义，汇入西北回民大起义的洪流之中。同治二年后，起义重心移到甘肃，不到四年时间，逐渐形成以金积堡（以哲赫林耶门宦教主马化龙为领导）、河州（以牟泥沟花寺阿訇马占鳌为领导）、西宁（以马文义、马归源为领导）、肃州（以信奉花寺旧教马文禄为领导）四个中心。

各地起义的领导层几乎都是教主、阿訇；起义的组织都利用了现成的宗教体制；起义的口号是“保族护教”，“安拉襄助我们，领兵元帅是阿訇”，这些文字，说明了当时的真实情况。

四是西宁“抚局”。清政府对义军的基本态度是镇压屠杀，但屡战屡败，无兵可派。而义军方面，花寺派、大会派内部争杀，回汉仇杀事件，削弱了自己的反清力量。面对此情形，只得拿出“以回抚回”之计。同治二年十月，总督恩麟派候补道雅尔嘉纳、马乜氏（河州回族已故军官马永泰之次妻）、马奎源到西宁办抚。[1]三人于同年十二月初十日在西宁联名发布告示——“钦命办理西宁招抚事宜”[2]云云，号召停战息兵。

这种抚局，“名为官抚回，实为回抚官”，对义军是极为有利的，可以逐步实行“利己”政策。办事大臣玉通则变成了义军手中的傀儡，实际上承认了义军的实力和权利。从各族百姓来说，如果这种抚局果真能维持下去，也是受欢迎的。马归源出资捐官（清朝本有此例），被玉通保荐担任循化厅同知，同治六年玉通又保荐马归源署西宁知府，其兄马本源为西宁镇标游击代行总兵职务。次年，马归源兄弟履任后，马本源将西宁镇标各营兵丁悉数换成撒拉、回兵。经过这一番“抚回”，马氏兄弟从实际到名义，完全控制了西宁府的军政权力。

五是在“抚局”中控占河湟各地。在办事大臣玉通主持下从同治二年（公元1863年）冬西宁府实现了官府招抚回民之“抚局”，但并没有实现和平，而是在“抚局”下进行着另一种形式的战斗。

同治三年（1864年）以后，起义队伍在丹噶尔（湟源）、碾伯（乐都）等地不断与清军进行战斗，反清队伍势力益大。同年五月，起义军又一次攻占了循化厅城。同治四年（1865年）攻占大通城和巴暖营，两围丹噶尔。同治五年（1866年）再次攻占大通城。六年（1867年）攻占贵德厅城，马文义仍牢牢控制着循化、

① [清] 邓承伟等：《西宁府续志》卷八《纲领志》，青海人民出版社1985年版，第377页。

② 马霄石：《西北回族革命史》，东方书社1951年版。该书曾刊载该告示照片及告示原文。

巴燕戎、大通三县厅和西宁、碾伯四乡村庄。在此情势下，各地民变、兵变蜂起。同治八年底，西宁办事大臣玉通在绝望中死去，继任大臣豫师不能到西宁履任，遥住平番城内。而此时的马文义是朝廷悬赏缉拿的“要犯”，无法保举任官，他只能以在野的领兵回酋的身份，支持和纠集以在朝身份担任官职的马归源、马本源弟兄，共同实施踞地、占民、敛财、壮大自己武力的计划。直到同治十一年，西宁府各属，实际上是马文义、马归源领导下的一个割据政权。这种“藩镇”式的割据，是当时西北回民起义中的一个奇特现象，实质上是撒拉、回起义军地方政权，仍挂“大清”招牌，戴知府、总兵、都司等帽子。陕甘总督杨岳斌曾说：“其实西宁郡城，城门之启闭，回匪司之；公文之往来，回匪拆之；官民之出入，回匪主之，虽无戕官显迹而已阴踞城池。玉通等受其挟制，遂听其主使。”[①]道出了当时西宁府及其所属各地的实际情形。

六是马归源扩大穆斯林势力的措施。马归源以花寺门宦太爷身份，在马文义率领的撒拉人、回民组成的起义队伍支持下，担任署西宁知府，其兄马本源担任署西宁镇总兵，这种“藩镇式”的义军政权，确实为撒拉族和这里的回族谋取到一定的利益。如政治上，在这大片地方只听命于花寺太爷马归源和花寺派阿訇马文义；经济上，豁免应交屯科粮赋草束等；民族宗教方面，要求“随教”，“西宁八属汉民，尽随其教”。[②]马归源、马文义等执行的仍是歧视和压迫政策，不过压迫者由满汉官吏变成了手握戈矛

① 同治五年十二月二十四日前任陕甘总督杨岳斌奏折，见《左文襄公奏疏续编》卷一。

② 杨凌霄：《乙未循回纪略》，载《近代史资料》，1958年第三期。

的造反首领。虽然马归源也做了些缓和仇杀的工作，但仍然不能改变汉、土、藏、蒙古等族的不合作态度。

第二，起义衰败时期（同治十年到十二年）。

从甘肃回民起义形势说，同治八年（1869年）是由盛到衰的转折点；从西宁各属（包括循化、巴燕戎）回民起义形势说，同治十年是转折点。从同治十年（1871年）到同治十二年（1873年）是起义衰落、失败的时期。

一是金积堡失败，马占鳌降清。同治六年正月清廷任命湘军重要将领左宗棠为钦差大臣督办陕甘军务。左宗棠到西北后，制定“三路平回策”，集中力量次第进攻各支起义队伍。

同治十年（1871年）是形势发生大转折的一年。当年正月金积堡被清军攻破，正月十三日马化龙及其全家被杀害。三月马文义病逝，反清队伍中一些动摇分子开始波动。这时，正值陕西回民领袖白彦虎等撤退至此，与他们会合，才又重新振作了起来。左宗棠镇压了金积堡回民起义军之后，便把矛头直接指向河州。河州反清队伍是由回、撒拉、东乡、保安等族组成的，声势很大。同治十一年（1872年）秋，义军发动进攻，展开了有名的太子寺（今广河县）之战，击败清军进攻。这次胜利是回民反清斗争中最辉煌的一次战果。但是，这支义军的首领、回族上层分子马占鳌等却以此作为投降清廷的资本，派出以他的儿子马安良为首的“十少爷”到左宗棠帐下，向清军投降。马占鳌等降清后，其部众被左宗棠收编为骑兵三旗，归河州镇节制，并回过头来镇压起义军。马占鳌本人当上了“督带”，得到了六品军功顶戴，自领中旗；马海晏、马安良为中营管带；马永瑞、马如蛟领左旗，为管带；马荣领右旗为管带。这支回军称“镇南军”，以后演变成称雄陇上的马安良、马廷勷和马海晏、马麒、马步芳的回族军阀世家。

二是清军进占西宁。河州起义队伍投降，使清军得以全力进攻西宁的起义队伍。马文义于同治十年（1871年）三月病逝，西宁撒拉、回民义军的首领改由河州回民马永福[①]担任，进行过一系列乞抚活动。由于投降条件太苛和白彦虎等人的坚决反对，抚事未成，但已松懈了斗志，丧失了迎战的准备时间。同治十一年七月左宗棠派刘锦棠率同提督何作霖等领兵20营进攻西宁。从八月初起开始进攻，刘锦棠已于初十日越大峡而进驻平戎驿，清军分三路进攻小峡。义军公推马本源为“陕湟兵马大元帅”[②]，统一指挥陕回及湟中兵马约一万人死守小峡。双方激战70天，战斗50余次，成千撒拉人参加了这次浴血苦战。小峡之战之烈之苦，是青海史上罕见的。左宗棠对此次战役，在《与诸子书》中说：“河湟自古为荒服，未能与中土同风并治。……于至险之中克获至顺，将士劳烈，实为汉唐所未有。”[③]

十月十九日晨，刘锦棠率军进入西宁，郭襄之、恩禄及城中男妇3 000余人“望尘迎拜”。当即委派何作霖署西宁总兵，龙锡庆署西宁知府，总兵印和西宁知府印另行颁给；郭襄之授西宁道实缺。[④]

---

① 马永福，有人认为系马来迟后人，为马归源堂叔。

② 同治十一年九月十九日左宗棠密陈西宁情形奏折，见《左文襄公奏疏续编》卷四十六。

③ 罗正钧著，朱悦、朱子南校点：《左宗棠年谱》卷六，岳麓书社1983年版，第240页。

④ 同治十一年十一月初九日左宗棠西宁剿匪大捷立解城围折，见《左文襄公奏疏续编》卷四十七。

清政府重新组建西宁地方政权。办事大臣豫师也进驻西宁。

三是清军进克大通及马归源等被俘。西宁被清军进驻后，西宁反清起义已进入尾声，义军内部互相猜疑，各谋出路。刘锦棠饬先交马械，解除武装，然后言抚。又分兵进攻大通。同治十一年腊月二十三日徐占彪攻克大通城。同治十二年二月初四日马归源等被俘。同年四月初四日，马占鳌、马永瑞率左右两旗攻占最后据点循化厅城。至此，坚持了十二年的撒拉、回民反清起义结束。

4. 对同治年间反清起义的评价

(1) 斗争的性质

如前所述，这次长达十二年的斗争，由辩教而转成武装反清起义，是民族起义。列宁说过："一切民族压迫都势必引起广大人民群众的反抗，而被压迫民族的一切反抗趋势，都是民族起义。"①同治年间（1862~1874年）撒拉族参加的在太平天国革命浪潮激荡下爆发起来的陕甘回民起义，是一场全体穆斯林参加的反民族压迫、争取民族生存的斗争，它是一场"民族起义"，其正义性是毋庸置疑的。还可以从以下四点来论证。

其一，起义序幕是门宦辩教。无论从花寺派或者穆夫提派来说，起初是从本教派利益出发，企图削弱或消灭对方。以穆夫提来说，在临洮与汉团斗争，在丹噶尔却与汉团、番团（实即塔尔寺武装）站在一起与花寺对抗。同治四年以后，随着撒拉、回民起义的逐渐发展和官府对穆夫提疑心加重，以及陕甘起义合势，"教派"或者"道门"的矛盾让位于"教门"（指伊斯兰教），两

① 列宁：《论对马克思主义的讽刺和"帝国主义经济主义"》，见《列宁全集》第23卷，人民出版社1963年版，第55页。

派合力反清，教派斗争基本停止。这说明民族矛盾占据了主导地位。起义中民族性和宗教性是一致的，即为“争取民族生存和维护教门而斗争”。在民族内部，看不到阶级斗争的阵营和分野，撒拉族的封建土司销声匿迹。回族中的宗教上层、地主头人也统统参加了斗争。民族内部的矛盾让位于民族斗争。

其二，起义的领导阶层都是民族宗教上层。反清斗争的主体是撒拉族、回族的广大人民群众。领导阶层中的马文义即“哈三阿訇”，昂思多撒拉人，是花寺门宦中很有声望的阿訇。马归源是花寺门宦的第六辈教主、撒拉八工的“回民总约”，五品顶戴，“素为撒拉信奉”。后期领兵的马永福，是花寺太爷的子孙、马归源的堂叔。甘肃反清回民军四个中心的所有领导人，都是民族宗教上层。穆斯林的基层组织都是以教坊为单位，撒拉人的基层组织以孔木散为单位，孔木散的哈尔照例充任基层清真寺的学董，撒拉和回民军的基层领导，可以说基本上都是阿訇或宗教中骨干人物。所以从反清队伍成员的身份来看，既是民族的一员又是虔诚穆斯林。这正反映了起义的民族性和宗教性。

其三，从斗争目标和各支回军相互支援看。各地各支回军（包括撒拉、回民军）都没有提出任何政治经济纲领和口号。陕回、甘回各支基本上都有“求抚”、“议抚”的活动，主要考虑的是维持本门宦、本教派的“地盘”和“教下”。各支回军在清朝“杀回灭教”的逼迫下，被打到一起压到一起，共同反清。

返观反清起义总过程，他们没有与各地不断兴起的汉民造反、绿营兵变以及捻军等联合的事实，却与各地穆斯林反清武装不分教派地有广泛的联系和相互支援。这除说明宗教的排他性使之不能广泛地联合友军以外，也说明起义的民族性和宗教性。

其四，从当地汉族、藏族、土族对起义的态度看。西宁各家土司、寺院僧兵、汉番民团、保安土兵等都站在撒拉族回族反清起义的对立面，民族之间的对抗仇杀几乎贯穿于起义的始终。撒拉、回军确有焚烧抢掠之事，西宁、碾伯汉族士绅练团自保，声言“回民必须尽行剿灭”。塔尔寺阿嘉呼图克图宣称：“灭尽花寺回子，始肯罢兵。”[①]大通县汉番民团扬言：“马踏药草滩，活捉江湖三（指回目马福寿）。”上述声言、扬言，固然说明各方都带有时代局限性和民族局限性，但也说明这次撒拉、回族反清起义的阶级性不明显，但民族界限则是非常明显的。

⑵ 失败的原因

总体上看，双方强弱大小不同，被清政府各个击破先后归于失败。具体说，有如下三点值得提出。

第一，从全国形势看，革命形势已处于低潮，太平天国失败了，捻军也失败了。自同治七年以后，清政府动员了大量军队、资金，有了统一指挥（左宗棠以钦差大臣督办陕甘军务），还购置了德国产新式步枪和大炮，两者力量悬殊，各路回民军相继被击破而失败。也可以这样说，封建主义与外国资本主义列强相互勾结，通过售卖先进武器和贷款，[②]共同镇压了撒拉族参加的陕甘回民起义。

第二，从起义失败的主观方面看，一是没有明确的斗争目标

---

① 同治三年十二月初三日玉通奏折，《钦定平定陕甘新疆回匪方略》卷八十七。见[清] 方略馆编：《清代方略全书》（一七七），北京图书馆出版社2006年版，第554页。

② 同治六年七月，左宗棠向英国借款220万两，基本上用于购买军火。又，同治六年底由海关续借洋款200万两，备军饷等等。

和口号，二是没有统一的组织和领导。这些主观原因的造成，与伊斯兰教的消极作用联系在一起。这场轰轰烈烈的反对民族压迫的斗争，在起义者们的心中成了一场“护教”的“保卫教门”的斗争。这种“护教”斗争，带有浓厚的宗教特色，在斗争初期确实能够迅速发动组织穆斯林群众，因为撒拉人和回民都是虔诚的宗教信徒。但是它难以深入持久地发动群众，不能让群众为自身的利益自觉去战斗。“护教”有很大的局限性和狭隘性。这个口号，在民族内部是任何阶级、教派和个人都可以使用的，对外则是排他性。同时，表现出“同教是兄弟”的狭隘观点，不能联合其他民族中的反清力量共同斗争，甚至还导致在某些场合把整个汉民当成打击对象，发生令人痛心的仇杀事件。难怪乎斗争队伍不能扩大，随着战斗伤亡，队伍越来越少，以致最后归于失败。

陕甘各地伊斯兰教存在着不同教派和门宦。陕西是传统的“阁迪木”，甘肃是各种不同的教派门宦，其下又有大小分支。这种情况，把起义的穆斯林分割成多支零散的力量，以致陕回和甘回，急则合一，缓则分离。甘回各支起义军，对清军压力能合作反抗，但各树一帜，争长竞短，无法产生出统一组织和领导。西宁的花寺派和大会派长期争教不休；哲赫林耶派一向不怕牺牲英勇奋战，基本上一直在孤军奋斗。当清军领兵大员事权不一、政府无力专顾的情况下，各自为战尚能取得一定胜利。而当清政府派左宗棠专力督办陕甘军务时，就丧失了进攻能力，为清军各个击破。总之，其最终归于失败，是无可避免的。

第三，斗争的领导权掌握在民族宗教上层分子手中，这些人物中虽然也有远见卓识和坚贞不屈之士，但总的说来，其阶级地位和宗教意识的局限，使许多人不但缺乏政治远见和宽阔胸怀，而且在革命困难时刻即会“求抚”乞和，改变初衷，甚至动摇变节。马化龙降而被杀；马归源几经动摇，抚而被杀；马永福最终投降；马占鳌等胜而后降，换得官品顶戴，成为尔后甘肃几家回族军阀的开山祖，凡此种种，都说明了义军领导人物的局限性。

总之，从客观上看，这次起义是全国范围内各民族人民反清斗争的一个组成部分，具备着反帝反封建斗争的意义，加速着清王朝的崩溃和灭亡。它留给后人许多值得认真思考总结的问题。

5. 清政府的"善后"措施

此次"善后"由左宗棠主持，对陕回和部分甘回采取的是迁移安置。而对撒拉族内外各工的"善后"主要表现在：第一，收缴马械，杀一儆百。在左宗棠"务数百年之安，不敢夸近功而忘远大"的思想指导下，除迁徙客回外，收缴马械算是一项重要措施。外五工呈缴马1 300余匹，叉子枪2 000支；循化上四工先缴叉子枪1 500支；后下四工等又缴叉子枪2 000余支。综计，八工约3 000余户，先后缴枪4 000余杆，大炮、劈山炮16尊，并"出具不存一枪一马甘结"[①]。与此同时，"乘河湟底定后，深入其阻，大加搜仇"。[②]马占鳌、马永瑞驻兵循化城内外，"令亟缚献逆目，呈缴马械，运送军粮，毁平各庄炮台碉楼，赔修衙署庙宇。数者有一违误，即予剿办"。[③]不数日，署巴燕戎厅通判乔金镛拿获乩善拜、排乙五八、迭巴子等，戮之。[④]在办

① 吴丰培编：《豫师青海奏稿》，青海人民出版社1981年版，第115页。

② 同治十二年四月十一日左宗棠、豫师进规循化获胜奏折。见《左文襄公奏疏续编》卷五十。

③ 同治十二年六月初十日左宗棠、豫师收复循化厅城奏折。见《左文襄公奏疏续编》卷五十一。

④ 吴丰培编：《豫师青海奏稿》，青海人民出版社1981年版，第114页。

理“善后”同时，署循化同知汪声元于同治十二年四月到厅城，重建地方封建政权。

第二，择要驻兵，足资弹压。诸事既定，陈湜令西宁镇总兵何作霖所带老湘军五营及崔伟马队，仍回驻西宁，并规划巴燕戎、循化地势全局，分营择要扼扎，使与西宁、碾伯、河州声息相通，互为联络。陈湜率亲军回兰州。①

第三，严行保甲，厘定地亩，招徕赈抚。巴燕戎，循化汉、回、撒拉、藏族大小头目百余名赴兰州总督衙门谒见，表示忠诚。②

## 二、光绪乙未“河湟事变”

从同治十二年（1873年）一场烽烟熄灭后仅过了22年，到光绪二十一年（1895年）发生了又一次武装反清斗争。这次反清斗争，仍然肇始于撒拉，起因于教争，波澜所及，遍及河湟各州厅县，故史书称作“河湟事变”，因发生在乙未年，又称作“乙未事变”。事变之所以于此时此地爆发，并不是偶然的，有其内在的原因和外在的因素，它仍然属于一场穆斯林群众性的反封建暴政的斗争。这次事变对撒拉族社会的演变和转型、封建土司制的终止，起了催化剂的作用，撒拉族社会的权势阶层由土司、尕最变成了近代军人和官僚地主。

### （一）社会状况

#### 1.社会矛盾

同治十二年（1873年）后，动荡多年的撒拉族社会归于平静，广大人民又回到旧体制下照旧生活着。原先的封建土司和尕

---

① 同治十二年六月初十日左宗棠、豫师收复循化厅城奏折。见《左文襄公奏疏续编》卷五十一。

② 同治十二年六月初十日左宗棠、豫师收复循化厅城奏折。见《左文襄公奏疏续编》卷五十一。

最并未受到丝毫冲击，下四工土司（韩源—韩膺禄）在清军压境时还协助清军攻打八工中心的街子。“八工撒拉大小头目”，“先后款营请命”，[①]土司和尕最在官府卵翼下依然高踞于人民头上，行使着封建统治权。河州降清的回军将领，在“亲厘地亩”、“严行保甲”的名义下，霸占群众的土地田产，发展成为权势煊赫的大地主。如积石关东边大河家地方，于同治年间迁去大量撒拉族贫苦农民，马占鳌在该地霸占大量田产。群众告到河州官府，官府按官样文章批示：“占业全退，卖业归主。”本来全系霸占（占业），谎称“实业”（即买来田产），官府予以承认。于是马占鳌及其子马安良、马国良成为大河家一带的大地主，撒拉人成了大地主家的“房客”。

其次，多少年战争，撒拉人与周围藏族部落的关系恶化，民族仇恨加深。光绪元年（1875年）循化厅属的“南番”中之买吾八族番目向统领定西军前福建布政使衔王德榜禀称：“前此奉调剿贼，杀伤回众颇多，积成仇隙，若仍隶循化，番民贡赋钱粮均须照旧赴厅完纳，相距穹远，沿途经过（撒拉）回地，虑其挟仇报复，致起衅端，请改隶就近地方，以顺舆情。”[②]后经左宗棠上奏，将买吾八族改隶洮州厅管辖。[③]可见当时民族间的互不信任状况。

---

① 同治十二年六月初十日左宗棠、豫师收复循化厅城奏折。见《左文襄公奏疏续编》卷五十一。

② 光绪元年正月十二日陕甘总督左宗棠请将循化厅属买吾等八族改隶洮州厅奏折，见罗文华校点：《左宗棠全集》奏稿六，岳麓书社1992年版，第148页。

③ 光绪元年正月十二日陕甘总督左宗棠请将循化厅属买吾等八族改隶洮州厅奏折，见左宗棠著，刘泱泱等点校：《左宗棠全集》奏稿六，岳麓书社2009年版，第140页。

一个群众性的反抗运动，人民群众没有得到可以稍纾宽慰的权利，民族矛盾、阶级矛盾及宗教禁锢依然存在。撒拉族人民在不大的范围内谋生，农田水利又被有权势者所把持，生活依然艰难拮据，当然还会孕育又一次的反抗运动。在光绪十二年（1886年）就发生了一次惊动官府大员的“循化查加工水案”。

2. 查加工水案

乾隆时已修浚水渠17条。渠水之源，分别来自厅城东南之起台沟和厅城西南之边都沟。上四工中之查加工、街子工及草滩坝等村庄，均靠边都沟水灌田。边都沟浚渠13道，查加工渠即系边都沟之水。边都沟水“然泉力微，夏月常苦旱”①，水量不足，上游下游经常为争水发生矛盾。

光绪十二年适逢旱年，春播时，上游截水灌田，处于下游黄河岸边的草滩坝无水可用。草滩坝的地主得到马占鳌家族的支持，后台很硬，与上游查加工挑起武斗，死伤多人，还击伤官勇丁，酿成事端。清朝地方官府惟恐撒拉人构衅弄兵，西宁办事大臣李慎②得到循化厅同知长赟③禀报后，于三月底即上报陕甘总督谭钟麟，并檄调河州镇总兵李清吾带兵赴循化弹压，又派西宁知府倭什铿额前往，会同长赟共同处理。知府、同知，“传调八工

---

①［清］龚景瀚：《循化志》卷七《水利》，青海人民出版社1981年版，第269页。

②《李星使论办河南番务覆函》。该原件系李慎对贵德厅同知张大镛论处理黄河南边藏区事务函件真迹，由张大镛搜集成帙，其中有查加工水案函札二件，现藏甘肃省图书馆。李慎即李星使，字勤伯，奉天（今辽宁）铁岭人，汉军旗人。张大镛，字绍棠、少棠，山东人。

③长赟字心斋，满洲镶黄旗人，光绪十二年任循化厅同知，光绪二十年冬卒于任所，“解决上四工积久水案”为其政绩之一。

头目，议定轮放渠水章程”，[①]并立“水利章程碑”[②]，俾资遵守，上游下游各得其利。一场风波，于当年四月二十五日结案了事。

在该水利章程碑勒名的“循化各工头人军功”计有17人，而无撒拉族土司。这17人中有的与“乙未事变”颇有关系，兹抄录如次：

| | | |
|---|---|---|
| 崖慢工头人 | 韩五七 | 马七十五 |
| 街子工头人 | 韩奴力 | 马来迟 |
| 清水工头人 | 韩老大 | 韩户长 |
| 苏只工头人 | 韩阿力 | 韩主麻 |
| 张哈工头人 | 韩且令 | 马老三 |
| 查汉大寺工头人 | 马五十六 | 何三三 |
| 孟达工头人 | 马寒木则 | 马阿自尕 |
| 查家工头人 | 韩木洒 | 韩乙麻木　韩木素 |

引文中：“崖慢工”即乃曼工，“查汉大寺工”即查汗都斯工，“查家工”即查加工，“户长”即哈尔户长。

该水利章程共四条，从立夏前十五天起（即从谷雨日起进入春播春灌），先下游后上游，挨次放水。计草滩坝各庄十昼夜（内草滩坝庄、瓦家庄四昼夜，托坝、线尕拉四昼夜，定匠庄、沙坡庄二昼夜）；别列各庄五昼夜（内有尕别列、上托隆都、下托隆都、乙麻目、牙慢出乎各庄）；街子六门各庄六昼夜；古节烈庄一昼夜；查家工各庄八昼夜。以上共三十昼夜一轮，周而复

① 芈一之、朱刚：《循化光绪十二年水案的重要史证》，载《青海民族学院学报》，1982年第二期。该文录有“水利章程碑”碑文。

② “水利章程碑”原竖于循化厅城衙署门前。石碑长约200厘米，宽约100厘米，有石座，无碑帽，碑文计688字。不知何故，1958年该碑被搬到化隆县烈士陵园内，后倾圮于烈士纪念碑西侧树丛中。1975年7月青海民院教师朱刚发现该碑，抚摩洗净，录其碑文，因此才得以著文公布于世。

始，按期轮放。各工各庄“均已画押遵议”。以后“各庄人众，皆归各庄头人随时训诫”，“如再不遵议决，由各头人即时会商，呈明地方官，……严治其不法之罪”云云。

这次水案说明以下两个问题：一是社会平息，农民致力田作，灌田依靠渠水，以致发生争水械斗。二是有河州新兴的回族军阀马占鳌家族做草滩坝地主后盾，才敢于械斗。同族争水械斗，是罕见的；邻地军阀做后盾，是首见的。撒拉族土司显而易见起不了管理作用，意味着撒拉族社会开始向近代转型。

3. 另类“新教”

自光绪十七年（1891年）以来，久旱不雨，收成不登，粮价猛涨。人民生活极端困苦，必引发饥民成群和社会动乱。19世纪90年代，撒拉族社会里一次新的动乱因素正在酝酿成熟。正在这时，宗教上层创造出又一种新教。

在伊斯兰教中，新教是相对于旧有教派而言的。撒拉人虔信伊斯兰教，遭受着世俗领主制和宗教尕最制双重管制。一方面受着宗教的熏陶和愚昧；另一方面为要减轻背负的沉重苦难，凡是有稍微不同于旧日的教派，都会受到欢迎，得到传播。马来迟的“前开”取代以前马应焕的“后开”；马明心的哲派新教曾得到撒拉族人民及回族人民的信奉，因导致反清武装斗争而遭到官府禁止。恩格斯说，“在宗教外衣”下发生的斗争，“每次都隐藏有实实在在的现世利益”。[①]

老教（花寺）和新教（哲赫林耶），到同治年间已发生了很大变化，两者都是传子制的势力较大的门宦。哲赫林耶门宦盛行

---

① 恩格斯：《论早期基督教的历史》，见《马克思恩格斯全集》第22卷，人民出版社1965年版，第526页。

于宁夏等地方，因反清失败再次遭到官府禁止而转入地下；花寺门宦盛行于河州、西宁、循化、化隆、临洮等地，因马占鳌等降清而该门宦继续盛行于河湟各地。同治初年西宁、丹噶尔发生的教派之争，花寺派马归源和穆夫提临洮派冶承祖互相指责对方为“新教”。其实都不是新教。左宗棠曾对花寺和哲派有如下一段叙述：“（新教）教规大略与回回老教亦同。惟老教诵经则合掌向上，新教则两掌向下而不合。老教端坐诵经，新教则夥诵卯嘫（卯路）头摇而肩耸。老教送葬不脱鞋，新教脱鞋送葬。凡兹细节异同，固无关彼教轻重。”[①]

到光绪时群众把上述两个门宦统称作老教。这时的“新教”有两种说法。

一是韩木洒从新疆传入。光绪时，街子工韩木洒阿訇从新疆传来在那里流传已久的“嘎的林耶”（意为大能），由于它和循化以前各派都有所不同，所以被称作“新教”。据光绪十七年（1891年）西宁府批文，[②]该教派“摇朵罗，敞开头巾，讽经跳舞。勒令年轻回民留鬓角之发、耳旁之须，禁止妇女缠足”。

又，老教念《冥沙经》、《卯路提经》，新教念《大求吉》、《小求吉》和《太亥里利》。[③]在缠头巾（达斯达尔）方式上也有不同。

二是花寺门宦分化而来。花寺门宦到光绪时分成老教新教两派。新教创立者是马永瑞的次子马如彪，他在光绪十六年声称接

① 同治十年四月初八日左宗棠请禁绝回民新教奏折，见《左文襄公奏疏续编》卷三十七。

② 西宁府批文原件，存青海省档案馆。

③ 芈一之于1962年在循化调查访问所得资料。

受了“阿拉伯传教士”色里木（沙孜林耶筛海势而巴乃）的传教，以恢复教派原旨为号召，也受了沙孜林耶的某些影响，侧重于提倡道乘，争取群众。[1]在宗教礼仪和形式上有许多地方与旧教不同，形成一种新教。这个新教的支持者是马永瑞（花寺门宦第五辈教主），老教的支持者是马永瑞的堂兄弟马永琳。同治末年马永瑞与马占鳌同时降清，任镇南军旗官，取得了很大政治权势，同时也失去一部分群众，教权被马永琳所取代。马永瑞为争夺教权，故支持其子创新教。[2]这个新教在宗教仪规等方面有如下特点：早上念《奥拉提》不是由阿訇领念，而是大家围成一个圈子一起高声念诵，也可以让别的教派的人参加进来念；老教则否。新教认为宰牲之人可以站“头班”；老教则否。

还有男子留不留胡子，妇女放不放足、戴不戴盖头，做“都哇”时开不开手，缠头巾封顶或留顶等方面，新教主张留、放、戴、开、封，而老教则相反。

（二）由教派斗争转变到反清暴动

1. 循化街子教派纷争

一是两派头人夙嫌互斗。马如彪创传新教后，在实力人物马占鳌、马永瑞支持下，在花寺、王寺开学诵经，追随者日益增多。马永琳则联合马如彪之异母弟及其他一些教徒，共同指责马如彪为歪道邪说。光绪十二年（1886年）马占鳌去世后，马永琳乘实力真空之时，联合几个阿訇，准备推翻马如彪。马如彪也联合一些人，严阵对付。一时滋闹寻衅，几乎酿成命案。

河州老教新教传到循化后，撒拉八工也分成两个教派。老教多

① 转引自兰州大学历史系调查报告：《临夏伊斯兰教的华寺门宦》。

② 关连吉、王劲：《华寺门宦的兴衰》，载《西北史地》，1982年第二期。

而新教少，花寺老教占十之七八，新教占十之二三。[①]街子韩奴力（也写作韩奴日）维护老教，韩老四积极推行新教，韩木洒后来为避祸逃往新疆。老教新教两派在街子工的斗争，其背后隐藏着争夺哈尔头人的斗争。街子工哈尔头人囊索保去世后，其位子和权力为韩奴力所取代。按照传统习惯父死子继，应由囊索保之子韩老四承袭，他便利用新教作为工具与韩奴力作斗争。老新两派明显地成为两派头人手中争权夺利的工具。《甘肃新通志》卷四十四《兵防志·戎事下》说：“循化厅撒回争教起衅。先是，街子工老教回目韩奴力与新教回目韩四，以夙嫌互控，已而械斗，终年未结。”文中突出“夙嫌”二字，可知教争起因背后在于两派头人的“夙嫌”，而不是宗教本身。光绪二十年（1894年）二月（夏历），两派“纠众焚掠”，演成械斗，互有伤亡。上四工土司韩起忠曾从中调解，免得酿成大事。双方都不把势衰力弱的土千户放在眼里，不听劝解。土司韩起忠即依职责和办事程序“牒诣”循化厅同知长赟处理。循化厅差传两派当事人，屡传不到。公案既已报官，已难私了，酿成了官司。假如官府处理得法，也不至弄到武装对抗。

二是官府处理不善，头人暗中较劲。韩奴力并不想经官处理，又恐与己不利。于八月间“差人赴厅禀求免究”，未得允准。韩奴力复遣其同派之人韩七十二、韩伏元、韩舍木赴西宁府衙门恳求，也未允准，西宁府并将该三人发交循化厅看管讯办。[②]九月间，长赟带循化营兵弁，将老教新教两派头目，先后拘获到案。

---

① 光绪二十一年三月廿五日陕甘总督杨昌浚为撒回藉教滋事并杀伤官兵汉民复纠众围攻厅城现派兵分别剿办奏折。见芈一之编：《撒拉族档案史料》，青海民族学院民族研究所铅印，1981年，第330页。

② 光绪二十三年三月二十一日陕甘总督陶模审明已革循化厅主簿折，见《陶勤肃公奏议遗稿》卷七。

地方上的政治代表人物恐公案牵连蔓延，惹动更大事端，并想把这个纠纷纳入到自己的利益轨道，便由河州回目马国良（马占鳌次子，马安良二弟）出面，约同上四工土司韩起忠、下四工土司韩膺禄，联名“具状保领韩奴力、韩老四等”共12人，“出外调处”[①]。经长赟于十一月十八日批准，将该12人保释。[②]两派当事人被保释后，“仍复寻仇焚杀”[③]，私斗不已。这时，恰逢长赟于十一月二十一日病故任所，[④]循化厅主簿（道光三年始设循化厅主簿）陈庆麟[⑤]“奉委兼护厅篆”[⑥]，代行同知职权。年壮气盛之陈庆麟“虑酿大祸”，拟派员查办，勿使久拖不结。韩奴力自恃有马国良等作后台，于十二月初六日，派其同伙韩老三即羊牙子手捧“天经”（即古兰经）闯进循化厅城。陈庆麟“因其有意挟制，立即差拿责押”[⑦]，入狱用刑。到十三日，韩老三因“在押患病”，经韩五十六“保领回家”，十二月二十七日韩老三

① 光绪二十三年三月二十一日陕甘总督陶模审明已革循化厅主簿折，见《陶勤肃公奏议遗稿》卷七。

② 光绪二十三年三月二十一日陕甘总督陶模审明已革循化厅主簿折，见《陶勤肃公奏议遗稿》卷七。

③ 光绪二十三年三月二十一日陕甘总督陶模审明已革循化厅主簿折，见《陶勤肃公奏议遗稿》卷七。

④ 光绪二十三年三月二十一日陕甘总督陶模审明已革循化厅主簿折，见《陶勤肃公奏议遗稿》卷七。

⑤ 陈庆麟，字寿泉，号九如，江苏通州人。光绪十八年，三十九岁，由安定典史调升循化主簿。其祖陈士祯，曾任兰州知府。

⑥ 光绪二十三年三月二十一日陕甘总督陶模审明已革循化厅主簿折，见《陶勤肃公奏议遗稿》卷七。

⑦ 光绪二十三年三月二十一日陕甘总督陶模审明已革循化厅主簿折，见《陶勤肃公奏议遗稿》卷七。

在家“病故”。韩奴力等人被押入狱又保释以及韩老三受杖、狱中患病、回家病故等情，使许多穆斯林人心思乱，对地方官府之颟顸和淫威倍加不满，使得教争事件更形复杂化了。

光绪二十一年（1895年）二月上旬，教争滋事，“经年未结”。而此时教争，老教没有压服新教，新教依然对抗老教。新教阿訇韩七十缠着不同于老教方式的白头巾（新教封顶不留尾，老教露顶留尾）在街子大街上行走。尕最韩五十三见此情景，当众将韩七十的头巾用手扯掉。韩七十的头巾被打掉，是对阿訇的莫大耻辱。立即纠众理论，两派展开械斗。韩奴力见尕最站到教争第一线了，自恃人多势大，派人到各工散布舆论。一时人心汹汹，谣言蜂起。宗教上层人物掀起了又一次较大规模的群众性教派斗争。

三是官府颟顸，激起变乱。这时新到任的署循化厅同知欧阳乐清和主簿陈庆麟见此飞禀上峰。陕甘总督杨昌浚催派西宁道陈嘉绩赴循化相机处理，并派河州镇总兵汤彦和带兵赴循化，协同处理。

汤彦和为避官民冲突，曾派马永瑞和马永琳前往循化调解。马永瑞背靠官府，支持新教，新教不肯就此服软。马永琳却暗中支持老教韩奴力闹事，打死新教阿訇二人。陈嘉绩到循化城后，见老教汹汹不已，便作出实际上支持新教之举。恰在此时，查案的循化厅衙门班头某人在查加工被老教杀死，老教头目韩月保、韩五十一因此被拘押。于是韩奴力鼓动老教群众千余人围困循化厅城，要求放人。[①]陈嘉绩下令紧闭城门，开炮轰击围城群众。并将韩月保、韩五十一及先已拘押在狱的老教教徒共11人提讯正

① 关连吉、王劲：《华寺门宦的兴衰》，载《西北史地》，1982年第一期。

法，悬首示众。至此形势陡变，老教要求陈嘉绩上城辩理，城上官兵鸣枪开炮。此日是光绪二十一年（1895年）三月初八。地方官员的蛮干，使这一次教派之事激化成一场“民变”，揭开了河湟乙未事变的大幕。

“民变”开始，新教多数站在官府一边，没有跟着老教一起干。接着，河州总兵汤彦和率兵由河州赴循化救援，行抵白庄，下了一道蛮干的命令，“不分新老，一律剿办”，迫使新教老教搁置“教争”，联合抗拒清军。“民变”演变成了几乎撒拉族全部及邻近州县所有回民参加的武装反清斗争。

2. 循化战斗

光绪二十一年（1895年）三月初七日，撒拉族老教数百人沿黄河东行，由孟达东攻积石关，未冲出去。初八日，一千数百人围攻循化厅城。城内兵单力弱，只有河标练军马队和少数标兵、土勇，陈嘉绩督率在城文武员弁和汉民登城固守，展开激烈的攻防战。武装起事之火已点燃，循化厅城仍在围困中。撒拉族上层分子不愿与官府公然作对。愤怒的群众产生出自己的领袖，在马古禄班（乃曼工人）和俾西麦甘（草滩坝石头坡人）率领下继续战斗。老教群众从西、南、北三面用云梯爬城，因为同治十二年时搜缴马械较彻底，撒拉人手中已没有更多叉子枪等火器，所以虽然围攻循化厅城100天，而终未破城。

为解循化之围，总督急调河州总兵汤彦和由河州趋循化，总督又从固原、狄道等地调为数不多之兵前往“防剿”。西宁镇总兵邓增闻变，派镇标中营游击王振德率部经巴燕戎前赴循化解围救援。当他于三月十五日行抵循化黄河北岸巴燕戎甘都塘时，撒拉变民当夜潜渡黄河进行突袭，王振德溃不成军，变民缴获军器火药不少，声势大壮。在马古禄班、俾西麦甘率领下，变民已非乌合之众，而是一支人数不少的民军。与此同时，巴燕戎各地之回民、撒拉人支援循化之撒拉民军，联合奋战，并到处掘壕断路，阻止清朝官军从巴燕戎这条便捷大道进攻循化。由于清军从北路救援循化城之王振德部既已溃败，且路被阻断，若改由东路（从河州趋循化）或西路（从贵德而保安，趋循化）救援循化，尚需时日。当循化城攻防胶着时，总督杨昌浚饬派各军由东路而进，并咨会西宁办事大臣奎顺饬西宁镇总兵邓增率军由西路经贵德、保安而进，救援循化厅城。两路清军克日前进。因之撒拉民军围攻厅城松弛下来，分兵前去阻击两路清军。

正值清军在东西二路逼近循化城之时，四月十五日河州东乡有千余人起事反清，河州清军后路顿时吃紧，河州总兵汤彦和的攻势被迫停滞。到了闰五月中旬，汤彦和几经上级严催并申斥，且又有援军赶到，凭借火力，内外夹攻，向民军展开攻势。闰五月二十日，被围困一百天的循化城解围。

清军“规复”循化各地后，西宁道陈嘉绩率兵扼守循化和巴燕戎之间的黄河渡口，不久北路疏通后，返回西宁，防守府城。循化厅同知欧阳乐清，会同查办委员洪翼，整顿和恢复撒拉八工的封建秩序。

六月初二，渡到黄河以北的撒拉民军曾企图反攻循化，未成，被困于甘都和卡力岗一带，到次年六月完全失败。

3. 河州西宁等地战斗情况和事变平定

光绪二十一年（1895年）五月，中日战争结束。此后，清政府得以腾出手来，调兵遣将，镇压河湟事变。清廷明令董福祥“提督甘肃军务”，统一指挥在甘肃的各路清军。在大军云集会剿下，河湟事变很快出现新的变化。起事肇始之地的循化已于闰五月下旬底定了，清军进攻的主要目标是河州和西宁及巴燕戎等地。

河州方面：董福祥率军于九月回甘，即以河州回军马安良、马海晏为先行，进攻河州。驰抵狄道，六战皆捷。光绪二十一年十月，“荡平三甲集、太子寺各贼巢，诛逆首马永琳等”。[①]闵伏荚、马匡匡先后被俘，河州悉平。董军随后锋指西宁，派统领何得彪（何三官保）为先头部队经米拉沟西进。

西宁方面：从光绪十九年（1893年）起，马归源之子韩文秀即在西宁和巴燕戎活动。[②]光绪二十一年七月十五日韩文秀占据东关，围困西宁。总兵邓增曾率队出城打仗，死伤数百，大败而回。自办事大臣奎顺以下文武官员日坐困城之中，急电清廷连连求援。到十月上旬，甘军一部开到，驻扎西关。十一月，董福祥派总兵张铭新攻克西川多巴、上五庄等地。十二月，甘州提督李培荣也率部赶到，驻扎东郊。加上原先驻在平安驿的豫军总兵牛师韩，西宁周围的清军力量已经倍增了。

光绪二十二年正月，湘军陕西巡抚魏光焘又率军到来。诸军合击，攻占西宁三关，韩文秀、包良被俘诛杀。三月，董福祥来到西宁。各路清军相继攻占南川、北川各堡，解大通县城围，并攻占巴燕戎各地。“湟中稍见底定”。

这次河湟事变，历时一年有余，“啸聚数十万人”，[③]至此全部结束。马古禄班、俾西麦甘被解送兰州杀害。原先挑起教派斗争的尕最韩五十三、老教韩奴力、新教韩老四，也都在“善后”

---

① ［清］安维峻等纂：《甘肃新通志》卷四十七《兵防志·戎事下》。

②《化隆县志》，陕西人民出版社1994年版，第725页。

③《清德宗光绪实录》卷三九六，光绪二十二年丙申冬十月壬戌。

中被杀。

(三) “善后”措施和撒拉族社会的变化

在清代撒拉族历史上，有过三次武装反清斗争，都是起因于伊斯兰教派斗争，后转变为反清斗争。乾隆四十六年（1781年）时的反清斗争，参加人数不多，局限于哲派新教群众中，不可能河湟蜂起。迨到道光咸丰以后，中国社会逐步向半殖民地半封建境地演变，撒拉族人民和西北各地回族等争民族生存、争信教自由的斗争，成为他们共同的斗争目标，所以同治时反清起义陕甘并起。到光绪二十一年（1895年），除了陕西回民和宁夏回民因同治末年“善后”迁徙安插，已无力聚众起事外，循化肇事，仍能河湟蜂起。同时，反清斗争失败后清政府办“善后”，三次也各不相同。乾隆时对哲派新教大肆屠杀并严厉禁止，剿一扶一（老教），穆斯林社会经济制度仍保持原状不变。同治末年办“善后”，左宗棠在威之以武力以外，力求“务百年之安”，对战斗力较强的陕西回民和金积堡回民迁徙安插，对河湟撒拉和回民搜剿马械和兴教办学。光绪时，由于河州回族军阀已经产生并羽毛渐丰，加之撒拉族和邻近回族社会生产的发展，在“善后”中对起事者予以抽杀外，还废除了对统治者说来形同弁毛的封建土司制和世袭尕最制，废除了撒拉族的领主制，从而给地主经济的快速发展提供了方便。

1. 斗争失败，镇压者加官晋爵

撒拉人和回民在河湟事变的反清斗争中，由于缺乏正确的思想指导，既不了然当时中国反帝反封建的历史任务，也不明白团结各民族共同奋斗的重要道理，受狭隘的民族和宗教观念所驱使，在各地特别是西宁各川焚烧了不少庙宇，还延烧及一些民房。这种盲目的激烈行动，得不到其他民族的同情，不能不影响到斗争队伍的扩大，其结果只能是孤立了自己，走向失败。同时，使不少有价值的历史文物付之一炬。民族间隔阂又一次加深了，给以后地方封建军阀进一步挑拨民族关系，制造了适宜的土壤。在多民族地区想事情、办事情，这一条历史经验是不应该忘记的。

参加镇压这次事变的各级官员，个个加官晋爵。例如，以后担任甘军总统的提督董福祥，“著赏给太子少保衔，并赏给骑都尉世职”；西宁办事大臣奎顺，“著赏穿黄马褂”；陶模“补授陕甘总督”；饶应祺“补授新疆巡抚”；魏光焘“交部从优议叙”。①阵亡副将杨宗贤、知府李俊生等，“均著交部从优议恤”②。

河州回军马安良等在“善后”案中，成为河湟地区举足轻重的实力人物和暴发富户。据史载此次河州剿捕之功，“马安良实为首出，其不二心，尤可贵也。”③在办“善后”中，趁机打击各门宦势力，将原先新教老教各派重要人物，几乎都列名“逆首”予以杀掉。并从经济上打击足以与己抗衡的豪门富户，勒取白银45万两，粮食2万余石，以扩大自己的家业。

马安良部属马海晏及其子马麒，被委派处理循化“善后”。他们在撒拉八工采取摊派“抽杀”办法，“勒令回民缚送惩办”，④令自动向衙门投案，群众称作“交公事”，父子兄弟争着去“交公事”，

① 《清德宗光绪实录》卷三九六，光绪二十二年丙申冬十月壬戌。

② 《清德宗光绪实录》卷三八二，光绪二十一年乙未十二月壬午。

③ 黄云：《劳薪录》卷四《随笔》，光绪癸卯二十九年本，第28页。

④ 王树枏著：《陶庐笺牍》卷三，“代陶方之制军复张香涛师（丙申）”。白寿彝：《回民起义》资料集，第四册，上海神州国光社1952年版。

即去送死。在循化城北黄河岸边，屠杀有数百人。事后，马安良由花翎总兵衔副将，升授巴里坤总兵；旗官马海晏得到嘉奖，升授花翎副将。其子哨官马麒得到六品军功牌，初露头角，尔后成为统治青海省的军阀世家。

2.“改土归流”和对门宦的限制

第一，封建土司制和世袭尕最制的终止。撒拉族的土司和尕最，在历史上确实曾经起过清王朝的统治工具的作用。乾隆四十六年（1781年）时，他们站在镇压苏四十三领导的哲派群众反清起义的第一线，得到清廷的赏赐和晋级；嘉庆初年时，多次出兵助剿白莲教反清起义和藏族的反抗斗争；同治年间，他们不像以前那样公开站在清廷一边，一直销声匿迹，没有同广大穆斯林一起公开进行反清起义；光绪二十一年（1895年），尕最韩五十三和哈尔韩奴力等上层分子，不但没有站在清廷一边，反倒成了直接“肇事者”。其次，随着社会发展，在人民斗争的浪潮冲击下，土司的威权日弛，如光绪十二年（1886年）“水案”结束后立的“水利章程碑”①上的题名，有“八工头人军功”17人，而无土司，说明地方政府在处理水案时，并未依靠土司而是直接召集各工“头人军功”议定章程的。总之，他们的封建统治工具的作用已经到此结束了。其三，重要的还在于政治形势有了重大变化。循化毗邻的河州的回族军阀势力业已壮大，撒拉族土司的存在成为他们扩大势力范围的政治障碍，土司的存在已经成为多余，为手握兵权并奉命办“善后”的河州马家军阀所厌弃。于是，在他

---

① 芈一之、朱刚：《循化光绪十二年水案的重要史证》，载《青海民族学院学报》，1982年第二期。

们条陈下，由清廷批准，废除了撒拉族上四工和下四工两家土司；同时，世袭尕最制和世袭哈尔制也废除了。撒拉族历史上存在了六百余年的封建土司制度，到光绪二十二年（1896年）正式终止。

可以这样说，撒拉族人民历次反抗封建统治的斗争，包括政治统治和宗教统治，沉重打击了民族内部的封建落后制度，直到完全“改土归流”，使本民族的政治经济体制与邻近的比较先进的地区逐步划一起来。这些世袭封建土司制和尕最制、哈尔制的废除，无疑是人民群众斗争的重大成果之一，对撒拉族社会的发展有积极进步作用。

第二，乡约制确立。土司制度废除后，撒拉八工用乡约制来代替之。每工设乡约一人，推选产生，由循化厅官府加委，三年一换，可以连任。官府发给乡约木戳，作为行使职权的凭证。

在废除世袭尕最制即世袭总掌教制的同时，与之相联系的海依、哈提卜、伊玛目“三头”，也被废除。世袭哈尔制度废除后，每孔木散仍有哈尔，不过改由按户轮流充当，俗称“乡丁”。这样，循化撒拉八工的地方行政体制如下：

循化厅——工（乡约）——孔木散（哈尔或乡丁）

封建世袭土司、世袭尕最、世袭哈尔等制度的废除，以及乡约、哈尔改为轮流充当制度的确立，标志着撒拉族封建领主制度的结束，比较彻底地完全“归流”，归于“流官”体制了，也意味着世俗地主和手工业、商业完全摆脱了领主制的羁绊，得以较快的速度向前发展。

第三，对门宦的限制。规定“凡教民诵经，必须入礼拜寺”，也即念经必须在清真寺，不准在拱北做礼拜。“拱北”是伊斯兰教的门宦教主和贤人的陵墓，供教徒瞻仰祭拜，它是门宦制度赖以存在的基础。规定不准在拱北做礼拜，无疑是对各个门宦活动的一大限制。

虽然如此，但门宦制度并未因此而削弱。这一规定并没有严格贯彻，辛亥革命（1911年）后，甘青宁地区由回族军阀掌握地方军政实权，原先的规定已不复存在，各门宦教派均有较大发展。①

3. 土地再分配和地主经济的长足发展

"河湟事变"善后时，把参加这次事变的群众的土地和房屋，予以"没收"，作为"逆产"，贱价拍卖。这是撒拉族历史上通过"买卖"手段大规模地转移土地房产的一次记录。这种记录在以前未曾出现过，可以说是一种新现象。镇压事变的大小头目和各族（主要指撒拉和汉、回族）地主，乘机"霸买""逆产"，因而出现了一批新的地主。同时，出现了撒拉族历史上的官僚地主。撒拉族的官僚地主，有不少是在这次"善后"中发迹的（民国时又出现一大批官僚地主），他们的每一亩土地，每一块银元，都沾满了撒拉族人民的鲜血。

据1958年社会调查材料：下白庄马五十九阿訇，原来只有两石多地，②因吞并所谓"逆产"，土地增至十八石，并占有三座磨坊、一座油坊，又修建了新的庄廓，成为大地主。许顺满拉、清水工的韩七少、查加工的韩木洒，吞占大量土地，成了当时的大地主。德加拉保原以屠宰为生，成为有四石多地的地主。如此等等。

---

① 关于四大门宦及所属各支派概况，参见芈一之主编：《黄河上游地区历史与文物》，重庆出版社2006年版，第380~381、461~463页。

② 在循化一带以下籽多少计算亩积，一斗地约等于四亩。

官僚地主的代表，主要是河州的马安良家族和马海晏家族。积石关内外的撒拉人和回民的土地，绝大部分为马安良及其部下所“霸买”。从清同治末年马占鳌降清后在大河家形成为官僚地主，在这次办“善后”得到进一步扩大，逐步形成“八大家”。马安良之子马廷勷、马廷贤、马廷国、马廷佐、马廷佑等即为“八大家”的首脑。河州乢藏沟人马海晏、马麒父子，也与“八大家”并起，成为又一支官僚地主。马麒及其弟马麟、麒子马步芳、步芳子马继援，就是统治青海省近四十年的马家军阀。

撒拉族中的这一批地主不仅成为清末封建王朝统治撒拉八工的社会基础，而且也是日后马步芳家族对撒拉族人民进行统治的可靠支柱。

随着社会的变化，阶级关系也发生着新的变化，新的剥削阶级、官僚地主和地主阶级，在土司制度废除后迅速地成长着，原先土司制度下的种一分田、当一分差的隶农，朝贫农、佃农和自耕农方向迅速演变。从这个意义上看，“乙未事变”和土司制度废除是撒拉族近代社会发展史上的一个里程碑。

## 第二节　清末民国时期的撒拉族社会

1840年以来，撒拉族社会在清同治、光绪年间发生武装反清斗争。撒拉族人民的反抗斗争沉重地打击了其内部的封建制度，土司制度和世袭哈尔制度废除，乡约制的推行，清朝在此地的直接统治随之逐步加强。特别是河州马家军阀势力日益壮大，并在撒拉族聚居区确立统治地位，马麒、马步芳、马继援父子孙势力渗入循化撒拉八工，对撒拉族地区的政治、经济产生深刻影响。

## 一、马家军阀对撒拉族地区的统治

辛亥革命影响及西宁和循化等地。武昌起义后第13天，陕西省宣告独立，拥护共和，震动西北各地。因以陕甘总督（督署在省会兰州）长庚为首的忠于清朝的顽固势力的抗拒，甘肃省依然效忠皇室。满、蒙古、汉族封建官僚和回族军人联合起来“兴兵勤王”，进攻陕西义军。以马安良为总统、马麒为帮统，以回族撒拉族兵丁为主，组成“精锐西军”马兵16营，其他各部甘军配合，进行东征，并企图迎请宣统帝偏安西北，待机复辟。而此时全国绝大多数省份宣布拥护共和，在当地官绅逼迫下，由布政使赵维熙等人具衔，于3月15日致电袁世凯承认共和，东征军撤回兰州，改换旗号。于是，“满制不变，满印不换”，黄龙旗改成了五色旗，清朝官吏变成了民国官僚，甘肃省进入民国时期，撒拉族以“撒拉回”的名称成为民国时期“五族共和”的一部分。

### （一）马家军阀对撒拉族地区统治的确立

中华民国和五族共和并没给包括撒拉族在内的各民族人民带来更多实利，反之撒拉族落入封建地方军阀的统治之下。

#### 1. 辛亥革命前后

马麒字阁臣，祖上原居狄道，后迁河州，世居莫尼沟（也作牟尼沟）前川，后又迁癿藏沟。马麒之祖父马兴旺，父马海晏。马海晏参加了同治年间回民起义，是马占鳌领导的河州回民军中一员战将，“勇健能治军旅”。[①]同治十一年（1872年）春马占鳌等降清，所部改编为马队三旗（称镇南军），马海晏任中营管带，以后成为在河州崛起的一户豪门。在镇压光绪乙未事变中，马海晏追随马安良，官职越升越高，家业越来越大，癿藏沟马家与莫

① 黎丹：《青海省政府主席马公阁臣墓表》，见［清］邓承伟等：《西宁府续志》卷十《志余》，青海人民出版社1985年版，第623页。

尼沟马家一荣俱荣。马安良升任总兵，“建牙开府”。马海晏升任副将衔参将，后改隶董福祥麾下。光绪二十五年（1899年）甘军入卫京师，编为“简练军”，董任提督，马海晏升任总兵衔补用副将，马麒任哨官。“庚子之役”，慈禧太后携光绪帝仓皇出京，甘军奉命护驾。当年八月，马海晏在宣化病亡，追赠记名总兵，遗缺由马麒顶补，接统一营。事后，董福祥削职回甘，马麒随马安良驻防甘肃。1902年马麒驻巴燕戎格厅扎什巴营，1906年调驻循化，任花翎副将衔循化营参将。从此，以循化、化隆即巴燕戎（简称“二化”）为基地经营其家业。不久，升任洮岷协副将。1911年任“精锐西军”的“帮统”①。

撒拉族的上层分子中，在历史上没有产生过文武官员（与毗邻的藏、回、土族不同），有的只是土司和尕最。当土司制度废除后，上层分子的去路只有当阿訇以及投入马麒军中任军官了。在政治社会演变中，本民族的领袖人物学识如何、职位如何，至关重要。本族的政治命运，本族人士无力掌握，而由毗邻地方的河州军人世家支配，这是近代撒拉族历史演变中值得注目的一点。

1912年春，甘肃承认共和，改换旗号后，原来的封建官员没有受到任何冲击，不能不出现改头换面的旧官吏瓜分共和胜利果实的局面。西军总统马安良担任甘肃提督，号称“西北天子”；西军帮统马麒被任命为西宁镇总兵，1912年9月进驻西宁，“二化”属其辖区。1915年在官制改革中，马麒改任“甘边宁海镇守使”兼“蒙番宣慰使”（“青海办事大臣”改为“青海办事长官”，又改为此职），明令规定“以青海属甘，以长官事属镇守使”。从此，马麒成为包括撒拉族在内的青海各族人民的统治者。

---

① 王亚森等主编：《青海三马》，中国文史出版社1988年版，第1~5页。

并且，西宁镇兵改称“宁海军”，有马步兵13营，后扩大至17营。宁海军的将校，皆由马氏家族子侄和亲戚担任，而下级军官和兵丁主要是在“二化”所募，夤缘上升，故以后“二化”的撒拉族、回族中有众多的军官。撒拉族从乙未事变以后，打破了乾隆四十六年（1781年）善后时的“不准复充循化、河州衙役及营伍兵丁”[1]之规定，以同教关系，不少人投充马家军中，与马家军队（宁海军，后称青海军）结下不解之缘。一代又一代的青壮年男子和有志之士，大都列名军籍，这是近现代撒拉族历史上重要特点之一。1924年农业歉收，撒拉人四出谋生，宁海军乘机在循化八工和化隆外五工再次大批募兵，增编步兵5营、骑兵7营、炮兵和矿兵5营，共达34营。

2. 1923年街子工教争

马麒家族从军权政权上统治了撒拉族地区。在穆斯林地区，还需要控制教权，于是有了街子工教争事件。

马家军阀的创业人马海晏，原先既无产业，又无教权。他本人会经商，善骑术，武艺高强，一乡所畏。那时教权为马来迟后人马永瑞兄弟和莫尼沟大阿訇马占鳌所掌握。同治时，马海晏跟随马占鳌而反清、而降清、而居官；乙未事变时，马海晏、马麒跟随马安良创立自己的基业；辛亥革命前后，马麒跟随马安良而升迁，又坐镇一方，任总兵和镇守使、宣慰使。但西宁各地和撒拉八工的教权，仍然被河州马占鳌、马安良家族所控制着。建立军阀基业，需要有军队、地盘、政权、财权，这些马麒都已基本

① 乾隆四十六年八月初十日阿桂、李侍尧为酌筹善后事宜折，《钦定兰州纪略》卷十六。见［清］方略馆编：《清代方略全书》（三一），北京图书馆出版社2006年版，第354页。

具备，如何控制由回民、撒拉人所组成的军队和对广大穆斯林实施统治，还需要有自己控制的“折不断的精神棍棒”——伊斯兰教门。马安良是以“西军”为支柱，以河州、凉州为地盘，以老教（指花寺门宦）为精神工具进行统治的。马麒已经有了“宁海军”作支柱，有了西宁和青海牧区这块地盘，但还缺乏自己控制的教门。何况循化撒拉八工的教权还掌握在马安良之弟马国良之手，这使他不能安枕无忧。其时马果园所传“依合瓦尼”（即新兴教）成为马麒所要控制的教门。

马果园原名马万福（1849~1934年），经名奴海，河州东乡果园村人，因之人称马果园或果园哈知。他传播依合瓦尼，主张“吃了不念，念了不吃”，公开号召“打倒门宦，推翻拱北”。教徒日众，得罪了各门宦，在河州受到排挤。1914年他前往哈密传教。又不容于哈密王沙莫胡索特，以“新兴邪教”向新疆督军杨增新告发，于1917年底被捕押，拟将“正法”。经过教徒奔走，由马安良子马廷勷活动，甘肃督军张广建电请杨增新，将马果园押回甘肃处置，意在从中开脱。当马麒得知马果园将从哈密经由酒泉押往兰州时，派兵在酒泉花墙子地方（一说在张掖七角井）埋伏等候。1918年1月，当马果园的木笼囚车经过时，劫持迎来西宁，奉为上宾。[①]从此，马果园在马麒支持下推行“依合瓦尼”派，削除各派和各门宦。1922年成立“宁海回教促进会”，以西宁东关清真大寺为总寺，积极培养该派阿訇，向各地清真寺派驻开学阿訇，推行依合瓦尼，马果园成为总教长。

① 王亚森等主编：《青海三马》，中国文史出版社1988年版，第74~76页。书载：劫持马万福的军队是由马麒之弟马麟部下军官马吉清率领，化装成商人所为；劫掠地点在平番境内。

街子是撒拉八工之首，街子大寺是八工总寺，当时撒拉人多信奉老教，教权为马国良所控制。因之，街子大寺的教权就成为西宁和河州两家军阀所争夺的重要目标。1923年因向街子大寺强派开学阿訇发生了街子工教争血案。

1923年3月，马麒的外甥马禄为新兴教即依合瓦尼阿訇，人称尕阿訇，派往街子大寺任教长。他强力推行新兴教，禁止老教阿訇念经，强迫妇女戴盖头。只有少数人依从，多数人反对，于是引起教争。当年3月，老教念“卜拉提”（闭斋前转卜拉提），马禄予以反对并压制，引起冲突，两派互斗，各有伤亡，双方械斗达3月之久。两派各有后台，都有枪支，互不服输。马禄跑回西宁，请求援军。马麒立即派马海渊、马伏良率兵进驻循化城，并发给哈德毛等人枪支，壮大声势。老教韩主麻等人见事不妙，奔向河州向马国良求援。另外有人跑到兰州向甘肃省政府告状，要求结束这场自相残杀的教争。

甘肃省政府派委员2人，会同马国良和马麟进行调处。马麒为先发制人，在委员和马国良未到之前，令马海渊等兵趋街子，以“平乱”为名，惩办祸首，将老教的韩哈的木、托果果与新兴教的韩五十三、陕伯智、杜力松等5人予以枪决，将责任推到这些人身上，了结此桩教争案件。并向省府委员说：“祸首已处决，乱已平息，再无须前去解决。”从此，马麒制服了撒拉族花寺门宦的反抗，斩断了马国良对循化八工的宗教控制，依合瓦尼也就顺势地在撒拉族和回族中发展起来。马家军阀不但从军权政权上，也从教权上，对撒拉族地区确立了绝对统治。

### （二）国民军与马家军阀争占青海时期

#### 1. 青海建省和“马仲英之乱”及撒拉人流落新疆

“国民军”指冯玉祥所部“西北军”。正当马麒大力经营自己的基业时，中国大地上出现了第一次“国共合作”并推动了北伐战争，打倒列强，剪除军阀。在北方，冯玉祥赶走了贿选总统曹锟，由段祺瑞组织“执政府”，1925年1月冯玉祥任“西北边防督办”；1926年9月，冯在“五原誓师”，参加北伐，所部进入甘肃，扫除北洋军阀及封建势力。此时，分疆而治的甘肃八镇回汉军阀均受到严重威胁，既不甘心俯首听命，又反抗无力，只得虚与委蛇。

1926年10月，冯玉祥明令撤销甘边宁海镇守使和蒙番宣慰使职任，提升马麒为青海护军使；改西宁道尹为西宁行政区长官，派林兢为行政长官（原道尹黎丹另有任用）；宁海军改编为暂编二十六师，以马麒兼师长，马步元、马步云、马步青分任旅长。盘踞西宁的马家军阀听命于国民军，而国民军的势力开始伸入西宁等地。从另一角度看，反封建的民主思想随国民军势力进入了西宁、循化等地。1928年秋，北伐告竣。1928年9月5日南京国民政府议决：将宁夏行政区改建为宁夏省，将西宁道和青海办事长官所辖地区改建为青海省。同年10月17日议决：定西宁为青海省治，任命孙连仲（冯部师长）为青海省主席，马麒为省政府委员兼建设厅长。11月15日孙连仲在兰州通电就职，派高树勋旅进入西宁并控制甘青交通线。1929年1月18日孙连仲到达西宁，20日宣告青海省政府正式成立。马麒不愿屈居孙连仲之下，一再辞职，不肯就任，只保留省政府委员名义，建设厅长一职由马麟出任。在此前后，出现了“马仲英之乱”，众多撒拉人卷入其中。

马麒与凉州镇守使马廷勷（马安良之子）串连，欲乘国民军在河州征粮催款，回民不满，密谋挑起事件，迫使国民军让步，争回自己以往权势。恰宁海军营长马宝（马海渊子、马麒堂弟）在河州反抗征粮被枪杀，其子马仲英[①]在马麒默许下于1928年春由西宁带七人潜赴河州，组织反抗活动。路经循化时，夺取县府所存枪械，在河州乩藏又取出马家窖存大量枪枝，聚集回民，以驱逐国民军作号召。西宁巡防军、凉州巡防队也时有“哗变”投靠马仲英者。马仲英自任“西北讨逆军总司令”（有说为“黑虎吸冯军”），因马仲英年仅18岁，民间称“尕司令”。马仲英一路攻打河州，流窜各地，演出了一场“河湟事件”。

马仲英被国民军击溃，马廷勷也已丧失凉州地盘和所部军队，国民军又大军压境。马麒审时度势，为保存自己，只有欢迎孙连仲入青，致电表示“倾心西向，竭诚服从”。马仲英败窜循化、贵德，又于1929年正月初五日抢掠湟源城后向门源退却。马麒为向国民军表明自己“心迹”，派副师长马麟在老虎口堵击马仲英。马仲英出扁都口走河西，逃新疆，后（1934年冬）失败于伊犁。参加马仲英军队的不少撒拉人，因而流落于肃州和伊犁等地。据1956年调查，伊宁县第六区第四乡第一村名叫“撒拉玉孜”（即撒拉村或撒拉部），有撒拉人350余户，该区第三乡还有十余户，绝大多数是随马仲英流落该地的。

2.“二化”清乡，国民军东撤，马家军阀继续统治

1929年初，国民军旅长高树勋率部到“二化”清乡，消除反冯势力。驻防化隆的旅长马步芳（马麒次子）为表心无二志，奉献出骏马100匹，银洋15万元，并将宁海军营长马伏良和马朝佐送交国民军处死，还在循化县伊麻目渡口，枪决撒拉人9名，悬

---

① 马仲英，原名马步英，字子才，是马麒堂弟马宝之子，马麒七叔马海渊之长孙。

首高杆，以此取得国民军放心，并由此取得将所部第九混成旅扩编为暂编第一师，马步芳任师长。从此，马步芳便逐步掌握了青海的军权。

1929年秋，蒋介石和冯玉祥两个集团酝酿战争，次年4月，中原大地发生大规模的蒋与冯、阎（锡山）之间的大战，即中原大战。于1929年秋开始国民军即陆续东调准备参战。9月，孙连仲率部离青，省主席一职由高树勋暂代，高旋又离青，孙推荐马麒代理省主席。1930年春，南京国民政府正式任命马麒为青海省主席，青海统治权又回到了马家手中。1931年8月马麒病故，省主席由马麟继任；1936年8月马麟出国，马步芳代理省主席到1938年3月，被正式任命为省主席，直至1949年9月青海解放。撒拉族被马家军阀统治有40年。

（三）蒋马政权时期

1. 乡村政权的演变

光绪二十二年（1896年）土司制度废除，乡约制确立。撒拉八工的乡约是循化厅官府传达政令、催交粮差的“乡官”，无薪俸待遇，但他们有生财之道，一般浮收粮赋的十分之一作为自己的“好处”。乡约在处理民事和刑事纠纷时，当事人需送一两串“居撒钱”（即后来所谓的鞋脚费）；如果乡约断结不了，乃转呈循化厅同知衙门处理，所以民间称乡约为“头道衙门”。因之，担任乡约而致富者比比皆是，如清水工的卜拉提保、二爷保、三十个保等人。

各工之下按孔木散产生的哈尔改成乡丁，名为轮流充当，实际上被有权势的人家所把持。尽管如此，但哈尔毕竟已失去原先的世袭特权地位了。

中华民国建立后有过一次地方改制。1913年，巴燕戎县改称化隆县，循化厅改称循化县。化隆县境内虽有所谓“外五工”，但乡村组织与其他回族地方或汉族地方没有差异。循化县境内的“撒拉八工”的乡约制、乡丁制未变。1929年初青海建成一省，循化县为省辖县，乡约制仍无变化。1935年6月，青海省政府通令成立县保安区，县长兼任县保安区司令，编练保安团。1938年全省厉行保甲制度，乡约制相应被取而代之。十户一甲，甲有甲长；十甲一保，保设保长；数保一乡，乡设乡长。在撒拉八工编组保甲时，依托于原来的“工”和“孔木散”的组织，一工编为一个乡，一孔木散编为一个甲，数个孔木散为一个保。这样，原有的本民族的社会组织与保甲制相结合，人们易于接受，变成了蒋马政权的基层统治工具。从此，乡约制被废除了，乡约改称乡长，哈尔改称甲长。

按规定，乡保长名为选举产生，实际上被地方豪绅或军官家庭所把持和操纵，从来没有真正地举行过选举。至于甲长，因无权势也无“油水”，而差事日渐繁重，则由各户轮流充任。

1945年抗日战争胜利后，循化县与全国一样成立了“县参议会”，有参议员8人。各保也有形同虚设的“保民大会”。

上述乡村政权机构，不论是什么名称和形式，都是马家军阀地方政府统治撒拉族和其他各族人民的工具，人民一直处在无权的地位。

2. 社会阶层和职业的变化

在马家军阀统治时期，尤其是在青海1929年初建省到1949年中华人民共和国建立这一阶段，撒拉族与马氏家族统治集团从表面上看是同教（共同信仰伊斯兰教），同为穆斯林，但撒拉族在这个政权下是得利者，还是受害者？这是研究撒拉族现代史时不能回避的一个问题。有人认为：撒拉族中许多人在马家军队中充当了高中级和下级军官，获得了比其他民族之人较多的权益，青壮年人没有失业的。当时当地没有近现代工业、交通业，没有乡镇企业，农副产加工业也谈不上，当时最现实的广阔的出路是当兵升官，据此，撒拉族并没有遭遇到什么难处和害处。我们认为上述看法值得商榷，试看下列几点：

第一，撒拉族中出现了一大批军官和官僚地主。由于以下原因，在马家的"青海军"中有相当数量的高级军官和中下级军官是撒拉人。一是历史原因。清末马麒驻兵循化，任循化营参将，1928年前后马步芳以团长身份驻兵化隆，均就地募兵，撒拉人投军者多。二是民族宗教原因。马家是回族，与撒拉人同属穆斯林，有亲同感。三是地理原因。马家籍隶河州乩藏，与循化系地界毗连，一山之隔，有乡里同属之感。四是社会内部原因。撒拉族田地少，而人口日多，又无可以容纳劳动力的工商产业和文教事业，所以多扛枪从军。

据不完全资料，"青海军"中营团长以上军官中，即校级以上军官中，撒拉族和回族占95%左右，其中有撒拉族120余人。将级军官中，循化县有27人（其中有少数为汉族，如赵遂兄弟）。以循化街子工来看，街子大庄有师长1人，团长1人，营长10人；上坊村共50户人家，有军官18人。又如草滩坝庄有地主11户，其中9户是"青海军"的军官。再看化隆县甘都，有团长以上军官10人。如此等等。

第二，撒拉族人口中士兵占很大比例。1938年青海省将厉行保甲、训练壮丁列为六大中心工作。保甲组织与训练壮丁相互结合。规定：17~50岁的男子，自备鞍马组成国民兵团。循化为第四保安区（全省共七个保安区），循化城厢（即积石镇一带）成立3个骑兵团，辖11个大队；八工成立3个步兵团，辖11个大队。平时受军事训练，由乡长、保长、甲长分别担任各级军官，或担任植树、淘金等劳役。1936~l937年马家军在河西攻打红四方面军时，上四工调出1个保安旅，旅长韩忠良（原西军军官），团长马忠良就是于此次反共战役中被击毙的。抗日战争时期，借抗战之名大肆拔兵扩军。按户拔兵，两丁拔一，三丁四丁拔二，从而使大部分青壮年都成为常备兵。抗日战争胜利后，马家军阀参加了蒋介石的反共内战，征粮征兵，每年征兵三次四次，更多的撒拉族男子被征入军营。此外，除按户拔兵外，也从学生中拔兵，如在昆仑中学的撒拉族学生，只要身体合格，即调往“军官训练团”受训，①成为下级军官。粗略计算，1945~1949年在撒拉八工共征拔撒拉人当兵3 600余人。

建国前夕撒拉族共约24 000人②，除去妇女一半，男性约为12 000人；再除去老幼男性，适龄青壮年不过6 000人左右。于此可以推见，士兵所占人口的比例，不能不说是惊人的了。

由上观之，在马家军阀统治下的40年，从撒拉族的长远的根本利益来看，其消极影响是大大超过积极影响的。

## 二、近代社会经济概况

鸦片战争爆发后，当整个中国社会自沿海而内地，自东部而

---

① 昆仑中学为青海省回教促进会于1938年所办，校址在西宁今“七一路”路北。当时强迫被俘西路红军人员进行奴隶式劳动，修建校舍。解放以后，该校舍大院为省军区所在地。军官训练团在西宁东关大校场，即今城东区大众街路南省外贸厅及其附近。

② 1957年统计，循化撒拉族共5 160户，24 395人，建国前夕应略低于此数。

中西部发生变化时，由于撒拉族聚居地方远在西北腹地，而且封建割据长期存在，所以资本主义势力渗入较晚，对原有封建社会的势力冲击较弱，社会发展变化也较为缓慢。

（一）近代撒拉族社会的演变

1. 洋行在循化的活动及羊毛贸易

（1）洋行活动概况

据档案材料，光绪十八年（1892年）西宁府行文通知循化厅，转达天津海关道来文：设在天津的英商新泰兴洋行，拟派人（中国籍雇员）到西宁府各属县采买羊毛、驼绒、羔皮、羊绒、毛捆绳、苫毡等，要求各地关卡放行。①同年，新泰兴洋行在西宁设立分行。接着美商、德商、俄商的洋行在西宁和湟源、循化设立分行。设在循化城的洋行有：英商新泰兴、仁记、聚利、平和、怡和5家，德商瑞记1家，共6家。

撒拉八工是农业区，并不出产羊毛、羊绒等畜牧产品。当时循化厅辖地较现在循化县辖地大得多，今同仁县和甘肃夏河县等地属循化厅管辖，居住有众多以畜牧为业的藏族等部落。这里的畜产品羊毛等，原先并不外销，外商也不经营。19世纪70年代有人将青海羊毛运到天津，因该羊毛纤维细长、富有弹性、拉力强，较河套羊毛为优，顿时名扬世界，通称“西宁毛”。光绪三年（1877年）左宗棠在兰州办织呢总局，西宁毛销路大增。到光绪十一年（1885年）英商在宁夏设行收购羊毛，光绪十八年（1892年）即直接派人到西宁府所属循化、湟源各地进行收购。

设在循化城的洋行，因他们的经营人员对牧业区人地生疏，

① 青海省档案馆藏材料。

并不直接去收购羊毛等物产，主要通过撒拉人去收购。撒拉人毗邻牧区，人熟地悉。每年到隆务、保安（二者今属同仁县）等地收购羊毛达60~80万斤。洋行每年支出收购资金，每家少则4 000两（白银），多则30 000两。

英商新泰兴和仁记二家洋行，长驻循化城并派人住在隆务寺，其余四家洋行则是季节性派人来，每年三月和七月派人来两次。洋行的经理都是受雇于外商的中国人，如新泰兴的经理张经安是河北省人。还应指出的是洋行的业务受清政府保护，享有不纳税之特权，前述西宁府转发天津海关道公文，要各地关卡放行，没有提出收税、检验等内容。这是英、德、俄等国列强对我国进行侵略的内容之一。

由于洋行的收购羊毛等活动，使大量白银流入循化及其毗邻地区，对这一带原先的自给自足的自然经济发生冲击作用，为撒拉人的社会经济生活注入新的因素。

其次，在循化的洋行还用白银收购粮食，转手用粮食换购羊毛，进行两重盈利。关于这一点，从光绪十八年八月二十五日新泰兴洋行呈报循化厅一件“禀文”[1]可以证明。该禀文如下：

洋行商民苏长金等叩禀：……系新泰兴洋行。商民行中数人，因为食用，现在循化四乡买就麦禾四五百石之谱。行中数人在保安隆务寺[2]居住。此粮现时四乡阻挡，不准驮运保安地方。

① 档案原件存青海省档案馆。

② 隆务寺位于今同仁县隆务镇，保安在该镇北边约三十里。从建制上说，当时保安设营驻兵，同仁县和隆务镇系1929年后设立，故当时说“保安隆务寺”。

所有麦禾，商民买到隆务寺由（佛）爷羊毛，其毛价言明归付青禾（稞）。至今四乡阻挡，不准驮粮，商民情出无奈，为此恳请恩主大老爷，大施慈悲，将粮驮放行……

上述禀文中说“因为食用”购买麦禾，这是托词，“行中数人”不可能食用“四五百石”。其真实用意在于买到隆务寺活佛经手的羊毛，言明用“青禾（青稞）归付”，即洋行苏长金等在循化四乡收购粮食（即所云麦禾、青禾），用来交换隆务寺经手的羊毛。时任循化厅同知长赟对洋行并非敬畏，便批示：“号作营粮，折价归公，因防营缺粮也。”

循化产粮历来并不丰稔，如1949年前几年平均年产量为1 600万斤左右，而洋行一次收购即达四五百石（约20万斤），不能不影响到当地的粮价和群众生活。循化厅负责供应拨支循化营及起台、保安二营堡的兵丁口粮，本属捉襟见肘，这批粮食被扣并“号作营粮”，长赟做了一件颇得人心的事情。此后，再未发现类似档案材料，可能洋行不再做倒贩粮食生意了。

(2) 出现一批依附洋行为副业收入的人

当时撒拉族中出现了一批靠为洋行驮运羊毛为副业收入的人。从隆务、保安驮运洋行收购的羊毛到循化城，多是查加工的人。每驮羊毛重80~100斤，运资合洋布二方（方为对角折方，每方为市尺2尺2寸~2尺3寸）。羊毛运进堆栈后，又有一些人（每家洋行雇十多人）进行拣晒羊毛和打包工作，每人每天工资约为20~30铜元，或麻钱（即有孔铜制钱）400~500文，约合白银2分左右。这些日工资可以维持每位雇工的最低基本口粮。羊毛打包后，运至河州，然后用羊皮筏子运到兰州、包头，再用火车运至天津出口外运。在上述转运、拣晒、打包等过程中，有数百名撒拉人间接地充当了外国资本的雇佣劳动者。

(3) 买办人物出现

买办是外商在中国自由雇用的雇员，买办可以代洋行在中国境内买卖货物。驻在循化的洋行的经理和采购人员，大多由京、津、冀、陕、晋等地的人担任，他们诚然是外资雇用的买办人物。但是，他们也不直接从牧民手中收购羊毛等畜产品，而是委托或雇用中间人代其收购。这类中间人也属于买办人物，在循化相应地产生了。所谓“落庄的东家”即代洋行坐庄收购的人，主要是原先的“歇家”。“歇家”原本是茶马互市时的“通译”和中介代办人，他们通晓民族语言和商业知识，多为世袭家传职业。清代初年茶马互市停止后，他们以其自身的优势变成为民族间贸易的中介人或直接经营民族间贸易，他们开设之店铺，也称作“歇店”。如“又有歇家者，以内地汉回民充之。……雇纳粮赋，征调徭役，皆歇家主之，词讼亦以歇家通语。”①又如“据称：宁、通、循、贵、丹、戎各属地方，向设官歇家，经理蒙番住宿贸易，随时报明地方文武查验，互相稽查，若有私贩粮茶禁物，即将该歇家治罪。”②

撒拉人也有从事歇家的。杨薰《小积石斋述略记》一文所云“歇家举里”，即指撒拉八工中之清水工有以歇家名庄的，以撒拉人从事歇家而得名。原先之歇家在清末时候与洋行挂上了钩。

---

①［清］龚景瀚：《循化志》卷四《族寨工屯》，青海人民出版社1981年版，第171页。

② 同治元年三月初八日陕甘总督沈兆霖遵议边防要务章程七条奏折。见芈一之编：《撒拉族档案史料》，青海民族学院民族研究所铅印，1981年，第213页。

洋行与歇家订立合同，交给资金（即现银）若干，委托收购羊毛。不论歇家以什么价格收进，均按合同所订条款和价格交货。这些代洋行收购羊毛的“坐座东家”实质上是通过代洋行买办而发财致富，也成为买办人物。

当地的一些阿訇和藏族寺院的僧侣也有从事代洋行收购羊毛而从中取利的。

在上述买办活动中有的人因此变成了商业资本家。如，循化城内有两家这样的买办商人：一是铁老板（开铁匠铺）马某，一是陈惠成（人称陈秀才家，地主兼购贩羊毛）。等到洋行撤走以后，还有与天津洋行挂钩的商家，如黑四爷（人称“河州买办”）和街子人阿卜都等。

以上买办性人物从洋行领取成千两、成万两银子，再分别交给小商贩（小商贩中撒拉人不少），小商贩分头到牧民帐房收购羊毛。大体上说，在牧区收购价，每百斤羊毛值银元5~6元（每个银元含银7钱2分），交给歇家等买办性人物时为每百斤10元左右。运到兰州交羊毛为每百斤20~23元。在循化城交羊毛为每百斤15~18元。运到天津，每百斤羊毛的运费、税收约6~7元。天津市场上每百斤羊毛价格在35元以上，最高可达50元。[①]由此可见，经营羊毛利润，不论洋行、歇家、小商贩等，都有利润可赚，而洋行所得利润更属不菲了。

正因如此，外国传教士也有的放下“上帝的仆人”的面纱

---

① 顾执中、陆诒著：《到青海去》，商务印书馆1934年版。见中国西北文献丛书编辑委员会编：《中国西北文献丛书》（西北民俗文献）第十卷，兰州古籍书店1991年影印版，第203~208页。

而从事此业。如英国牧师僖德生在循化和保安贱价强购羊毛，遭到当地藏民的强烈反对，要把他驱逐出境，不准在循化居住。在官府保护下，光绪二十五年（1899年）被护送到兰州，了结此事。

⑷“洋货”进入循化

所谓“洋货”，当时指从海外进口的资本主义国家生产的日用轻纺工业用品。如机织布叫“洋布”，机制纸叫“洋纸”，煤油叫“洋油”，蜡烛叫“洋蜡”，火柴叫“洋火”，纸烟叫“洋烟”，机织线袜叫“洋袜”，等等，又总称“五洋杂货”。这些产品，有的是中国所无（如点灯用煤油等），有的比国产质优价廉（如纸张等），大量倾销进来，冲垮了我国原有的手工业。在偏远的循化，伴随着洋行设立和羊毛运出，“洋货”也开始运进来了，如“洋火”（当时为圆盒五色头火柴，取代土产火石火镰）、洋蜡烛、洋布等。前述循化城的铁老板、陈惠成，除收购羊毛外，也经营百货杂货。

⑸洋行曾垄断循化出入境贸易

在洋行存在的清末民初的20年左右，洋行不仅大量收购羊毛，垄断羊毛价格和出境贸易（当时地方产品出境的主要是羊毛），不但因为洋行资金雄厚，多财方能善贾，而且享有清政府与外国签订的不平等条约中的特权。加之当时这里（包括西宁等地在内）还没有称得上近代化的工业企业和商业资本，所以出入境贸易便轻而易举地被洋行所垄断。光绪三十三年（1907年）六至七月，西安府邮政副总局派英籍副邮务司希尔兹（Shiele´s）巡视兰州、西宁等地邮务有关事宜，他在筹办兰州邮政的报告中说："西宁的主要商业，掌握在八家洋行手里。"①循化等地的羊毛等畜产品通过洋行成了国际市场上的商品，而这里也逐渐变成了洋货销售市场之一。于是，"先前那种地方的和民族的闭塞状态以及单靠本地出产品来维持生存的状况"，逐渐消逝，古老的社会大门被轻轻地推开了，撒拉族的脚步不知不觉地迈向了近代社会。

民国以后，西宁本地商人和京、津、山、陕等商帮贩运羊毛者渐多，歇家将羊毛直发天津出售，洋行贩运羊毛之利被削，加之第一次世界大战爆发，英商、德商、俄商都受到影响，外商洋行便先后撤返天津。以后循化等地的羊毛生意，逐渐由马家军阀开设的行栈所垄断。

2. 外国传教士和"考察者"进入撒拉地区

19世纪末叶以后，越来越多的"考察家"、"游历家"进入比较偏远的青海地区，循化是由川北、甘南进入青海的通道之一(这里是历史上丝绸之路"河南道"的必经之地)，因而不少这样的人进入循化。据不完全统计，1908~1909年指名到青海游历的就有28人。

天主教和耶稣教（即新教）的传教士也成批地进来。继光绪十七年（1891年）在西宁北斗宫街设立福音堂和宣统二年（1910年）在西宁南大街设立天主堂之后，以循化城西街为据点的英国人耶稣教牧师僖德生等2人，在光绪二十四年（1898年）即到此传教，但他

---

①《希尔兹筹办兰州邮政报告》，中国第二历史档案馆（南京）资料。又，八家洋行设在西宁城内观门街、石坡街。光绪十八年英商新泰兴洋行在西宁设立分行，以后英商仁记、瑞记、聚立、平和、怡和等洋行相继设立，并到循化、丹噶尔设立洋行。

却把主要精力放在收购羊毛和贩卖洋布上。由于在牧区强行低价收购羊毛，引起藏胞愤怒，于光绪二十五年被驱逐出境。接着又来了牧师海映光夫妇二人，住在草滩坝陈惠成家。他们在这里十多年(从1921年后)，只有他们雇用的一个汉族女佣人为了谋生而受洗入教，此外再无人接受福音宣传。至于撒拉人根本不理会他们那一套。调查中了解到：海映光的传教方式是每星期天讲道，同时散发印刷的画片和小册子，还放映过幻灯。此外，还以行医为名，到各村庄活动。据了解，海映光牧师会说藏语，他经常到隆务和拉卜楞与藏民往来。大约在1940年前后离去，此后再无传教士进驻这里。

外国人的进入和新奇的传教活动，不能不在世代受伊斯兰熏陶的撒拉族的社会水池中激起几圈涟漪，虽然没有人信奉他们的宗教，但“外国”、“耶稣”、“牧师”等等概念已留下了影子，社会在默默地起着变化。

3.“新政”推行到了循化

19世纪与20世纪之交的中国，政局巨变。光绪二十四年(1899年)“戊戌变法”失败，光绪二十六年(1900年)义和团运动被镇压，八国联军逼订“辛丑条约”，反清革命活动遍及南北，整个时局犹如“腐木支广厦，弊絮塞漏舟”。处于内忧外患交相煎迫的清王朝，为挽救统治危机，于光绪二十七年(1901年)颁布“变法上谕”，宣称“维新”，“以期渐富强”。新政之令也推行到了西宁和循化，主要有：

一是办学堂。从光绪三十二年(1906年)起，废止科举考试，开办各级新式学堂。经甘肃提学使下令，循化厅的龙支书院改作高等小学堂，城内义学改作初等小学堂。近代资产阶级式的小学在撒拉族地区诞生了。

二是设邮局。继光绪三十三年(1907年)西宁邮政分局成立

(当时陕甘是一个邮区）之后，辛亥革命后民国建立，大清邮政改称中华邮政，为适应洋行等在循化的通信、汇兑需要，民国二年冬在循化城西门里开设三等邮局一所。当时邮路有两条，一是东通河州，二是北通化隆（民国二年冬设代办所），另有支线通隆务。邮传方式靠人背步行，每3~5天1班。汇兑每次以200元为限，纯系外地汇入，汇出者几乎没有，所以收支差额很大，靠从西宁邮局拨付“协济款”平衡。该三等邮局有局长1人，信差1人，步行邮班6~8人。迨洋行撤走后，业务清淡，邮局改成了邮政代办所，直至解放。

从以上两个方面的新政设施可以看到，社会有了缓慢的、确实起步了的新变化。

（二）社会经济发展概况

撒拉族聚居地区，由于自清末民国的几十年来社会生产力的逐渐发展、对外联系的增多、运输通信条件的改善、经济文化交流的增加，与邻近地区的差异逐步缩小。另一方面，由于数次社会动乱以及封建军阀的落后统治和宗教的消极影响，新的生产方式和社会发展所需要的科学文化技术，迟迟不能产生，所以撒拉族社会经济发展相当滞后。其社会经济发展概况及发展程度，可从下列几个方面反映出来。

1. 农业生产状况

（1）土地利用和农业生产力

循化撒拉族聚居地区内群山环抱，溪谷水流，可耕地不多。农作物以小麦、青稞为主，大都种植一季，复种的很少。气候温暖、水源充足的川水地还种植蔬菜、瓜果等经济、园艺作物。据调查得知，从20世纪30年代开始有人大片种植西瓜。撒拉人土地利用率较高，基本上没有闲土旷地，凡能利用的基本上都开垦利用了。

撒拉人农业耕作技术较邻近藏族比较细致。一般水浇地麦子、青稞亩产约260斤左右，秋季作物糜子、豌豆等，一般亩产80斤左右。

生产工具比较落后。铁制农具有犁铧、镰刀、铲、镢头等，多从河州、西宁、民和等地运入。木制农具为本地自造，有“二牛抬杠”（俗称杠子）、木锨、木杈、耱子、耙等。另外，打碾用的碌碡（石滚）、粮食加工用的石磨，以及绳、筐、背篼等，也可本地生产。这些工具构造比较简单，生产效率较低。如翻土用“二牛抬杠”，以二牛曳引，一天犁地只一亩多些，深度仅三四寸。

农民占有的生产工具质差量少，1949年时街子工黑大门村26户农民，只有16副杠子、16把铁锨，一把镢也没有。耕畜有马、牛、骡、驴。贫苦农民无力喂养马、牛、骡等大牲畜，主要喂养和役使毛驴。农业运输主要靠驴驮和人背。木轮马车只有少数富户人家才有。

肥料主要是农家肥，一般每亩施肥40~50驮子，每驮重约60斤，施肥方式是乱撒。农作物播种也是乱撒，称作“撒播”，当时尚无条播农具（如耧车等）和条播技术。水浇地每年灌水2~4次不等。自然灾害时有发生，主要有冰雹、黑穗病、虫害等多种。而冰雹几乎年年都有，危害严重时达到播种面积的30%~40%。对病虫害缺乏抵御能力和有效防治方法，只能听天由命。

马家军阀统治集团强征撒拉族人民服繁重的兵役和徭役（主要是兵役），致使农村劳动力严重不足。

（2）水利灌溉和用水控制

言及撒拉族农业生产，不能不叙述水利灌溉。这是因为：一则从历史上看撒拉人即“颇得灌溉之利”①，这在青海省各兄弟

① ［清］龚景瀚：《循化志》卷七《水利》，青海人民出版社1981年版，第279页。

民族中是罕有其匹的；二则循化是一个干旱地方，称作“干循化”，虽然黄河水在东流，当时却无力利用它。年降水量很少，约270毫米，多集中在秋季，正当农作物生长期（农历2~5月），雨量却稀少，主要靠渠水溉田。当时灌溉区域分作八个（其中有的是藏族村庄），见下表：

**循化县八个灌区流量、需灌溉田地统计表**

| 灌区名称 | 平均流量(立方米/秒) | 需灌溉田地 |
| --- | --- | --- |
| 街子灌区 | 0.4~1 | 约 22 000 亩 |
| 尕烟灌区 | 0.1~0.2 | 约 4 500 亩 |
| 比唐灌区 | 0.1~0.15 | 约 2 419 亩 |
| 宗吾灌区 | 0.1~0.15 | 约 454 亩 |
| 曲卜者灌区 | 0.1~0.2 | 约 1 579 亩 |
| 孟达灌区 | 0.05~0.1 | 约 445 亩 |
| 珠东灌区 | 0.5~1.2 | 清水约 3 598 亩<br>白庄约 6 449 亩<br>科哇约 4 229 亩<br>道帏约 11 438 亩 |
| 塔沙灌区 | 0.01~0.03 | 约 75 亩 |

上述八个灌区的流量，在1.36~3.03立方米/秒之间，平均流量约2.2立方米/秒。别处的灌区一个多流量可灌田约20 000亩，而循化只可灌田10 000余亩，水的浪费很严重。其症结在于人为的不合理的用水制度，如渠道无统一管理，水流分别被地主霸占，有的地方须出钱买水或交粮买水。当时用水办法有如下几种：

一是香头水。点一炷香计算用水时间，按时间交钱。如西沟村一户地主从政府买得水执照，控制0.05立方米/秒流量，农户用水，点香交费。

二是人头水。如锭匠庄曾因用水纠纷打死一人，官府判决，在渠道上放一块有孔石板，凡通过像人头大小石孔之水归锭匠庄使用，任何人不得堵截，即使任水浪费，别村也不得使用。街子灌区因用水纠纷也曾先后打死七八十人。

三是股份水。按户入股买水，每年每股交粮食五斗（循化斗）。如街子灌区将水分成60股份，各处都灌不满，经常发生纠纷以致械斗。

除渠水外，当时没有其他汲水设施，如水井和提水工具等。

2. 手工业状况

撒拉族地区的手工业不发达。建国前几年，循化县可算得上手工匠人的约有300余户、500余人，其中多数为撒拉族。他们主要以家庭手工业的形式存在，独立的手工业者很少。比较普及城乡各地的酿醋、捻毛线等行业，一般多为自给自用，很少出卖。至于手工业作坊，无资料记载，也无口头传说。铁匠铺、木匠铺出现在循化城，是晚近的事。据1936年南京国民政府资源委员会农业调查报告的资料，循化县的农牧业产品加工和手工业产品年产量如下表：

**循化县农牧业产品加工和手工业产品年产量统计表**

| 产品 | 数量 | 每条每斤价值(元) | 总值约(元) |
|---|---|---|---|
| 白毡 | 230 条 | 3 | 690 |
| 黑毡 | 260 条 | 2 | 520 |
| 酥油 | 7 200 斤 | 0.25 | 1 860 |
| 醋 | 43 000 斤 | 0.15 | 6 450 |
| 合计 | 9 520 | | |

上表所列系全县数字，撒拉族当时占全县总人口的40%多些，其余为藏族、汉族、回族。如果按人口比例折算，撒拉族应在上

表中占有产品总值约4 000元，平均每户不足1元。就产品种类说，较18世纪末叶《循化志》所载，没有显著变化。其次，它被列入“农业调查报告”中，说明它没有从农业中分离出来成为独立的手工业。

(1) 毡匠

毡匠是擀制白毡、黑毡的匠人。建国前，街子工古极来村有5名毡匠，没有同业组织，也没有作坊，不开铺面，自己带上工具到订户家做活。一般是五月出门，八月返家，这一段是农闲期。毡匠的主要工具有竹帘（从河州购入）、弹弓（自制）、切刀（自制）、铁弓（自制）、弓弦（西宁产）、木条子（自制）。用羊毛8斤，两个工日可制成4尺×6尺毛毡一条，工价5角（或折给羊毛），订户家供给餐饮。群众称匠人为“毡匠保”。

当时没有包买商，订户家一般做一两条毛毡自己使用。

一名毡匠可收一名徒弟。学徒期间，跟随师傅做活当助手。学徒的收入，师徒四六分成。八月后农忙，徒弟回家务农。次年想来再来，不愿来，自便。徒弟学成离开，也没有什么手续。

毡匠的收入约占其全家总收入的2%~10%。于此可见，毡匠也是农村家庭副业性收入。县城中没有毡匠铺。

(2) 靴匠

靴匠是给人做靴子的，仍以古极来村为例说明。该村有靴匠2户。没有作坊，没有铺子，是自带工具到藏区给人做靴子。主要工具有：镰刀（自制）、锥子（河州产）、锥鞘（河州产）、靴楦子（自制）、夹板（自制）、小铁锤、剪子、刷子（河州产）等。每年五月出门，八月返家。住在订户家，由订户家供给餐饮。可做深靴、浅靴、坡靴。一般每双靴子工价5~6角（或折给粮食）。

靴匠收徒弟状况，与毡匠相同。靴匠收入约占其全家总收入的2%~10%。

(3) 制褐

制褐即织褐子。街子工博历村有制褐匠5户，其中经常织的有3户，韩六十保是有名的制褐匠人，他从15岁起便执此业。

当时羊毛1斤值麻钱16文。用吊锤（捻线锤）捻成毛线，用木机、木梭织，没有铁工具。毛线准备齐全后，1人1天可织褐子2~3丈（宽8寸）。颜色主要是黑、白、红三种。制褐匠于农闲时，背上工具到各村找活干，或受订户委托把羊毛拿回家中代做。工价是每5丈褐子（一匹）白洋1元2角（再早时折粮食1斗）。别人可跟着制褐匠人学习，但不算徒弟。以技艺较高的韩六十保为例，全家9口人，种6斗田地，年收入粮食约6石，不够食用。制褐子收入可补足粮食6~7石，约等于全家收入的一半左右。

制褐与制毡、制靴一样，没有成为独立的手工业，未脱离农业的副业范畴。匠人自己不出卖产品，订户雇主为了自用，也不出卖产品。从这个角度说，撒拉族地区谈不上有独立手工业。至于近代工业，更谈不上了。

(4)“民生工厂”

1933年前后在循化城西街（今文化馆后边）曾出现一所手工工厂式的“民生工厂”，生产毛褐子和毛毯。

该工厂由循化汉族杨恂主持集股兴办，参加者二十余人，全系该县地主富农。有厂房16间（平房），约二百余平方米。从兰州(一说从宁夏）聘来技工2人（姓刘），年工资约120元。在当地招收学徒，雇用工人，固定工有十多人，有更多的临时工。固定工月工资4~6元不等；临时工以日工计，日工资为1角5分至3角5分不等。有织布机3台，织毯机5台，全为手工操作（当时没有电动力）。工厂管理，有主任1人，会计1人（由股东中遴选）。工人每天工作十几个小时，每周休息1天。工作量有定额，如织地毯每工日3~4寸。洗毛也是手工劳动。毛线系手工捻制，除雇临时工捻毛线外，也把羊毛交给农户承捻。一斤羊毛捻75%的毛线，工价铜元100文，仅足维持一人口食。

该民生工厂月产：毛蓝褐子18件（每件5丈多些），毛毯10条左右。产品交商人代销。

这个带有资本主义性质的小工厂，因管理不善，到1940年(有人说只办了两三年）就倒闭了。此后，再无人办过类似工厂，它成了当地昙花一现的新鲜事物。

（5）砖窑

循化一带普遍是土木结构的平顶土房，板筑夯土为墙，木结构房架，房顶涂泥。以泥土做原料烧制建筑用的窑砖，在循化也属于新鲜事物。20世纪30年代循化城关就曾开办过一座砖窑，窑主是外号“老人头”的王福臣，雇工两人，陈主麻和陈胡才尼父子懂烧砖技术，为王福臣所雇佣。每烧一窑砖(6 000~7 000块)，包括制坯、装窑、烧窑、出窑，付工资40元。烧一窑砖的周期约45天。烧窑用木柴，当地无煤炭，木柴由窑主提供。该砖窑没有继持多久即关闭，主要原因是烧制出来的砖没有销路。

循化当地没有较高技术的建筑工人和铁工，修建寺院、磨坊或其他较大型的建筑物，多聘用河州、狄道的汉族、回族工匠承修。

3. 交通状况

交通状况的闭塞是使这里成为外边人及货物难进来、先进思想更难进来的重要原因。从清朝雍正、乾隆设官施治以来，使这里与内地的差距逐步在缩小。但民国以后在地方军阀统治下，有意封闭，拒绝外边的人和外边的思想进来，与时代前进步伐越来越不合拍，交通状况的无进展是理所当然的。

境内境外运输以畜力驮运为主。没有车运（指马骡曳引胶轮马车），没有水运，基本上仍是中世纪式的人背畜驮，走的是土路山路。称得上交通工具的，全县只有为数不多的几辆铁轮马车。20世纪40年代在县内修筑简易公路两条，一条由循化城通河州，另一条通隆务镇，但从来没有通行过客运或货运的汽车，只有马步芳乘坐的小汽车走过几次。当时修筑这两条简易公路的目的，是为了将隆务一带的羊毛、皮张等畜产品，能比较便利地驮运至西宁或马步芳的家乡河州，路是征调民工修筑的。

综合上述各种资料可以看出，直到1949年解放时止，撒拉族社会没有出现近代意义上的工业，手工业仍然属于家庭副业，也没有出现近代意义上的交通运输业，交通状况闭塞，仍呈现出中世纪时代的种种特征。

4. 商业状况

循化厅设置以后，循化城关成为循化一带的物资交流中心。城内东街西街有坐商铺面数十户，多为经营土产、百货、日用杂品和粮茶、饮食等业。没有出现银号、钱庄、票号。据乾隆《循化志》记载，乾隆五十几年循化尚无税捐收入，无店铺商号，上述数十户铺面是清末民国时期的状况。据记载，循化每年从外地输入各类商品约值银元26 471元，输出商品仅值3 910元。输入本地的商品大部分来自天津和汉口，其中以国货为最多，占67%；洋货中以日本货为多，占30%；此外也有从西藏进来的英国货。汉族人、回族人喜欢用国产货，撒拉人、藏族人喜欢用日本货。日货主要有纺织品花贡呢（每匹24元）、洋线（每捆15元）、粗线（每捆10元）等。能卖往外地的主要有羊毛（每百斤10元）、辣椒

（每百斤15元）、发菜（每百斤60元）、青椒（每百斤20元）、大黄（每百斤20元）等，基本上都是土特产原料或粗加工的初级产品。进来的外货还有杂色染料（化工染料）。当时最兴隆的商店是经营布匹的。①

1936年后循化城东的白庄和城西的街子，出现了集市，分别成为城东和城西的农村初级市场，有了坐商和摊贩。这类农村集市虽然出现的时间晚了些，但在20世纪30年代后期毕竟出现了，表明农牧民手中的产品有了就近进行交易的市场了。

（1）白庄集概况

每旬逢三、六、九日（农历）为集，每月9次开集。每年的三、四、五月和九、十、十一、十二等月为旺季，其余月份为淡季。旺季逢集上市有千人左右，淡季时仅一二百人。

白庄集上原先只有河州籍汉民张某开设一间小铺面，经营布匹、茶、糖、火柴等杂品百货。农户所需农具如铁锨产自民和县川口镇，犁铧产自化隆县，由民和或化隆的商贩驮来售卖，或交与张家小铺代售。

到20世纪40年代，白庄集铺面发展到30户，其中饭馆3户，饭馆兼客店5户，其余为百货、土产、杂品铺子。资本较大的是经营布匹的店铺。一般店铺的资金每户约一二百元（银元，下同），资本大的为400~1 000元。从业主所属阶级看，有8户地主，

---

① 顾执中、陆诒著：《到青海去》，商务印书馆1934年版。见中国西北文献丛书编辑委员会编：《中国西北文献丛书》（西北民俗文献）第十卷，兰州古籍书店1991年影印版，第256页。

2户军官（师长一、团长一），1户富农（阿訇），19户中农。[①]总之，主要是地主富农兼营商业，商业资本家尚未出现。以业主的籍贯看，全为本县人，白庄的14户，瓦匠庄的5户，草滩坝的4户，余7户为拉便、李庄、张哈、清水、乙日亥、扎木家、俄家各村各1户。

各家店铺主要从河州城购进商品，从西宁和循化城购来的极少，商品种类不超过500种，质量差，价格却不低，有利润可赚。到20世纪40年代末，30户店铺中大部分倒闭关门，只留存经营布匹的8户和两个摆摊的。主要原因在于地方封建政府的税捐太重以及被地方官僚资本“德兴海”号所垄断挤压而致。

到白庄集参加交易的，除撒拉人外，东邻的临夏人带来铁锨、筛子、糖和干草等货品；道帏藏族带来粮食、牲畜、柴草以及畜产品；斜场藏族带来自编的背篼等货；城关附近下滩、托坝的汉族、回族带来蔬菜、水果等货；有时民和县川口镇的铁锨也运来这里售卖。交易的媒介，主要用金属货币和纸币；零星交易也物物交换，如用几把果子换一把青盐等等。

集市出现时就有斗行、牙行等中介人，充当这些角色的人，一般是由乡、保长指定或得到其同意。斗行多少年一直是5个人。这5人中，有何奴日（曾当过清真寺学董，团长乌斯曼的亲戚）、韩尕拉（当过保长），是地方上小有名气的人。至于牙行，主要由白庄人担任。斗行之人必须懂藏语，买卖粮食者藏族是常客。每买卖粮食1石，收取费用粮食2升，或银钱2角。每集日粮食交易量10多石。牙行在牲口买卖中，从买卖双方收取费用，一般为

① 地主、中农、富农等，是指1952年土地改革时划定的成分。

3%。斗行、牙行也交税，税率不详。

(2) 街子集概况

街子集的开设时间，与白庄集相同。每旬农历的初一、四、七日为集，每月9次逢集。

原先街子只有店铺一户，为河州东乡人马里达达所经营。他曾在本乡担任过清真寺学董，人称马学董。到20世纪40年代街子店铺多时达14户，其中经营布匹的1户，百货布匹的6户，百货店的5户，土产杂货店的1户，山货鸦片店的1户。业主中以阶级划分，有地主2户，中农9户，基本上靠经商谋生的只有3户。以业主籍贯看，有河州人3户，余均为本地人。每户店铺资金，一般为100~200元，最多的1 000元。此外，街子集有屠户7家，以后全被划为中农。到1949年时只留存店铺7户，其余纷纷倒闭关门，其原因与白庄集相同。

街子集上的斗行、牙行情况，与白庄集类似。

上述两个集市，是在原先自给自足的自然经济下，到20世纪30年代后由于产品交换的需要而产生的，有了坐商和逢集赶来的商贩和农牧民。地主、富农、中农中的一些人开始经营商业。而当时的店铺大多兼营高利贷。店铺赊销商品，秋后加利收取粮食。淡季时，也有的店铺带货下乡，放“货账”。这种经营方式的普遍存在，表明农村经济的不繁荣，农民手中缺少货币，迫于生活所需不得不承受高利贷的盘剥。同时，集上许多店铺日渐萧条倒闭，与地方封建军阀的杀鸡取卵式的税捐有关。

(3) 税卡和税捐

在通往白庄集、街子集的道路上设有税卡，对赶集的人进行收税。如在白庄集附近的贺隆堡、科哇、石巷等地设有税卡，对农民赶集携带的土副产品如红枣、辣子等，都要收税。

白庄和街子周围的撒拉等族农民有着众多的商业性活动，究其原因：一是循化一带农业一般是一年一熟，即一年只有一茬庄稼，人们有较多的农闲时间；二是撒拉族人多地少，达到粮食自给比较困难，为维持生计须找些另外谋生的活计；三是撒拉八工处在粮食产区（如河州、化隆）和畜牧区（如同仁、泽库）之间，物资交流需要中间商贩活动。撒拉人有条件从事商贩活动，牟取些微收入，以补充家计。于是，撒拉族社会经济出现了比较畸形的发展，农耕技术、手工制作比较落后，而跑小商贩的活动异常活跃。但他们的活动范围不大，局限在本县及周围一些地方。因此，较大的商人即称得起富商大贾的人，始终没有出现。在这一方面，与同地区的回族相比，则相形见绌了。至于地方官僚资本如何垄断农牧产品和城乡市场，下文再叙。

（三）阶级构成和阶级剥削

整个近代，撒拉族社会生产力水平仍显低下，地主、富农人均占有土地较高，地租形态和剥削方式较以前无大变化。

1. 生产资料占有状况和阶级构成

撒拉族基本上是农业社会，土地是农业的最基本的生产资料，对土地的占有状况区分贫富差别。兹依据1952年土地改革时材料予以剖析。（见下页图）

### 循阳乡(城关)情况

| 阶级划分 | 户数 | 人口 | 占有土地(亩) | 人均占有土地(亩) | 说明 |
|---|---|---|---|---|---|
| 地主 | 20 | 182 | 1 416.688 | 7.78 | 1.地主富农占总户数的4.6%,占有30.2%的土地。<br>2.循阳乡基本上为汉族、回族。 |
| 富农 | 8 | 66 | 329.04 | 4.98 | |
| 中农 | 302 | 1 843 | 3 280.54 | 1.78 | |
| 贫农 | 178 | 821 | 550.07 | 0.67 | |
| 雇农 | 75 | 255 | 130.05 | 0.51 | |
| 小土地出租 | 4 | 33 | 49.55 | 1.50 | |
| 其他 | 18 | 86 | 31.82 | 0.37 | |
| **合计** | **605** | **3 286** | **5 787.76** | | |

### 清水乡情况

| 阶级划分 | 户数 | 人口 | 占有土地(亩) | 人均占有土地(亩) | 说明 |
|---|---|---|---|---|---|
| 地主 | 8 | 51 | 291.5 | 5.71 | 1. 地主富农占总户数2%,占有18.61%的土地。<br>2. 清真寺占有土地和公共土地,不详。<br>3. 清水乡基本上为撒拉族。 |
| 富农 | 1 | 9 | 34.25 | 3.81 | |
| 小土地出租 | 3 | 15 | 19.01 | 1.27 | |
| 中农 | 221 | 1 194 | 1 002.66 | 0.84 | |
| 贫农 | 184 | 804 | 326.93 | 0.41 | |
| 雇农 | 19 | 69 | 71.7 | 1.04 | |
| 其他 | 11 | 34 | 4.63 | | |
| **合计** | **447** | **2 176** | **1 750.68** | | |

## 苏只乡情况

| 阶级划分 | 户数 | 人口 | 占有土地(亩) | 人均占有土地(亩) | 说明 |
|---|---|---|---|---|---|
| 地主 | 8 | 66 | 222.32 | 3.37 | 1.地主富农占总户数的4.33%，占有7.7%的土地（除去公共地）。2.苏只乡基本上为撒拉族。 |
| 富农 | 19 | 130 | 193.80 | 1.49 | |
| 小土地出租 | 4 | 14 | 17.93 | 1.28 | |
| 中农 | 351 | 1 881 | 2 444.66 | 0.73 | |
| 贫农 | 166 | 738 | 539.06 | 0.73 | |
| 雇农 | 69 | 221 | 35.11 | 0.16 | |
| 其他 | 7 | 34 | 4.98 | 0.15 | |
| 清真寺 | 10 | | 380.898 | | |
| 公地 | | | 1 565.1 | | |
| 合计 | 634 | 3 084 | 5 403.86 | | |

## 查加乡情况

| 阶级划分 | 户数 | 人口 | 占有土地(亩) | 人均占有土地(亩) | 说明 |
|---|---|---|---|---|---|
| 地主 | 11 | 47 | 1 471.79 | 31.5 | 1.地主富农占总户数2.16%，占有22.97%的土地。2.查加乡基本上为撒拉族。 |
| 半地主式富农 | 1 | 5 | 51.16 | 10.23 | |
| 富农 | 3 | 20 | 140.07 | 7.0 | |
| 中农 | 438 | 2 314 | 5 098.66 | 2.20 | |
| 贫农 | 181 | 739 | 252.30 | 0.34 | |
| 雇农 | 56 | 181 | 220.056 | 1.22 | |
| 其他 | 6 | 19 | 4.78 | 0.25 | |
| 合计 | 696 | 3 325 | 7 238.82 | | |

人民乡(白庄)情况

| 阶级划分 | 户数 | 人口 | 占有土地(亩) | 人均占有土地(亩) | 说明 |
|---|---|---|---|---|---|
| 地主 | 8 | 51 | 458.49 | 8.99 | 1.地主富农占总户数3.4%，占有19.86%的土地。<br>2.人民乡撒拉族占绝大多数。 |
| 富农 | 5 | 25 | 78.61 | 3.14 | |
| 中农 | 178 | 962 | 1 407.84 | 1.46 | |
| 贫农 | 153 | 641 | 464.48 | 0.72 | |
| 雇农 | 33 | 86 | 9.43 | 0.11 | |
| 其他 | 4 | 15 | 13.26 | 0.88 | |
| 小土地出租 | 1 | 5 | 11.67 | 2.33 | |
| 寺院学校 | | | 261.24 | | |
| **合计** | **382** | **1 785** | **2 705.02** | | |

胜利乡(街子)情况

| 阶级划分 | 户数 | 人口 | 占有土地(亩) | 人均占有土地(亩) | 说明 |
|---|---|---|---|---|---|
| 地主 | 4 | 18 | 76 | 4.22 | 地主富农占总户数2.26%，占有6.21%的土地。 |
| 富农 | 6 | 37 | 102 | 2.76 | |
| 中农 | 225 | 1 172 | 1 781 | 1.52 | |
| 贫农 | 181 | 717 | 820.2 | 1.14 | |
| 雇农 | 26 | 107 | 85.81 | 0.8 | |
| **合计** | **442** | **1 051** | **2 865.01** | | |

注：街子工是撒拉族的根子地方，居民全为撒拉族，该乡的状况具有代表性。

全县6个乡情况汇总表[①]

| 阶级划分 | 户数 | 人口 | 占总人口比例(%) | 占有土地(亩) | 占总土地数比例(%) | 人均占有土地(亩/人) |
|---|---|---|---|---|---|---|
| 地主 | 59 | 415 | 2.64 | 3 936.79 | 15.44 | 9.49 |
| 富农[②] | 43 | 292 | 1.86 | 928.93 | 3.64 | 3.18 |
| 中农 | 1 715 | 9 366 | 59.63 | 15 015.36 | 58.91 | 1.6 |
| 贫农 | 1 043 | 4 460 | 28.39 | 2 953.04 | 11.59 | 0.66 |
| 雇农 | 278 | 919 | 5.85 | 552.16 | 2.17 | 0.6 |
| 小土地出租 | 12 | 67 | 0.43 | 98.16 | 0.39 | 1.46 |
| 寺院学校[③] | 10 | | | 380.93 | 1.49 | |
| 公地 | | | | 1 565.10 | 6.14 | |
| 其他 | 46 | 188 | 1.2 | 59.47 | 0.23 | 0.32 |
| 合计 | 3 206 | 15 707 | | 25 489.94 | | |

地主富农除占有大量土地外，还占有大量耕畜、农具和水磨、油坊以及一切公有财产（如清真寺的外格夫土地和孔木散的公共山林等）。

上述资料表明：一是撒拉八工和循化城关的居民群体的构成，基本上都属于农业人口。上列各表内，街子乡只有3户工商户，其他乡无工商户。内容不详的“其他”，7个乡合计只有46户188人，占总人口的1.20%。人数很少的地主富农，占有农业社会极端重要的生产资料——土地的绝大部分，地主每人占有的土地等于贫雇农的10倍以上，人民乡8户地主占有的土地等于153户贫

① 因和平乡原缺数据，本表未计入和平乡情况。

② “富农”项数据包括“查加乡”的“半地主式富农”的数据。

③ 寺院、学校数据合并为一项。

雇农占有土地的总和。这种生产资料占有状况，是封建阶级压迫剥削广大农民的经济基础。二是上述阶级构成状况，属于封建自然经济的范畴，生产单位以家庭即一家一户的农户为单元，属于小生产经营。新的经济成分没有产生，新的阶级成分如工人、资本家等没有产生，即使是自由职业者也没有产生。这反映了撒拉族社会发展的封闭和滞后。

2. 地租形态和剥削方式

从封建生产关系的发展过程看，在领主制阶段，直接生产者向土地所有者交纳的主要是劳役地租；在地主制阶段，交纳的主要是实物地租；到了封建社会晚期，商品经济活跃，资本主义萌芽或接近萌芽，货币地租随之产生。这种地租形态的转变过程，不仅表明了土地占有者与直接生产者相互结合的生产关系的变化，也表明了土地占有者与直接生产者的社会身份和地位的变化。在清康熙及其以前，撒拉族为河州卫“中马之族”时期，劳役地租是主要地租形态，土司占有全部土地（称“茶马田地”），属民和土兵是直接生产者。雍正以后，地主经济逐渐产生发展，尤其是光绪二十二年土司制度废止以后，经济上的所有者变得更加重要。谁占有数量上、质量上占优势的土地，谁就可以剥削农民的剩余劳动生产物。无论是具有政治特权的世袭贵族也好，还是通过金钱买卖或巧取豪夺等手段取得土地所有权的地主、军官、高利贷者或其他什么人也罢，都是以地主对佃农的身份出现。在撒拉族地区，建国前几十年主要是实物地租，劳役地租残余也有存在。

第一，实物地租。一般来说，地主对于分布距家较远的土地采取地租剥削方式，[①]有定额租和分成租两种。

---

①《循化撒拉族自治县概况》，青海人民出版社1984年版，第56~58页。

定额租不论收成好坏和收获多少，佃户必须按规定租额交纳。一般是每亩交租粮6斗（每斗约17~18斤），最高租额8斗。按当时平均亩产190~200斤计算，农民要把收获物的50%~70%交给地主。

分成租俗称活田，按收获物的麦捆子分成。这种租佃方式，地主负担一半籽种，耕作和粮税全部由佃户负担。分成办法有对半分的，也有四六分的，农民得四成，地主得六成。

第二，超经济剥削。地主与农民的剥削关系还体现在地主对农民的超经济剥削上。土地占有者在获取了最大可能的实物地租之后，还用各种陈规陋习要求农民提供额外的“交纳”：

收礼物。每年交租时，地主家有婚、丧、喜庆等事时，需送礼物。否则，会遭到斥骂或被夺佃[①]。

送红麦。红麦，好吃但产量低，送红麦就会影响农民的收获量。有时还要求农民磨成面粉送去，无疑地又多一层“力役”剥削。

无偿劳役名目繁多，如，给地主家背水、扫院等。据调查，积石山县大河家的撒拉人“房客”，每年须给地主无偿劳役4个月左右，而地主每天只给这些人两个杂面烙馍作饭食。

第三，雇工剥削。地主对眼皮子底下的即距家很近的土地，一般雇佣长工或短工耕种。

雇长工。长工年工资一般为20~30元（银元），吃住在地主家。也有的地主变着法子欺骗和剥削长工。清水工河东大庄一位农民，给地主家当长工二十多年，结果分文未得。

---

① 夺佃，即地主不准农民佃种土地。农民被夺佃，就等于失去生产和生活的基础，将陷入困境。

雇短工。当短工的多是本村的贫苦农民。往往在青黄不接或纳粮交税时，地主乘人之危，以借贷引人上钩，然后迫使以当短工抵还债务。或者以别的办法，逼使农民当短工。这些短工，在农忙时节抛下自家农活去给地主干活，而当农闲时又被辞退。据此看来，撒拉族中的雇短工，不同于比较发达的华北和江南等地的“自由雇工”，而带有较浓厚的封建性“力役”的性质。

第四，高利贷。旧社会撒拉族高利贷盛行。农民在沉重的封建剥削下，劳动收入所余无几，为交纳官府征粮税款，维持最低生活，不得不去借贷。地主乘机放高利贷，有的地主兼商人，还以商品赊销方式进行剥削，赊销实际上是商业和高利贷相结合的一种形式。高利贷的名目繁多，比较流行的有“黑驴打滚”、“羊羔生息”等，都是“复利”计息。一般借贷年利率为二分半利至三分利，即25%~30%。高利贷主在放债或赊销商品时，借贷人要立契约，并以房屋土地作抵押。对抵押物估价很低，如，1亩土地值30元，只能以10元作抵押，被抵押的土地就成了高利贷主的“活地”，使用权归高利贷主，而利息照常计算。到期无力还清债务本利，抵押物即被霸占而去。或者以子女给高利贷主做长工抵债。这样，不少贫困农民在高利贷盘剥下呻吟度日，甚至子孙几代还偿还不清。草滩坝村一户农民，1920年向地主借贷60元，每年利息折合粮食400斤，他死后由儿子继续偿还，子还父债，过了30年债务尚未还清。清水河东大庄，因借债破产的农户占该村总户数的五分之一。由此可以看出，撒拉族农村高利贷活动的猖獗和残酷。

第五，宗教寺院的剥削。清真寺占有土地、山林等生产资料，据土地改革时资料，循化县寺院土地占全县耕地面积的2.93%。如，街子大寺占有土地119亩等等。这类土地名义归寺院所有，为“外格夫”地，实际上掌握在少数宗教封建上层手中。农民租种寺院土地，与租种地主土地一样，交纳同样苛重的地租。此外，宗教“天课”和施舍，同样是信教群众身上的一种负担，撒拉族全民信仰伊斯兰教，农民宗教负担，据社会调查时材料，约占全年收入的10%，另外，寺院的临时摊派和差徭还不计在内。

（四）撒拉族聚居区的社会性质

撒拉族聚居区的社会性质，主要指20世纪30年代至40年代“撒拉八工”和大河家一带撒拉人聚居地区的社会处在历史发展中的什么阶段。对于这一重要问题，学术界存有不同表述。一说：“解放前，地主经济占统治地位，封建压迫十分突出”、“撒拉族的地主又多是官僚和宗教上层分子”。[①]一说：“封建地主经济占据统治地位”、“解放前，撒拉族仍处于封建自然经济阶段”。[②]上两书虽然表述不同，但其结论基本相同，即此时的撒拉族社会处于封建社会地主经济占统治地位的历史阶段。

我们认为，撒拉族聚居区的社会经济状况，地主制经济占统治地位，仍然保留着封建自然经济的种种特征，或者换一个角度去看，封建地主制经济仍处在发展阶段，还没有出现没落衰亡的现象。

19世纪末以来，这里的商品经济虽有某些发展，但封建自然经济仍占统治地位。农产品的商品率很低，新的生产方式和社会成分没有产生。发展社会生产所需要的科技文化，迟迟没有产生。农业的生产工具和耕作方法，十分低劣，仍停留在中世纪阶

---

①《中国少数民族》，人民出版社1981年版，第155页。

②《青海少数民族》，青海人民出版社1987年版，第96~98页。

段。地租形态以实物地租为主，并有劳役地租残余，超经济强制仍然是剥削掠夺农民的重要手段之一。

从社会阶级结构看，此时的撒拉族社会依然属于封建社会的范畴。撒拉族广大人民群众受着封建地方军阀和本民族封建势力的统治，包括宗教寺院的封建特权和压迫剥削制度。

社会的基本矛盾是广大农民与封建地主阶级及其地方政权之间的矛盾。

综合观之，封建的社会经济形态并无解体的迹象，封建制度仍然占主导的统治地位，社会性质属于封建制社会。

## 第三节　马家军阀对撒拉族的经济掠夺

在马家军阀统治时期，地方政府通过名目繁多的粮、税、款、捐，以及地方官僚资本等渠道，对各族人民包括撒拉族在内进行无休止的经济掠夺，致使撒拉族地区经济枯竭、社会停滞不前。

### 一、田赋征收与农村经济枯竭

马家军阀地方政府的军政开支，主要靠田赋收入，撒拉族主要经营农业，农业赋税对其社会经济影响颇大。

#### （一）田赋征收概况

1. 田赋制度沿革

从清代雍正四年（1726年）在撒拉族地区查田定赋，始征田赋，每年征收仓斗粮八十六石二斗七升二合。[①]当时及乾隆二十

---

① ［清］龚景瀚：《循化志》卷四《族寨工屯》，青海人民出版社1981年版，第158页。

七年(1762年)循化厅设立后，也不征收地丁银两，雍正时推行的“摊丁入亩”的田赋改革也没有涉及循化地方。而后，循化厅年征磨课（对水磨征税）和草束银（依《赋役则例》，每征粮一石，加征草束银1~2两）。至同治末年，清军为“平定”回民起义进驻西宁府等地，开征“营买粮草”以供军需马食，又增多一项征收。

从民国初年到1929年青海建省，承袭清代田赋制度，无甚变更。但为适应社会发展和实际需要，田赋征收时分为本色（本色征粮）和折色（折价征银征钱）二种。

1924年，县设财政局和筹款局，统一管理全县田粮赋税等事。同年，成立“甘边宁海垦务总局”，各县设分局，由县长兼局长，号召开垦荒地，开展清丈、调查、测绘等工作，并征收新垦地价。循化也开展了这项工作。

循化县田赋征收情况，据查到的资料，1926年至1928年（包括本色粮石和折色换算粮石）共2 495石①，平均每年为831石左右。②1931年以后，随着人口增加，开垦荒地也有所增加。田赋除原有正额外，又有附加和临时供应粮草，名目繁多，农户负担日重。从1942年起，田赋分为征实、征购和征借三种名目，以适应日益增多的军队的军粮所需。据青海省田赋管理处向上级册报数字，以市石（每市石折合150市斤）为基本单位。而实际征收

① 吕志松：《解放前青海征收田赋的概况》，见《青海文史资料选辑》第九辑，1982年第65页。

② 原载：循化县每县田赋每年数额为1 101石2斗。二数互歧，可供参考。见杨效平：《马步芳家族的兴衰》第十三章引《甘肃财政概况》。青海人民出版社2002年版，第194页。

的以西宁通行之“宁升”、“宁斗”计算，1宁升为15市斤，因此实际征收量为册报的10倍。粗略估算，1942年至1949年田赋实征占到亩产的四成或一半以上。

2. 丈地清赋和契税

丈地清赋。对青海省东北部农业区的土地，无论屯田、科田、秋田、番田和撒拉田地还是原为“茶马田地”的土司所管土地，明代和清代都没有清丈过。方志上所记数字，均为官府册籍数字，代代相因，其所隐匿者当为数不少。从1924年到1930年办理垦务，共垦荒地23.6万余亩。1934年开始丈地清赋，各县设立土地局（两年后改称地政局）。按照《清垦暂行条例》，所有一切熟地、生地，一律“依法登记”，“违者一经查出，悉数充公”。土地分三等九则，征收丈地款，并发给土地执照，作为产权证书。上等上则每亩6元，中则每亩5元5角，以5角递减。荒地也按则交款。发执照，另收照费，5亩以内者照费5角，10亩以内者照费1元。所有丈出的多余土地（即原征收田亩增额），领照后即起科纳粮。当时丈地所收丈地款和照费，约略相近于当时土地买卖价格。因此，不少农户交不起银款，而不敢认领地照。就全省而言，纳税土地面积由1933年前的170余万亩，上升到1935年的400余万亩。[①]1942年后又一次丈地清赋，每亩水浇地交纳1元，每亩

---

① 吕志松：《解放前青海征收田赋概况》，载《青海文史资料选辑》第九辑，1982年，第69页。又，《国民政府年鉴》载：1935年青海省3 997 000亩土地。又，对丈地一事，不少研究者都注意到了旧政府搜刮丈地数百万银元属于虐政这一面，但忽略了丈地对旧有封建领主土地所有制的彻底冲击。由于各家土司无力交纳大量丈地款，不得不同意“谁种地，谁交款，谁领照”。如此一来，自耕农便名正言顺地从地证上得到反映，领主土地所有制从政治上在撒拉族地区、土族地区绝迹。从这个意义上说，是一次历史性的进步。

旱地交纳6角，山旱地交纳5角。当年在循化县征收丈地款20万元，主要负担者是撒拉族农户。

契税。契税本是对土地、房产的买卖、典当等转让契约的税收，一般税率在3%~6%，由买卖双方分别负担。但1942年在省“田赋管理处”下成立“契税整理处”，各县相应办理，依据清丈田亩，查验各业主契纸，无论已纳过或未纳过税的，凡未随契贴有“契尾”的，重新征收。在循化县征收数万银元。

由于丈地清赋，田亩数字猛然上升，田亩增多，契税也增多。丈地清赋是契税征收的基础，而契照则是征收田赋的依据。各地农田亩数经过此番清丈，基本弄清楚了，而农村也进一步破产了。

（二）正额粮草和附征粮草

1. 正额粮草

1931年以前，一年征收一次，每年秋收后县政府派员征收，全征实物。1931年以后，本色四成征粮，折色六成征收银钱。每仓斗1石折征银元6元。当时粮价，据国民政府资源委员会农垦组1936年的《青海农业调查报告》，小麦每石市价4元。可见当时折色征银是比市价高出许多的。征实物以小麦为准，如改交青稞，需加二成至三成。从1935年以后，视需要缓急，随时开征，无所谓固定征期。

田赋征收包括两大项，即粮和草。正额粮，包括屯粮、番粮、秋粮（即新垦粮）、屯草。番粮在清代也称“番贡粮”，撒拉族不交纳“番粮”。正额草，随粮征收，分大束（每束18斤）和小束（7斤），是清代遗制，此乃边陲地区驻兵较多军马所需，《甘肃赋役则例》所谓“每粮一石，加征草束银一两二钱”。按照光绪时粮价，每粮1石，价银1两左右，可见草束银比正粮苛重。

马家军阀统治时，每草1束（不分大束小束）折征银1分9厘，后增至5分5厘，1948年又增至8分。如不交银，则每束草折征小麦1升。

2. 附征粮草和征实征借

附征粮草有两类，即附加粮草和临时附征粮草。附征粮草包括一五耗羡粮、百五盈余陋规粮、百五经费粮和斛面漏地粮等。大致每征粮1石附征3斗1升以上。同时，凡附征粮，又附征草。至于临时附征粮草，征额无定，主要包括营买粮草和支应粮草，这是以供应军需为名的。附征粮草比正额粮草高出许多，农户所苦也在于此。此外还有农户最苦的营买粮草和征实征借。

营买粮草。营买粮草始于同治末年，左宗棠部率军入甘，粮草急需，就地征购，叫做“营买粮草”。1928年冬国民军孙连仲部进驻，取消了营买粮草给价的传统惯例，变成了有征不购，成为人民的一项沉重负担。马麒、马步芳当政时，随着“青海军”兵额的增多，营买粮草有增无已，同样不付价钱，实征非购。如1932年营买粮草等于正额粮草的2倍多；1936年“河西战役”即攻打西路红军时，营买粮草超过正额粮草的5倍。到1939年后实行征实征借，“营买粮草”随之停征。

据估算，当时正常年景，每亩土地负担正额粮和附征约3斗以上。循化全县平均亩产粮食6斗有奇。①其中撒拉族水浇田较多，亩产可达1石左右。如此算来，农户收获物的三四成以田赋名义被地方官府征去了。

征实征借。1939年国民政府实行“征购”，规定按市价70%付

① 据1936年国民政府资源委员会调查，循化全县耕地101 869亩，年产小麦、青稞6万石有奇，平均亩产6斗左右，每斗以15斤计。

给现金，30%付给“粮食库券”，实际未发。到1944年又改征购为“征借”。征借徒有其名，实则有借无还。名义上是征一借一，即征实（正额粮赋）1升，征借1升，而实际上征借之数高于征实许多。兹据“青海省田粮处报表”，将解放前逆推的8个年度在循化县的征实、征借数额列表如次。

**循化县征实征借数额统计表**

| 年度 | 征实数(石) | 征借数(石) | 合计(石) |
|---|---|---|---|
| 1942 | 350.110 | 1 655.470 | 2 005.580 |
| 1943 | 930.719 | 606.560 | 1 537.279 |
| 1944 | 844.900 | 1 207.003 | 2 051.903 |
| 1945 | 650.448 | 940.014 | 1 596.462 |
| 1946 | 422.450 | 422.450 | 844.900 |
| 1947 | 1 195.728 | 1 195.728 | 2 391.456 |
| 1948 | 2 391.457 | 2 391.457 | 4 782.914 |
| 1949 | 2 391.457 | 2 391.457 | 4 782.914 |

从上表可见：一是1946~1949年四个年度，征一借一，1943年借小于征，其余年份均借大于征。二是征实数以1942年为最小，从1942年起整理契税，故从次年起征实数字猛增。三是1942年至1945年每年共征粮1 500石至2 000石左右，1947年后马家政府为配合反革命内战，大肆扩军拔兵，故征粮数字陡增，1947年为约2 400石，1948年后增加一倍，达近4 800石。

又据资源委员会调查报告，1936年时循化全县5 777户，24 737人（包括藏、回、汉族）。1943年内政部材料为5 601户，31 752人。估以5 700户计，1948~1949年，每户平均负担8斗

4升。再据1936年资料，农业户占75%，应是4 333户，其余为牧业户。征粮是按田亩，由农业户负担的，撒拉族全属农业户，平均每户负担在1石1斗以上。估且不论高升大斗的额外负担，仅此一项，小农的负担是很沉重的。

（三）农村经济枯竭

从清末到青海建省前后的几十年间，由调查所知，循化撒拉族的农业确有缓慢的复苏和发展。从20世纪30年代后，征敛日重，农民困苦日沉，加之山林破坏，灾害频仍，劳动力被征拔，农村经济难以发展。据不完全统计资料，1936年至1949年的15年间，循化县有10年是灾年。

面对连年灾歉、农村凋敝的情况，虽然在1939年1月青海省政府成立了“赈济会”，循化县也于当年8月24日成立了赈济分会，然而在官僚衙门和官样文章中，并没有真正的救灾恤民。有文案可查的、分配给循化的救济款项也仅此几项：1939年4 400元，1940年1 500元，1941年12 000元。但面对当时通货膨胀、货币贬值的现状，无异于杯水车薪。

## 二、苛捐杂税

捐税，主要指对农副业、商业的税捐和苛派，差徭主要指马步芳主持省政时的征派，兹按征收机关不同，择其要者分述如次。

（一）政权机关征收

主要指循化县级政权。县设税局，在各重要交通路口，如贺隆堡、石巷、孟达、伊麻目、白庄、果什滩……设立税卡，对过往商贩和携带农副产品赶赴集市的农民进行征税。据青海省财政厅报表资料，1930~1933年循化县平均每年征收税款为11 800银元以上。20世纪40年代后，尤其是1947年后，税款猛增，几乎无物不税。当时税目有牲畜税、印花税、粮食斗捐、油牙税、木料牙税、毛牙税、屠宰税、面粉牙税、皮牙税、油磨税、契税、麦面捐、房捐、特产税、土产杂税、牌照税等二十余种。

（二）地方衙役、乡保征收

县衙门的“衙役”和乡、保办事人员，也向农户征收费用，虽属苛派勒索，确为例行公事。主要有：一是支应费。名为支应公差人员食宿，各保按户按亩摊派。每村每年约摊300~800银元。二是鞋脚费。此属“衙役”勒索。三是杂税。各乡各保公所，按户摊派。四是保甲款。这是乡长、保长本人的待遇。

（三）军队征收

军队征收除征收“营买粮草”外，还征收：一是兵款马款。兵款，每保每年交二次三次。每次下达兵额三五名不等，每一兵额，如无人应征，须交银元600~800元雇人顶替，一年即须交6 000~8 000元，每户每年即应摊60~80元。马款，一般一年摊三四次，每次每保摊200元左右，一年即7 000~8 000元，摊到每户，每年即七八十元。如街子上坊村，调查得知每户每年负担80元。20世纪40年代后，连年兵款马款交纳不完，诚如民谣说的，“前门打发走了催款委员，后门又来了征收委员”。二是民骡。凡军队开拔、训练、移防、调遣，均向各保摊派民骡驮运有关物品，每次十头至数十头不等。摊派民骡，还有赶骡子的夫役。这项差徭，每年总有几次。

（四）临时征收

所谓临时征收，并非一次性征收即罢，只是非连年征收罢了。有的定下此例，连征数年，如地方机关经费；有的征收两年后停止，如丈地款。

一是地方机关经费。主要指地方上党务、行政、司法、教育、建设、财政、公安、自治、交通等机关的经费，由县政府向下摊派。1931年起征，每年共约在1万元以上。据1935年青海省财政厅报表资料，当年循化县征收的行政费6 480元，司法费600元，党务费1 800元。又据该厅1934年报表资料，该年循化县征收到公安费2 600元，交通费220元。其他各项，不详。即就已知的几项合计，每年已达万元以上。

二是学校款。各乡办法不尽相同。如清水乡每户每年出6元，街子乡每户每年交柴200斤、草1 000斤，另交8元。

三是农会费。所谓“农会”，并非农民自己成立的组织，而是从上边安排下来的。据调查，当时循化全县农会会员只有42人。

四是县长应酬费。据国民政府《资源委员会学刊》第二卷第一期《西北专号》上载《循化赋税统计》一文称：“差役折价”，每年有2 400银元，以当时粮价合小麦600石，此为县长之应酬费。

五是献金。共举办过3次，1944年、1947年和1948年，以“慰劳”军队为名，发动各行各业献金。不论公教人员或者农民，一律献金，如无现金货币，可用布匹、毛毡、羊毛、牲畜代替。在循化每次即“献”出十万、几十万元。

六是度量衡款。省政府以统一省内各地度量衡名义，制作了升、尺、秤，摊派各城乡人民购买，升子每个3元，尺子每把8角，秤每杆8元。买而无用，也得购置，价格昂贵，经手人从中渔利。由保甲长向农户摊派，群众称之为“甲长升子”。

七是娱乐捐。以街子为例，先后出过3次，每次出洋30~80元不等，最终摊到各农户分担。

此外，还有修青藏公路派夫、修马家公馆派夫、乌拉差、各种修建服役等等差徭夫役。

## 三、马氏家族的官僚资本对撒拉族社会的掠夺

马氏家族官僚资本的原始积累始于“两化”，倚重其政治地位，以店号为基点，构织商业网络，不断拓宽业务，以期达到垄断各行各业。民国后期，在所有商号中，“德兴海”发展最为迅猛，通过各种方式掌控循化乃至青海地区的商业活动，强化其在撒拉族社会中的经济掠夺。

### （一）马氏家族地方官僚资本的兴起与“二化”

马步芳家族的官僚资本是随着其家族地方政权的逐渐崛起而一步步发展壮大起来的，20世纪40年代得到迅速膨胀，触角伸及了全省各个角落、各个行业。但其孕育肇基，则是从循化和化隆开始的。

清宣统二年（1910年）马麒担任循化营参将时，就利用手中权力，着手于官僚资本的原始积累，以其家“公德堂”堂名中的“德”字，在循化、河州等地开了几家商号，取名“德顺昌”、“德义恒”、“德源永”、“德盛厚”等，经营布匹、杂货、茶叶和农牧土特产品，贩运鸦片，换购军火，进行较大规模的商贸和走私军火活动。这些是这个地区的传统的有利可图的商品，尤其贩卖鸦片，其利极大。上述店号，为其以后扩大商贸垄断范围，打下初步基础。

辛亥革命后，马麒升任西宁镇总兵，“德义恒”、“德顺昌”将收购之羊毛运往天津，转售外商，与当时派驻西宁、循化的外商洋行争衡，并从天津购回百货、布匹和枪支弹药。马家的“德”字商号在其固有的封建性上，增添了一层买办性。到1915年，外资洋行全部撤走，“德顺昌”号由循化迁到西宁，称作总号，它的收购、外运和自天津购进的业务日益增大。马家军阀官僚资本就这样循着用枪杆子支撑从政，又用军政权力支撑攫取商业利润，以积累官僚资本的道路不断前进着。1925年至1929年，

国民军势力占据甘青宁等地，马家军阀的势力受到相当大的限制。此时，马步芳驻军化隆，也步乃父后尘，在化隆开设“步云祥”号，经营百货羊毛等物，贩卖鸦片和枪支，逐步进入官僚资本的原始积累道路（1920年马步芳任营长驻防化隆，由表兄马禄出面，开设“步云祥”号）。还委托该号承办军需物资，使商号带上一层军工色彩。1929年马步芳升团长、旅长，又升任师长，移驻西宁，“步云祥”号随之迁西宁，改名“义源祥”，并在各县设分号，循化也有义源祥分号。1932年又在商号下设“义源祥”工厂（手工业），承办被服、军鞋、马鞍和枪械修理等业务。该工厂按营、连、队组建，实行军事化管理。

原先的“德顺昌”号，马麒于1930年改组为“德兴店”（仍是“德”字。后由马麒三子接管）。1932年马麟主政当权，开办“协和商栈”，分号遍及各县，经营农牧土特产和过载行业务。这时期“德兴店”、“义源祥”、“协和商栈”鼎足而三，各有势力范围，各自聚敛积累。1935年马步芳主持省政，对上述商号进行调整兼并。“德兴店”专营过载行业务；“协和商栈”专事收购皮毛药材沙金等业务，各县设分号，循化县分号为“统盛商栈”；“义源祥”于1939年改名“德兴海”，其分支机构遍及各县城镇，循化的城关和白庄设有分号。抗战胜利以后，“德兴海”发展为“湟中实业公司”，以各地原德兴海和协和商栈的分号作为该公司的分支机构，这是马家军阀地方官僚资本的巅峰时期。循化县的“统盛商栈”和“德兴海”分号一直存在到1949年8月底循化县解放之时。由于商栈经营的过载行业务同人民群众的直接生活没有什么关系，而德兴海的经营业务垄断市场，放高利贷，欺压百姓，与千家万户有密切关系，所以百姓谑称“德兴海”为“百姓害”。撒拉族群众遭受这家“德兴海”的灾害是沉重的。

### （二）“德兴海”对撒拉族人民的经济掠夺

马家地方官僚资本是亦官亦商、亦军亦政。商号的牌子，又兼军阀政府的经收处和金库。公私不分，政费军费是它的资金，各级军政官员是它的经理人员。所以它是具有垄断性、封建性和买办性的官僚资本。它对各族人民的经济掠夺，主要通过下列方式进行。

1. 垄断批发零售，统制皮毛、土副特产和百货布匹等业，强迫小商小贩代购代销

循化城关和白庄集的德兴海分号[①]，完全控制了撒拉族居住区的经济命脉，控制了农副土特产品的购销，控制了日用百货杂品的批发零售，垄断了农产品（如油菜籽）的加工，成为无所不包、独一无二的独占资本。由于它的垄断和独占，采用不等价交换方式牟取暴利，低价收进，高价售出。对于滞销货物，交给小商小贩代销，同时也令小商小贩为其代购羊毛。

各种货物价格，由德兴海分号说了算。秋收后粮食登场，农户要售出粮食以购买用品或偿还债务，粮价被有意压低。到青黄不接时，又以高出收购价的两三倍出售。

2. “德兴海”的特权

“德兴海”商号之所以能长期地渔肉百姓，基本原因在于它不同于一般地富大户豪绅官吏所开设的店铺，而是手握全省军政大权、世代承袭的马家军阀所经办的亦官亦商的商号，它具有如下特权：其一，“德兴海”有自己的武装力量(骑兵)，商号内设有“公堂”，可以追捕、关押、拷打欠其债务的人，可以没收负

---

① 据调查资料，有人说白庄“德兴海”分号于1944年开设，租用尕乙素和集夫群的房子营业，建国前夕迁到化隆县城关。

债人的财物。其二，“德兴海”有权向当地百姓摊派“乌拉”差役，如同政府派差一样，无偿为其驮运商号中货物。其三，各地税务局与之配合，“德兴海”各地分号经理兼任当地税局局长。对“德兴海”货物，沿途受到保护并免征税款；检查其他行旅商货，若发现号票不符，以罚款或没收，凡没收的货物，均交与“德兴海”，归其所有。其四，“德兴海”的下层工作人员，只管饭食，不发工资，工作期间可顶替兵役。如中途退职，应交纳以往伙食费用。

正是基于“德兴海”“官商官店”、“亦军亦政亦商”、具有偌大的政治特权和经济特权的特性，所以它是“无本万利”的生意，而人民群众则成了“在劫难逃”的盘剥对象。可以这样说，20世纪40年代撒拉族社会经济处于停滞和枯竭的状态，其基本原因在于马家军阀的统治和盘剥。从白庄集30户店铺中已有22户倒闭及广大农村成批的人逃亡他乡的情形，就明显地表明了这一点。

3. 高利贷盘剥

放高利贷是“德兴海”的主要业务之一，其利率一般在20分至30分（即大二分至大三分）之间，20%~30%的利率，并且一律以复利（即所谓“黑驴打滚”）计息。据调查，街子乡有40%的农户借过“德兴海”的债，其他各工各村，大致类似。凡借贷者，一般用房屋、牲畜、林木（即动产和不动产）作抵押，到期还不了债，没收抵押物品。贷款时，一般以实物（如粮食或商品）作价贷放。

## 第四节　撒拉族的基层社会组织

历史上，撒拉族存在着具有特色的基层社会组织，即撒拉族的“阿格乃”和“孔木散”。直到中华人民共和国成立以后，“阿格乃”和“孔木散”仍在相当程度上影响着撒拉族人民的日常生产和生活。

## 一、阿格乃、孔木散的内涵、结构和特征

“阿格乃”和“孔木散”是以血缘为纽带的基层社会组织，其部分地存在着平均主义观念，具有一定程度的平等、互助、合作的内涵。

### （一）阿格乃、孔木散的内涵、渊源

“阿格乃”（Aghing，或Agni）也可写作“阿格尼”，是一个合成词，即突厥语中“Aga”和“Ini”（哥哥和弟弟）两个词复合而成，相当于汉语中的“党家子”。所以对这种以父系血缘关系为基础的近亲组织，俗称“兄弟”、“党家子”。一个阿格乃一般由二户至十多户组成。例如，一家有三个儿子，长子、次子娶妻后，另户分居，父母亲与幼子共居，或幼子娶妻后分户另居，这几户即是一个阿格乃。同一父亲的几个儿子组成的小家庭之间的关系是“真阿格乃”，同一祖父的几个孙子的小家庭之间的关系是“远阿格乃”。四五辈之后嗣所组成的阿格乃极少。总之，阿格乃是由同一祖先的男系组成。有时女儿也可加入，这主要依女婿的身份而定。如果是入赘的女婿，则可加入阿格乃中；如果是女儿嫁到别家，则不能包括在阿格乃中。阿格乃是撒拉族最基本的社会组织，这种组织直到今天还起着维系血缘近亲组织关系的作用。

撒拉族的阿格乃非由单一民族发展而来，而是多元的，他既不像北美的易洛魁人，也不像古希腊人，而是由多元氏族构成。虽然他是以撒鲁尔部为主要源泉发展形成的新的共同体，也逐渐融合了随尕勒莽东迁而来的其他民族和毗邻民族成员。撒拉族先民有24个支系（指乌古斯汗有24孙），东迁后虽然没有具体的氏

族谱系，但是阿格乃制度完整地保留着，起着特殊的作用，和回族、保安族、东乡族等信仰伊斯兰教的民族相比，有自己的特殊性。撒拉族先民撒鲁尔人有山羊“汪浑”崇拜的习俗。“汪浑”一词含有吉祥之意。今天的撒拉族阿格乃对汪浑崇拜虽已不甚明了，但其遗迹仍然存在。比如东迁后先民传说骆驼化为白石的动人故事，使人们对撒拉族图腾崇拜有着新的理解。

撒拉族的小阿格乃发展成大阿格乃，再发展成“孔木散”和“阿格勒”（村）、“工”，形成金字塔式的社会组织结构。

“孔木散”（Kumsan）也写作“库木散”，原是“远房兄弟”或“一姓人”、“一个根子”的意思，由若干个阿格乃组成。“孔木散”是由Kum（孔木）和san（散）组成的复合词。kum是由kamu变化而来，在突厥语中意为“全民”、“民众”。从社会学的意义说，kamu意为全体民族成员在内的所有的人，或有血缘关系组成的同族之人。东迁后的撒拉族，对此仍保留突厥语的含义，但其发音发生了些微变化，成为kum。san意为“你”、“您”、“尔”。两词复合起来直译应为“你（们）同血缘的全部”①，实际上指的是几个有血缘关系的氏族群体。孔木散在撒拉族先民社会早已存在，撒拉人定居循化后形成具有本民族本地区特色的孔木散，是和其历史相联系的。孔木散户数多了，也会分衍分离。近代逐渐演变成地缘组织，外姓人也可以加入（但据调查，异姓人加入不易，即便加入，也会受到冷遇）。最小的孔木散有约十户左右，大的孔木散有三四十户。

（二）阿格乃、孔木散的结构、特征

撒拉人多聚族而居、聚片而居，没有单门独户僻居的现象，

---

① 韩中义：《撒拉族“孔木散”和“阿格勒”探讨》，载《甘肃民族研究》，1996年第二期。

按阿格乃自成小片，又按孔木散自成区域。一个或数个孔木散构成一个自然村落，撒拉语叫“阿格勒”（Agil)。村落是在历史发展到一定时间形成的。在撒拉族聚居地，孔木散自成一个社会单位，这个单位有自己的首领即“哈尔”，负责管理同一孔木散的日常事务，比如婚丧嫁娶、修渠种田、传达政令、调解纠纷等。孔木散不是一成不变的，而是在不断变化之中，自然组合，自然衍变，维持着撒拉族社会的稳定发展。

依据保留撒拉族民族特点较多的孟达工大庄的情况[①]：共97户人家，分属于22个阿格乃，6个孔木散。在22个阿格乃中，确知辈分的有17个（同父亲者3个，同祖父者3个，同曾祖者8个，同高祖者2个，同四世祖者1个），辈分不清者有5个。关于6个孔木散，系由原先2个孔木散发展分衍而来，再早些只有一个孔木散。原先两个孔木散，一个叫“奥拉格”，一个叫“台地”。奥拉格孔木散，到1958年时仍然叫奥拉格孔木散；台地孔木散分衍出“达霍里”、“卡洛里”、“欠尔高里”三个孔木散，而“欠尔高里”孔木散又分衍出一个“洼地”孔木散。见如下示意图：

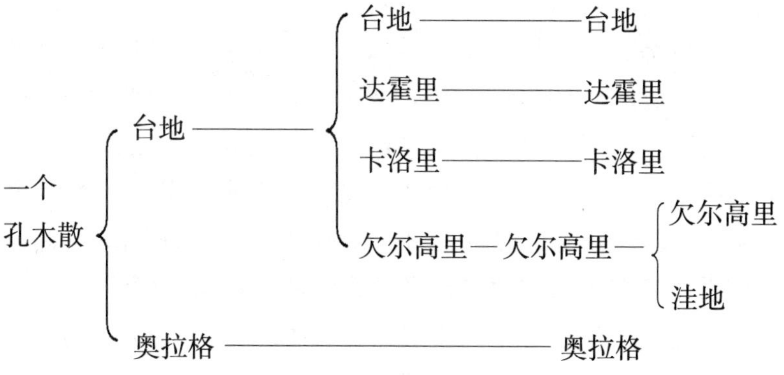


① 1958年社会调查材料。下同。

苏只工的情况。苏只工分作上半工和下半工。上半工有“乙麻亥”孔木散、“噢日”孔木散、“太什高”孔木散；下半工有“噢大巷都”孔木散、“麦仓”孔木散、“阿哈旦”孔木散和“哈的阿格里”孔木散，共7个孔木散。苏只大庄共180户人家，分属于下半工四个孔木散。一般的是五辈以内的为阿格乃，远些的为孔木散。

清水工的情况。清水大庄原先有3个孔木散，即“户长”孔木散、“歇家”孔木散和“伊玛目”孔木散，俗称清水工的“三头”。上述孔木散的名称留下了研究社会历史的资料。比如，户长孔木散，因哈尔户长居此而得名，乾隆四十六年（1781年）正月教派斗争时被新教杀死的哈尔韩三十八，即居住在这个大庄和这个孔木散中；歇家原是民族贸易中的中介人和通译；伊玛目，是海乙寺的教长，表明原先这里居住有这样身份的人，因此，留下这样的名称。再者，清水工和孟达工一样，原先是由一个孔木散分衍而来的。户长孔木散是根子，随着人口繁衍，户数增多，又产生了歇家和伊玛目这样受人们尊重的人物，于是将分衍出的孔木散分别以“歇家”和“伊玛目”命名。以后大约在光绪二十一年（1895年）前后，从户长孔木散中分离出一个“库浪”孔木散，分片居住，形成河东尕庄。此外，清水工马儿坡庄有3个孔木散，即“户长”、“歇家”、“伊玛目”，与清水大庄3个孔木散名称完全相同，原因是他们各户原先住在清水大庄，分属于3个孔木散，因该清水大庄居住不下而分别迁到马儿坡居住，因此仍用旧孔木散名称。如此，也可以说成是河东大庄3个孔木散的“分孔木散”。再次，清水工河西各小村庄的人户，全是从河东大庄分过来的，所以河西各庄称河东大庄之人为“阿瓦仓”（族长之意）。例如，河西的田盖村各户全是伊玛目孔木散，阿什匠村各户全是户长孔木散，伊麻亥村各户全是歇家孔木散。依此，清水工大庄及附近几个小庄，原先分属于3个孔木散，再往前是1个孔木散。

查汗都斯大庄的情况。很早以前，查汗都斯大庄只有1个孔木散，即大庄本身。后来由于人口繁衍和外来户迁入，由原先的一个孔木散分衍为3个孔木散，即大庄、中庄、下庄三个庄的孔木散。以后大庄又分衍成6个小孔木散，中庄、下庄各分衍成两个孔木散，共10个孔木散。见下图：

- 查汗都斯大庄
  - 大庄
    - 1.上庄
    - 2.新庄
    - 3.阿奇匠
    - 4.下边
    - 5.何家
      - 何家
      - 6.后门
  - 中庄
    - 7.山沟
    - 8.蒙古
  - 下庄
    - 9.上边
    - 10.下边

循化“撒拉八工”中街子工、查加工、张哈工的阿格乃和孔木散也和上述各工的情况及分衍相同。

化隆县甘都和循化隔黄河相望，与苏只和查汗都斯相对，那里有几个庄子为撒拉人所居住，社会习俗与“撒拉八工”大致相同，同样也有阿格乃和孔木散社会组织。比如，阿合滩庄（也写作阿合旦，意为白墙）有3个孔木散，阿拉庄有2个孔木散，关巴村有2个孔木散，牙路乎村有3个孔木散。

从上述材料可以看出：一是阿格乃和孔木散这样的撒拉族的基层社会组织，经常处于发展变化之中，随着人口增长，由小到大、由少到多地分衍着。每次分衍都是从母体孔木散的一种分离，其变化是有一定规律的。二是同一阿格乃和孔木散都是同姓的血缘亲族，具有强烈的稳定性和统一性。一般来说，一个孔木散是一个姓氏，各户都是同一男姓祖先繁衍而来的，或者相互间都是姻亲。结合撒拉族来源和发展考察，更能看清楚下述情况：其一，查汗都斯的“何家孔木散”及“后门孔木散”都姓“何”，街子的“沈家”都姓“沈”，他们都属于“外姓五族”，原先从河州迁入的。其二，科哇庄有4个孔木散，分别姓闫、童、沈、马，也属于“外姓五族”。其三，撒拉人大多数孔木散以韩姓为最，所以民间有“十个撒拉九个韩”的说法。三是孔木散的名称反映不同的来源和祖上的职业。比如清水大庄有歇家孔木散和伊玛目孔木散，也表明先前有人从事这类职业。又如，街子大庄中有塔吉孔木散，“塔吉”（Dagi）其实是“塔吉克”（Tagik）的转音，原是波斯化的突厥人，反映了其先祖是随同尕勒莽一同东迁来的。又如，查汗都斯中庄有“蒙古”（Munguli）孔木散，也表明了这样的史实，即尕勒莽率众迁来时，原居住于这里的“马祖乎”人即蒙古人迁往青海湖西去了，而剩下的少数人融合到撒拉族中，形成了一个孔木散。[1]

还有，外姓人一般不能加入到同姓孔木散中。外来户即使毗邻而居三四代人，也不能加入到以血缘为重的同姓孔木散中，只有通过特殊的方式才能加入。比如，收养义子或招为女婿方能加入进来，从而外姓人逐渐发展形成自己的孔木散，如上边提到的沈家、何家、马家、闫家等等。草滩坝卢家在该地居住了几代人，近几十年才形成自己的孔木散。他们最初同周边的孔木散没有多少往来，后来随着通婚等各种关系的加强，才逐渐融合进了撒拉族群体之中。

## 二、阿格乃、孔木散的社会内容和功能

阿格乃、孔木散是撒拉族历史上形成的特殊社会组织，包含婚姻关系、公有土地、生产互助、公共生活、公共头目等社会内涵，具有与其他民族社会组织不同的功能。

### （一）阿格乃、孔木散的社会内容

#### 1. 婚姻关系

撒拉族实行氏族外婚、部落内婚制，阿格乃内严禁通婚。孔木散内，最初也是不能通婚的。同一孔木散彼此都是亲兄弟氏族，是禁婚的，实际上是氏族禁婚的翻版。这种禁婚直到今天在某些地方仍然存在。随着人口的增加和迁徙，这种禁止慢慢松动了，同孔木散内也允许通婚了。对于不属于同孔木散的阿格乃，从来是可以通婚的，因为被视作不是同一血缘氏族或较远的血缘氏族。

婚嫁时，女方的同阿格乃、同孔木散各户，除添箱送给新娘

---

① 韩中义：《撒拉族“孔木散”和“阿格勒”探讨》，载《甘肃民族研究》，1996年第二期。

陪奁物品外，各户都出代表负责送亲。男方的同阿格乃、同孔木散各户负责帮办喜事，接待女方的同阿格乃、同孔木散各户送亲宾客的食宿。娶亲队伍行进时，沿途的“女乡”（与新娘同村但嫁到别村的）要端出油搅团和清茶，热情迎送。

在原始社会时，氏族是社会基层单位，人不能离开氏族而生活，若干氏族组成胞族及部落。血缘亲族关系是维系氏族和部落的纽带。氏族内不能通婚，是一条根本规则。部落内各胞族、各氏族则组成互婚关系。所以就氏族而言，完全是氏族外婚；就部落而言，则是部落内婚。阿格乃相当于氏族，孔木散相当于胞族，后来孔木散扩大了，又分衍了，允许通婚了，又相当于部落。从这方面可以反映出撒拉族保留着较多的氏族社会遗迹，而阿格乃、孔木散则来源于古代氏族社会。

2. 公有土地

孔木散中有公有土地、山林，多是无子嗣的遗产。这些遗产，同孔木散只有使用权，比如将其收入用于宗教活动等，而无出卖权。究其根源，仍是氏族公社时期，成员有使用土地权，用毕交还公社的土地制度的残留。最常见的公地有山林果园、草地和墓地等。

3. 生产互助

有生产互助、生活扶助的传统。比如农业生产，同阿格乃各户，在翻地、播种、送肥、收割、打碾等活动中，轮流帮工互助，只管饭食，不计报酬，这种传统历久不变。

办丧事，同阿格乃各户帮助料理，同孔木散各户负责挖坟坑送葬等。

4. 公共生活

主要表现在宗教生活和公共墓地。

宗教生活。一个孔木散是一个宗教活动单位，出一名学董，参加本村清真寺的管理。每个孔木散有一口公有大锅，宗教节日炸油香用。炸油香所需青油、面粉等，从公有土地收入中开支。

公共墓地。每个孔木散有一块公共墓地。一般来说，世界上其他民族中，只有氏族才有公墓，而胞族没有。撒拉族颇为特殊，相当于胞族的孔木散有自己的公共墓地，这和血缘不无关系，说明撒拉族中的孔木散和氏族之间的血缘关系并不像其他民族那么疏远。于是，把同孔木散的阿格乃看成是“准氏族”也无不可，因此孔木散有了公共墓地。公共墓地是公共财产，不得私人占有。同一孔木散之人死后都埋葬在一起，他人不能埋葬在这里。例如，早先街子工有个“伯烈”（Boler）村，最初他们没有自己的墓地，人死后只能把亡人尸身运到街子大公墓中埋葬。伯烈（Boler）一词含有“分出来”之意，表明分出来的人没有自己的孔木散，当然也就没有自己的公墓。他们是从街子分出来的，属于街子系统的氏族，只能把亡人葬到街子大公墓中。后来几经发展，关系疏远了，伯烈有了自己的孔木散，也有了自己的公墓，于是不再把亡人葬在街子大公墓中了。这种同孔木散人葬在同一公墓的习俗，在突厥系其他民族中也同样存在。

5. 公共头目

同孔木散中都有一个头目，称作“哈尔”，民间后来称作“哈尔户长”。这位头目有集中所有孔木散人的权力，处理孔木散的日常事务。凡修渠挖淤、宗教事务（哈尔兼任寺院学董），均由其主持。各户间如有户婚命盗词讼案件，先由哈尔调解，如解决不了，再往上转。从选举的角度看，早期的哈尔是由民主推选而不是世袭制，随着明代初年土司制的确立，哈尔也成为世袭的基层的头人。

（二）阿格乃、孔木散的社会功能

阿格乃、孔木散的主要社会功能，可归结为对撒拉族长期存在的向心力、凝聚力，起着巨大的纽结作用。以一个人数不多的群体，处于四周历史文化背景不相同的民族环境中，仍能屹然独立，长期发展，不能说与这类社会组织的存在没有密切关系。具体列举如下：

1. 生产上、生活上相互协作，共渡难关

生产，主要指牧业和农业生产。撒拉族先民（撒鲁尔人）在当时中亚条件较劣、气候易变的情况下，通过相互协作维持生存。东迁以后逐步由牧业生产方式过渡为农业生产方式，而阿格乃、孔木散组织仍然保留着那种劳动繁重的活路，比如挖渠、垦田、建房等，仍然需要以阿格乃或孔木散为单位才能完成。况且开渠引水本属公益事业，跨占的地块较多，不是一人一户可以完成的，协作必不可少。生活上难免会遇到饥馑荒旱、青黄不接，也需要相互扶助。于是，这一古老的传统得以存在下来。

2. 尊奉某些特定的仪式

如果有人死亡，则以阿格乃、孔木散为单位料理后事，并且以孔木散为单位举行纪念仪式。届时同孔木散的人不请自到，这是同孔木散成员不可推卸的责任。此时还拿出一定的钱物表示赞助，或提供劳动服务，以此相互支援，使事情得到圆满解决。祭奠、纪念亡人时，共同举行一定的仪式。

3. 血亲复仇

同孔木散成员因故被杀，孔木散有为之复仇的义务和权利。如果给予宽宥，也由孔木散公议决定。这在清代撒拉族人民反清武装斗争中反映得颇为明显，并且与教派斗争纠结在一起。这种“复仇”往往在宗教面纱掩盖下表现为教派之争，而实质上具有血亲复仇的冲突。因为某个孔木散之人被杀时，实质上也是侵害了全孔木散的利益，于是整个孔木散联合起来参加斗争。同一孔木散内都是阿格乃关系，即氏族关系，而氏族有血亲复仇的义务。这也是撒拉族历史上的教派之争往往因某一人械斗伤亡，武装斗争便会怦然而起的深层原因。

4. 有继承同氏族财产的权利

同阿格乃、同孔木散有继承同氏族财产的权利。比如人户无子嗣时，遗产多交由孔木散作为公有财产。

撒拉人在近代土地买卖时，多卖活地，很少卖死业。买卖契约上必须有阿格乃各户签押，同孔木散也应有代表签押。否则，虽然以死业卖了，同阿格乃和同孔木散各户都有权赎回，且买主不得违抗。这是他们的习惯法。把活地卖出后（内地叫做“典地”、“当地”），到期卖主无力赎回，同阿格乃、同孔木散各户也可以赎回。

5. 孔木散也是早期撒拉族先民军队编制单位

早期，每次出征打仗的军队都按孔木散抽调人马和编组，这样有利于加强军队的凝聚力和战斗力。在近代，马家军阀统治时，拔兵征税，编组民团，也是按孔木散为单位进行编制的。

总之，阿格乃、孔木散是撒拉族基层社会组织，在撒拉族社会中曾起过重要的作用。这种社会组织典型地表现在社会组织的自然属性上，是一种偏重于社会性和宗教性的组织，而不是一种政府组织。[①]它产生于父系氏族公社时期，是适应当时生产资料公有制和社会生产力低下的社会组织。据调查，孔木散的“哈

---

① ［美］路易斯·亨利·摩尔根著，杨东莼等译：《古代社会》（上），商务印书馆1997年版，第101~102页。

尔”原意为长老或长者，后来演变为基层的头人。进入阶级社会以后，它的经济基础早已变更了，这套社会组织保留下来为新的经济基础服务。恩格斯在《反杜林论》中指出过，“所有文明的各民族都是从土地的公社所有制开始的”。撒拉人东迁定居后，在元代、明代仍然保留着土地公有制，以及与之相应的社会组织。土地私有制及土地买卖现象的出现是在清代，其普遍化则在光绪二十一年（1895年）以后。直到建国前夕，土地关系中仍保留着公有制的残余。

**三、孔木散和哈尔在撒拉族历史上的地位和作用**

各孔木散产生一名哈尔，作为乡村基层负责人，在孔木散、清真寺中扮演着重要角色，具有行政、经济、司法、财政、军事等方面特殊职权。

（一）从组织层次和哈尔职权观察

孔木散的哈尔早先由民主推选产生，年长且生产经验和社会经历丰富者能当选。在明代，撒拉族土司制度确立，阿格乃和孔木散为土司所利用，成为土司统治的基层单位，哈尔成为土司统治体系中的支柱，也成为世袭了。直到清光绪二十二年（1896年）土司制度被废除，世袭哈尔制度也相应终止，又变为民选。

撒拉族的封建制度，通过封建王朝的封授土司而巩固发展。撒拉族的土司，对封建王朝来说，是在这一民族地方的统治工具，是封建统治体制中的组成部分；对民族来说，又是本族的豪酋、部落领袖，也是封建统治者、政权和族权的最高代表。同时，土司是本辖区内土地的最高所有者，是封建领主，拥有行政、军事、财政、司法等统治权，是“封土司民”的小土邦的土皇帝。直到清雍正八年（1730年）在循化设营驻兵、乾隆二十七年（1762年）设循化厅以后，土流并举，以流制土，加强中央集权统治，土司的威权才大大削弱。与土司统治相适应的尕最(即世袭总掌教）制的基层是各村清真寺，清真寺的学董则由哈尔充任。

土司统治和尕最制的基层都建立在哈尔身上，两个系统的支点都是哈尔。哈尔的具体地位和职权，再从下列两个方面考察。

组织层次方面：依据乾隆《循化志》卷四，雍正元年(1723年）造册“始分十二工名”，表现在以前的300多年中，“工”没有正式出现。土司统治系统只是土司与哈尔两个层次。与之相适应，“工”一级的海乙寺也可能没有出现。雍正以后正式出现了上六工和下六工，因之土司统治系统和宗教尕最系统也相应改变为三级。迨后循化厅设立，尤其是乾隆四十六年（1781年）以后，清廷下令将“阿洪（訇）改为乡约”[①]，但这命令并未贯彻执行，直到废除土司制度后才实行乡约制。每工设一位乡约，由循化厅同知衙门加委，发给木戳。于是组织层次变为：

循化厅——工“乡约”——孔木散“哈尔”

这样，非世袭的哈尔成为地方流官统治系统的乡村基层的负责人，类似于后来保甲制度下的“大甲长”。所以，到1938年实行保甲制度时，一孔木散编为一甲，哈尔改称甲长。

哈尔的职责和权威方面：一是行政上。哈尔是本孔木散的首领、头目、本孔木散各项公共事务的主持人，对上接受土司(光绪二十二年后，为乡约）的领导。二是经济事务上。哈尔负责本孔木散内修浚水渠、育护山林、公地管理，直到解放以

① ［清］龚景瀚：《循化志》卷八《回变》，青海人民出版社1981年版，第318页。

后仍然如此。撒拉人东迁到此披荆斩棘与大自然斗争，能独立发展，孔木散组织起的积极作用不应低估。三是司法上。实行土司制度时，孔木散内的词讼案件先通过哈尔断解；土司制度废除后属民打官司，也先通过哈尔，如果不能评断处理，再向上转报。撒拉族有句谚语，“县长肯了，户长保不肯”，表明哈尔户长的威权是很大的，“户长保不肯”，诸事难以办通。如此看来，在土司制度下，各种民刑案件哈尔拥有初审权，土司拥有终审权。四是财政上。从清末的乡约制到以后的保甲制，关于催收粮赋工作，工由乡约负责，孔木散由哈尔负责，这是长期相沿成习的。由此可以推知，在土司统治时也是通过哈尔来征收“粮赋”的，当时“种一份地，交一份粮”。在撒拉族历史上还没有其他征收粮赋的人出现。五是军事上。土司是该族土兵的统帅，土兵是自备鞍马从征，类似后来的“门兵”或“基干民兵”。从各方面分析，哈尔是这支土兵的基层领队官。再看乾隆四十六年反清斗争事件“善后”，除土舍（土司韩光祖亲属）韩玉麒被官府委为“土都司”外，得到“土千总”职衔的有：韩光前、韩光成、韩有祥3人，得到“土把总”职衔的有：韩光福、韩光禄、韩义龙、韩位、韩玉成5人。[①]在这8人中，可能有几人原是哈尔。

再从解放以前马家军阀统治时看。马家军阀办“回民兵团”时，撒拉族是按工与孔木散进行编组的，由乡长和哈尔担任领队官。撒拉族土兵在明代、清代曾多次被征调，马家军阀统治时更倚之为“青海军”中的骨干。马家军阀拔兵、征税，都通过披上

---

①［清］龚景瀚：《循化志》卷五《土司》，青海人民出版社1981年版，第226页。

“保甲制”外衣的孔木散进行。如兵员有伤亡或逃跑，则以同孔木散之人顶替；欠款欠粮，也如此办理。地主富农也利用“孔木散”剥削劳动人民。在这样古老淳朴的孔木散内，阶级界限被模糊了。

（二）孔木散与清真寺的关系

撒拉族居住地区，每个村都建有一座清真寺。村，撒拉语称“阿格勒”（Agil），本意为家，后来转意为村，它由几个孔木散联合形成。在撒拉族的前期历史上没有什么重要地位，当时人口少，孔木散也少，村和孔木散还没有严格的区分，或者说一个孔木散就是一个自然村。雍正以后，作为村，上有工，下有孔木散，其重要作用也体现不出来。村的重要作用主要发挥在近代历史阶段，或者说是民国时期，下延到解放以后。例如，街子有18个自然村（下同），查加有7个村，孟达有6个村，苏只有4个村，查汗都斯有3个村，张哈有8个村，清水有9个村，乃曼有8个村。1个自然村最多有6个孔木散，最少的有1个孔木散。清真寺的学董，一直是每个孔木散出1名。如果小的村子，1个村只1个孔木散，则该村的行政事务和宗教事务统一由哈尔管理。这种地缘关系的村，每村的头人称巴宗（相似于村长），最小的村的巴宗和哈尔，集于一个人身上，或者说哈尔兼任了巴宗；大一些的村，由几个孔木散的哈尔集会推举出一名哈尔担任巴宗。巴宗有维护本村利益之职责。以上表明，孔木散在几百年的历史中稳固地持续着，而村则与之不同。

以清水工为例，清水大庄的3个孔木散，民间称作“三头”。清水大庄和6个小村（又发展出两个更小的村），其根子都是从3个孔木散发展来的。以公共坟地说，户长孔木散原有1个，建国前夕分成两个；伊玛目孔木散有1个；歇家孔木散有3个（住地分散，有住河东，有住河西，故坟地也分开）。马儿坡庄从大庄分出去后，亡人仍送回大庄各自孔木散的坟地埋葬。值得注意的还有，一直到解放时为止，清水工各村庄的大权仍然操控在原来“三头”（三个哈尔）之手，政府派粮派款，经过“三头”之手再往各村庄分派。这说明，它是孔木散和哈尔在长期历史发展中的基层行政单位作用的传统习惯。此外，光绪以前清水工只有3座清真寺，同3个孔木散的数目相等，更说明清真寺原先修建时是一个孔木散一座寺院，也表明孔木散是撒拉族行政、宗教的基层活动单位。

资料显示，清水工原有6个孔木散，6个哈尔，6座清真寺。源于乾隆四十六年（1781年）反清斗争事件“善后”中，将撒拉十二工并为八工，其中打速古工并入清水工。原打速古工包含打速古、红庄、瓦匠庄3个庄子，3个孔木散，3座清真寺，3个哈尔。于是，后来的清水工有6个孔木散和6个哈尔。再看苏只工下半工，4个孔木散，4座清真寺，4个哈尔。总之，起先孔木散的数目同清真寺的数目是相同的。

随着人口的繁衍，住地的扩大，孔木散不断地分衍着。于此也可看出：一是各工先有大庄，然后发展出若干小村庄；二是各工孔木散由大庄的孔木散逐渐分衍出小村庄的孔木散；三是孔木散不断分衍，自然村（阿格勒）也不断增加；四是土司统治的基础是孔木散，孔木散的增多，表明土司统治的民众的增多。这也是撒拉族土司与其他民族土司（如土族土司）的统治有所不同之处。到光绪廿二年土司制和世袭哈尔制废除，对以血缘为纽带的阿格乃、孔木散组织，是一个重大的冲击，此后孔木散的分离就加快了起来，撒拉族社会前进的步伐也加快了起来。

直到1949年随着青海各地迅速解放，新的人民政权相继组建，撒拉族人民和各兄弟民族人民一起得到翻身解放，进入社会主义革命和建设时期。1954年2月成立了循化撒拉族自治县，撒拉族人民实现了当家作主和管理本民族内部事务的权利。从此，撒拉族的传统社会结构和社会组织受到强烈冲击，撒拉族的社会面貌发生根本性转变。

# 第四章　撒拉族的文化

一个民族之存在，必然有其独立的文化，语言、文字、风俗习惯、民间文艺等则是独立文化的要素，于此可见该民族的独特面貌和风情。自元代以来，撒拉族在长期的生产生活过程中形成了与其他穆斯林民族既相同又有差异的文化。

## 第一节　宗教信仰、习俗

撒拉族是我国信仰伊斯兰教的10个民族之一。七百多年以来，伊斯兰教不仅对撒拉人的精神领域，而且对他们的政治、经济、文化和日常生活都有很大的影响和支配作用。18世纪以后，发生过三次影响较大的教派斗争，其中第一次以较和平的方式结束，后两次导致了较大规模的流血斗争。这在我国信仰伊斯兰教的各民族历史上，是比较具有特殊性的问题。其具有特色的宗教制度，奠基在其古代社会里，一直延续到中华人民共和国建立以后。这种具有特色的宗教制度，又是与其具有特色的社会组织结合在一起的，所以具有顽强的生命力。

## 一、宗教信仰和习俗

撒拉人是虔诚的穆斯林，严格遵守伊斯兰教的一切规仪制度，实行念（念“清真言”）、礼（礼拜）、斋（斋戒、封斋、开斋）、课（交纳天课）、朝（朝觐或朝天房）五项功修，称之为“五功”；伊斯兰教的主要节日有：开斋节（尔德节）、宰牲节（古尔邦节）和圣纪节。此外，在斋月（穆斯林必须在伊斯兰教历九月封斋一个月，每天从黎明到日落戒除一切饮食）中有的撒拉人还进行如下宗教活动：

斋月的第十二天过“法图买节”，纪念穆圣的女儿法图买。一般成年妇女参加，每七个人聚在一起主持一年一度的法图买节，要煮食麦仁饭、炸油香，非主持者只供馍馍。

在斋月的第二十七天晚上举行“格得勒节”，以每个“孔木散”为单位过节。

撒拉人的习俗，因受伊斯兰教的影响，与周围回族的习俗相似之处甚多，但也有自己的一些特点。这些特点，亦渗透着宗教气息。举例如下：

婚姻礼俗。男女青年婚姻，由“嫂吉”（媒人）做媒，父母作主。一般分四个步骤：一是男家央请嫂吉至女家致意。女方家长同意后，再征求女子本人和亲房叔伯的同意。二是男方择日请媒人向女方送“订婚茶”。三是男方送麦海勒（聘礼），多寡视财力而定。早年“议定马二匹，或马一骡一，贫者则以四小牛（抵之）”①，一次送不齐，可分期送。临娶时，又送红绿梭布各一对、蓝布裤料一匹、蓝布裙料一匹、桃红布袄料一匹；富者还

---

①［清］龚景瀚：《循化志》卷七《风俗》，青海人民出版社1981年版，第291页。

送被面料布二匹、被里料白大布二丈。[①]而后，聘礼日趋简化，一般可送做衫、袄的布料或其他衣料乃至成衣。四是择吉迎娶，请阿訇念“尼卡亥”（合婚经），致结婚训词。需要特别提出的还有三点：一是早年举行婚礼时，盛行表演“骆驼舞”，称作“对外奥依纳”[②]。所以撒拉人至今还将结婚叫做“对委”。二是阿舅在亲族中享有崇高地位，是婚礼中的主要嘉宾。婚礼前专门宴请阿舅，并给他送羊背子（最尊贵的客人才配得到这种礼遇）。三是新娘要给男方家中大小人口各送一双鞋，给公婆另送枕头一副。

撒拉族在举行婚礼时，还有哭“撒赫斯”和说“吾热合苏斯”的习俗。“撒赫斯”，是姑娘出嫁时的一种哭调。如泣如诉的声调和字字血泪的歌词，反映了人民对早婚的切齿痛恨，鞭挞了封建买卖婚姻制度。“吾热合苏斯”，是送新娘到男家后向对方述说的一种嘱托词，撒拉话的意思是“亲家之言”，在婚宴前由送亲的女方长者来说，内容丰富，反映的社会生活面很广。通过生动的比喻、贴切的说理，祝贺新婚之喜，教育和祝愿新郎、新娘夫妻相亲相爱，白头偕老，并嘱托亲家对“羽毛未丰”、年幼无知的新娘，要多加爱护，言传身教。“吾热合苏斯”的词语优美，诗意颇浓，感人至深，又耐人寻味。

丧葬仪式。大体上与回族相同，需强调的是，每个“孔木散”有一片公共坟滩。送葬时，视家庭经济能力施散一些物品，

---

①［清］龚景瀚：《循化志》卷七《风俗》，青海人民出版社1981年版，第291页。又，梭布又称小布，乃手工纺织之棉布，产自陕西关中地区。

②“对外奥依纳”是撒拉语，汉语称“骆驼舞”。“外”，也有写作“委”，撒拉语读时同音。

钱、茶叶、盐、火柴等都可施散，对送葬的人无论老幼都要散到。亡人生前穿用过的衣物，一般送给阿訇和骨肉近亲。葬后第三天，要宰羊、煮麦仁饭，请全村人吃，并给他们送“油香”，打“肉份子”。

饮食。以小麦、青稞、荞麦为主食。通常做成馍馍、面条、散饭和搅团。“手抓羊肉”，是普遍爱吃之食物。节庆日，蒸菜包子、糖包子，炸油香、馓子。茯茶和麦仁茶是常喝之饮料。

服饰。青年男子喜穿白汗褂，外套黑色坎肩，即所谓“白汗褡青夹夹”，腰系红布带。老年人多穿长衫，撒拉语叫“格”。冬天，多穿无布面的羊皮袄和羊毛织的“褐子”，脚穿皮制的“鞑鞮”，里边装干草以取暖，可晴雨两用。青年妇女喜穿颜色鲜艳的带大襟的花衣服，常在红衣服上套黑色坎肩。妇女在劳动时一般用青布包头，喜庆日还披宽敞而带有花边的披风。妇女戴盖头，与回族同。

居住。同一阿格乃、孔木散的，居住在同一区域。多为土木结构平顶土房，院墙四角放置白石头，与当地藏族相同。一般院中都有果菜园，此乃庭院布置的特点。父母与幼子同住旧宅，其余儿子长大另迁新址新宅。

**二、教派**

在河湟各地，无论城镇乡村或僻远山区，凡是穆斯林聚居地，都建有规模不等、形式多样、风格各异的清真寺。这些清真寺既是广大穆斯林宗教活动的中心，也是他们政治、文化活动的场所。撒拉人聚居的今循化县，也是如此风貌。依据历史记载和社会调查，河湟地区伊斯兰教原先并无教派之分，大家都属“格迪木”，意为“尊古”，故称“尊古派”、“老古派”，被普遍称为“老教”。又因格迪木一贯主张“沙暮礼”（即“昏礼”）之后开斋，故又有“后开”之称。各地都是单一的教坊制，一个教坊，一个清真寺。教坊之间互不隶属，互不干涉，各自独立，各行其教。格迪木清真寺的开学阿訇实行聘请制。格迪木在教义上属于正统的逊尼派，教律上属于哈乃斐学派。对国外来中国传教的“墨徒”、“圣墓”，表示崇敬，也去上坟。不主张出资修建“拱北”（即圆顶坟墓之意），认为崇拜“拱北”就等于崇拜人，而崇拜人与伊斯兰教不崇拜偶像的教规相抵触。格迪木认为今世和后世是一个统一体，没有今世的干功，就没后世的幸福，基本上属于入世派。在明末清初以前，遵从苏菲派的各家门宦尚未产生。

据历史记载，清康熙以后，与撒拉族毗邻的回族聚居地——河州一带产生了“门宦制度”和一些不同教派，并先后传入撒拉族之中，使这里开始有了教派之分和教派之争。史载，“回教一而已矣，所传天经三十本，云出自唐时其祖师马哈嘛（即穆罕默德）所为，回民世守之。至乾隆初年，而河州回民始有前开、后开之异。……其始不知何时，然教遂自是分而为二。”“前开”，是先开斋后礼拜，“后开”，是先礼拜后开斋。“顾其异者，节目之不同耳，无二经也”。[①]乾隆十三年（1748年）在循化发生了前开派马来迟与后开派马应焕的教争。

以后，前开派马来迟传“冥沙经”，创立一个教派，为“花寺门宦”始祖。其后，马明心传“卯路提经”，创立另一教派，为“哲赫林耶”门宦始祖。当时，称马来迟之教为“老教”，称马明心之教为“新教”。老教、新教的斗争，最终导致乾隆四十

①［清］龚景瀚：《循化志》卷八《回变》，青海人民出版社1981年版，第310页。

六年(1781年)的新教群众武装反清斗争。

撒拉人参加的同治年间长达十多年的回民反清起义，其起始及斗争过程中也有教派斗争，有嘎的林耶门宦和花寺门宦的斗争，有花寺门宦内部的斗争，也有临洮派和大会派的斗争。清末，河州马万福创立又一教派，称“依合瓦尼”，群众称之为“新兴教”，也在撒拉族中传播。

总之，教派之间纷争不已，造成长期的内耗，给穆斯林的生产、生活和生命财产，带来了一次次灾难。而教派又往往成为封建统治阶级争权夺利的工具。

## 第二节　寺院教育、儒学教育

由于撒拉族居住边远，经济滞后，又受伊斯兰教的影响，所以历史上撒拉族教育一直处于落后状态。据资料显示，撒拉族教育方式主要有：一是接受伊斯兰教的经堂教育；二是“以资训迪”的学校（儒学）教育。

### 一、寺院教育

据已知资料，撒拉族在清末以前除了宗教教育以外，没有一般世俗的教育机构和学校。宗教教育在清真寺进行，属寺院教育，主要是培养伊斯兰教宗教职业者，由教长招收一定数量的学生（满拉），传习经典。教育方法落后，伴之以打骂。封建土司利用宗教以巩固其统治，寺院倚恃封建土司以维持其宗教特权和神学统治。史载，清真寺经堂教育于明代中叶以后从陕西回民中倡导推行，而后盛行于甘宁青等地。在撒拉族地区一般分三级：大学为阿訇一级，于街子大寺学习；中学为满拉一级，在各工海乙寺学习；小学为儿童学经文的一级，学经文一般叫“学经板”。

其中，中学的课程是：《算勒夫》，是文法基础课；《满拉》，也是文法之书，主要讲词句配合；《班牙尼》，是文学作品，着重讲修辞；《伟尕耶》，是教法之书，共4册。大学一级的课程，主要有：《古兰经》各种注释；《克俩木》，属于哲学；《侯三尼》，波斯文经注学；以及《圣训》等等。

学习毕业有“穿衣挂幛”仪式。“穿衣”指毕业者穿上绿色袍服，相传穆罕默德曾经穿过这种衣服传教，穿上此袍服意味着从此可以成为“传教师”，即阿訇了。“挂幛”指教长、阿訇赠送的红色贺幛，上题祝颂词语。也称作“穿绿挂红”。在毕业仪式上，大寺教长要讲经，并对其所培育的弟子当众介绍。同时，宰牛羊、炸油香、散钱，以示庆贺。

阿訇之朝“天房”回来者，被尊称为“哈吉”、“哈济”，在穆斯林中是相当荣耀的。

街子清真大寺为撒拉族祖寺，其余皆后来添建。按照伊斯兰教习惯，大礼拜到街子清真大寺，小礼拜在本寺。清乾隆四十六年（1781年）循化地区有清真寺59座，其中大寺9座，小寺50座。9座大寺分别是本城大寺、乃曼大寺、张哈工大寺、清水打速古工大寺、草滩坝街子工大寺、查家工大寺、苏只工大寺、查汗大

撒拉族祖寺——街子清真大寺原貌

寺工大寺、孟达工大寺，以及朱格庄等50座小寺。[1]这大大小小的59座清真寺，既是撒拉族群众礼拜之所，又是接受伊斯兰文化的学习场所。

宗教教育的推广，是信仰伊斯兰教的民族社会发展的必然结果，它反映了宗教上层加强宗教影响的要求和培养宗教职业者的需要。同时，随着宗教学者的增多，他们的经济收入既多于一般穆斯林，也多于一般宗教职业者，势必出现争夺教坊掌学、伊玛目等职位的斗争，出现对教义的不同理解，这是产生教派和门宦的重要原因之一。

**二、儒学教育**

自乾隆四十六年、四十九年两次回民起义，清政府为“化导”撒拉族等民族，逐步在撒拉族地区开设义学、书院、贡学等多种形式的教学活动。

（一）设立义学

因循化处于苦寒之地，办学困难，经循化同知达桑阿努力，在撒拉八工始设义学两处：一在乃曼工礼拜寺，请河州人宋明为师。但因撒拉族幼童不通汉语，而办学经费又无所出，学童不愿上学，教师不安心教学，勉强支撑一二年便停办。又一处在城内后街，始设循化营时所立。同治三年（1864年）五月，循化街子等上四工撒拉族群众起事攻占厅城，城内义学被毁。[2]同治十二年（1873年），时任陕甘总督左宗棠，又令各地兴办义学。“设

① ［清］龚景瀚：《循化志》卷六《寺院》，青海人民出版社1981年版，第256~258页。

② ［清］龚景瀚：《循化志》卷三《义学》，青海人民出版社1981年版，第129~130页。

立汉回义塾，分司训课，冀耳濡目染，渐移陋习。”同年八月二十日，办义学两处：一在本城南街，一在托坝庄。馆师生员罗有年、詹期裕分别任教于两学，共有蒙童29名。光绪二十三年（1897年），附生李逢春在城内百子宫开设育英义塾。光绪二十五年（1899年），优增生陈杰在城内文昌宫开办育英义学。光绪三十一年（1905年），附生罗凤翔在城内关帝庙开设义塾。光绪三十三年（1907年），义塾、义学均改为官立初等小学堂。

民国元年（1912年）学堂改称学校，传统儒学开始向现代教育转化。是年有高等小学校1所，初等小学校4所。民国五年（1916年），董继祖在城内文昌宫创办私立胜白国民学校。民国七年（1918年）2月，董学南、陈嘉训、马维纲在文庙巷高等小学校旧址创办私立国民学校。民国十六年（1927年）4月，在文昌宫创办循化县第一所女子初级小学校。民国二十三年（1934年）8月后，青海省回族教育促进会循化分会在撒拉族、回族地区附设和创办中心学校、国民学校17所。至民国三十五年（1946年），全县有学校20所，其中中心学校10所、国民学校10所，设国语、算术、地理、历史、劳作、音乐、美术、体育、童训课，11所学校设阿文课。循化小学毕业生若需继续深造，就要到西宁昆仑中学、湟川中学、师范学校以及甘肃兰州、临夏等地就读。1949年解放前夕，全县有完全小学3所，初小13所，教师20名，学生703名。

（二）建文庙，立贡学

循化设儒学始于清乾隆四十九年（1784年），经同知达桑阿禀呈“应于循化地方专设学校”。乾隆五十年（1785年）正月初七日福康安“循化厅请设儒学折”中有云：“（撒拉人）习武者多，而习文应试者甚少。臣窃以含生负性，禀赋无殊，当使沐浴诗书，通知礼义，驯其桀骜之气，即可化其顽梗之风。则教导回民，洵为善后之要务。”[①]又“据署循化厅同知达桑阿禀称：从前河州厅移驻循化，考试一事，未经议及，虽准赴河州一体应试，……往往惮于远涉，渐废读书，无志上进。……职因公下乡，见童稚中颇有俊秀，可以造就成材，随增修义学，延师教读。数月以来，不特汉民踊跃，即撒喇回族亦多乐从。苟能迎机引导，自成义礼之乡。似应于循化地方，专设学校，添置教职一员，以司董率。每逢岁科考试，由厅录送，酌予取进名数，俾知荣显，以策后效。……应设教职，查河州儒学原设学正、训导各一员，拟请将训导裁拨移驻。”当年正月三十日，朱批：“好，知道了，钦此。”[②]当年十月己亥，部复允准。

乾隆五十年五月开始筹划兴建循化文庙及训导衙署，五十一年（1786年）六月动工，九月工竣。从五十三年（1788年）开始岁科取文武童生各4名。据乾隆《循化志》记载：乾隆五十三年五月取进文武“秀才”包进元等12人，五十六年五月取进“秀才”马文秀等12人，“其与考文童二十余人，武童十余人，大率口内十一族及他州县寄居年久者，否则，兵丁之子弟也。然撒喇回族亦有韩应凤者游庠矣”。[③]韩应凤是撒拉人中第一位在科举制中取得功名的人。据宣统《甘肃新通志》记载：“循化

① 芈一之编：《撒拉族档案史料》，青海民族学院民族研究所铅印，1981年，第162页。

② ［清］龚景瀚：《循化志》卷三《学校》，青海人民出版社1981年版，第125~126页。

③ ［清］龚景瀚：《循化志》卷三《学校》，青海人民出版社1981年版，第129页。又，当时循化厅辖地比后来的循化县辖地大得多。

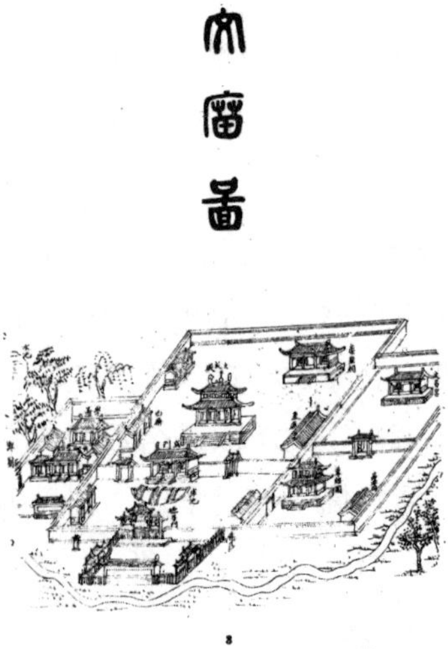

清朝时循化文庙图

厅学额，廪生四缺，增生四缺，三年一贡。岁考取文武生各四名，科考取文生四名。”同治三年（1864年），文庙毁于战乱，于同治十二年（1873年）四月，同知汪声元拨款重修。

（三）书院

光绪十八年（1892年），在文庙设龙支书院，由贡生詹鲁邦担任山长，①由厅署和地方绅士共同管理。以藏书、研习儒家经典、科举准备为主，录取文化程度较高的童生。入学者先学《千字文》、《三字经》、《百家姓》、《千字诗》，后学《四书》、《五经》。并刊发《圣谕广训》、《律易解》、《吾学录》等。光绪三十一年（1905年）二月，废科举，兴学堂时，龙支书院改为循化厅官立高等小学堂。

自乾隆五十年（1785年）正月总督福康安奏请在循化厅“请设儒学”以来，儒学、书院、义学等在西宁各属包括循化，相继建立。从此，在撒拉族地区有了官办和官督民办的学校教育机构。尽管清政府旨在“化导愚顽”，但循化文庙贡学的建成，不仅为撒拉族、回族提供了上学的机会，也为汉族教育的发展起到积极推动作用。

---

① 芈一之于1962年调查时，据吴子衡老先生说，书院山长是詹鲁邦。詹字翰宗，循化人，光绪十六年秀才，后为贡生，曾任文县训导。

# 第三节 民间文艺

撒拉族在七百多年的历史进程中，创造了自己丰富多彩、独具一格的民间文艺。其主要体现在传说、故事等口头文学以及撒拉曲、宴席曲与“花儿”等歌曲方面。

## 一、故事、神话、传说和童话、寓言

故事、神话、传说，在撒拉族的民间文学中占相当大的比重，是撒拉族民间文学的重要组成部分。著名的作品有：《阿姑尕拉吉》、《阿娜云红姬》、《采赛尔》、《日孜根娶妻》、《桃花姑娘》、《鸽子姑娘》、《阿腾其根、麻僧保》、《青蛙给农夫当儿子》、《阿娜孜力哈》等。这些作品均以热爱、向往自由幸福为主题。如《阿腾其根、麻僧保》主要赞颂年轻的撒拉族猎手麻僧保，付出保贵的生命为民除害的英雄事迹；《阿姑尕拉吉》讴歌尕拉吉对长工高斯古日阿吾的忠贞爱情；《采赛尔》叙述年轻的采赛尔姑娘，哀求父母给她一匹马，好让她逃离火坑，把她从婆家赎回来。然而，旧社会妇女的命运不及一匹马，她终于被迫吊死在娘家门上。

童话、寓言等作品多为赞扬“卑贱”者的淳厚、机智、善良、勤劳的美德，揭露“高贵”者的贪婪、狡诈、无耻和愚蠢的丑恶本质。如《狼、狐狸和兔子》讲的是贪婪的恶狼，狡猾的狐狸和阴险的兔子，都没有享受到“胡达”（真主）的赐福，往往以害人开始，以害己告终。《兔和狼》则讲的是小小的兔子能使凶恶的狼受到惩罚，保护了羊羔和自己的安全。撒拉族的上述民间故事等口头文学，在妇女中流传较广，常用叙述性音调低声吟咏，并以说唱相辅，构成撒拉族口头文学的一个显著特点。

## 二、歌曲、舞蹈

### （一）歌曲

撒拉族的歌曲内容丰盈，有撒拉曲、宴席曲和“花儿”等。撒拉曲是用本民族语言演唱的一种抒情诗歌，主题鲜明，旋律优美，节奏明快，具有独特的情调。流行较广、影响较大的作品有《巴西古溜溜》、《撒拉尔赛西布尕》、《阿依吉古木》、《皇上阿吾涅》、《散诺尕尕涅》等。它们都由很多具有独立意义的短诗组成。演唱时，可以触景生情，即兴编词，加添对白。如《巴西古溜溜》使用比兴手法，通过赞美姑娘的姿容、装束，以表达自己的爱慕之情。《撒拉尔赛西布尕》是一种长歌，它所反映的内容更为广泛，不仅包括爱情方面的作品，而且包括很大一部分反映社会生活的作品，揭露旧社会的黑暗。形式与风格也更为复杂多样，基本上是一种问答曲的形式。《阿依吉古木》是一种比较长的曲调，反映的生活内容比较广泛，反映爱情的内容，较前几种更曲折、复杂，表现手法也有所不同。《皇上阿吾涅》和《散诺尕尕涅》的内容，表现手法和情调，与《巴西古溜溜》相似。

宴席曲，是传统的娶亲日子里所唱的歌曲，长期流行于循化孟达、临夏大河家的回族和撒拉族地区。流行的宴席曲主要有《阿丽玛》、《阿舅儿》、《优秀儿玛秀儿》、《韩二个》、《寡妇大娘》等。《阿丽玛》夸赞了青海各族妇女的穿戴和装束；《阿舅儿》则叙述一个作官为宦的舅父如何害死了自己的妹夫，外甥长大以后，为报杀父之仇，借打猎之机杀死了为非作歹的舅舅。宴席曲歌词丰富、节奏感强，大都配有简单的舞蹈动作。

“花儿”，也称“少年”，是用汉语演唱的一种山歌。撒拉族所唱的花儿，受藏族民歌影响，普遍带有颤音，极为婉转动听。因在内容和唱法上独具风格，被称为“撒拉花儿”。歌词一般为四句，有独唱、对唱、联唱等形式。演唱者都能触景生情，即兴编词。撒拉花儿有悠久的历史，据载乾隆年间当地便流行一首“花儿”：“大力加[①]垭壑里过来了，撒拉的艳姑（哈）见了；撒拉的艳姑是好艳姑，艳姑的脚大（者）坏了。脚大手大你覅谈嫌，走两步大路是干散”。这首花儿反映了撒拉族妇女在封建时代，无缠足的恶习，走路“干散”、矫健，无忸怩之态。

“花儿”不仅是撒拉族人民用以表达爱情的工具，而且也是对反动统治强烈控诉的方式。如：“马步芳（哈）升上长官了，地主和恶霸们笑了；各庄的青年们拔光了，庄稼（哈）没人做了。”“蒋介石要（哈）的粮草重，马步芳又催了路工；保甲长整天皮鞭（拉）抽，苦日子阿么（者）到头！”

（二）舞蹈

撒拉族有种舞蹈叫“对委奥依纳”（骆驼舞），在举行婚礼时表演，其内容是追述撒拉族先民从中亚撒马尔罕迁来青海的经过。由四人扮演，一人扮当地居民，类似蒙古人的打扮；一人为远道而来的撒拉族先民，中亚人打扮，着长袍，头缠“达斯达尔”，手持拐杖，另有二人反穿皮袄，装成骆驼。整个表演分为两个部分，前半部是当地居民和撒拉族先民的对话，后半部是撒拉族先民用撒拉族韵文朗诵的诗句。表演大多在月光下进行，观众围坐四方，景况甚为热烈。

此外，撒拉族独特的民族乐器是口弦，用铜或银制成。其制做方法是，把铜或银打成细窄的马蹄形状，长约一寸左右，中间放一根铜丝，尖端弯曲，用舌尖或手指弹拨，音域狭窄，多为撒拉族年青妇女所用。

---

① 大力加，山名，位于临夏与循化交界处。

附录

# 历史大事件

| 历代纪年 | 公元纪年 | 大事记 |
| --- | --- | --- |
| 元代 | 13世纪 | 撒鲁尔部的阿干罕一支,由尕勒莽率领全族170户东迁,定居循化。 |
| | | 尕勒莽被封积石州世袭达鲁花赤,传子奥玛尔,奥玛尔子神宝。 |
| 明洪武三年 | 1370年 | 韩宝即神宝率众归附明朝,自言"抚番有功"。 |
| 洪武六年 | 1373年 | 韩宝被封为世袭百户、昭信校尉管军百户,拨属河州卫积石州千户所。撒拉族土司始祖。 |
| 洪武十八年 | 1385年 | 韩宝病故,子韩撒都剌袭职。 |
| 洪武廿五年 | 1392年 | 调征罕东等处。 |
| 洪武廿六年 | 1393年 | 明政府赐金牌一面,纳马120匹。撒拉族为河州卫纳马十九族之一。 |
| 洪武廿七年 | 1394年 | 从征大炒围。 |
| 洪武廿八年 | 1395年 | 从征洮州上答立等族,韩撒都剌去世。 |
| 永乐廿二年 | 1424年 | 韩撒都剌子韩贵袭职。 |
| 宣德十年 | 1435年 | 调赴凉州扒沙等处御敌。 |
| 正统元年 | 1436年 | 韩贵升世袭副千户职;调赴凉州御敌。 |
| 正统二年 | 1437年 | 从征板井等处。韩贵去世。 |
| 正统十四年 | 1449年 | 韩贵子韩琦袭职;调赴甘州从征。 |
| 天顺元年 | 1457年 | 从征孛罗;韩琦去世。 |
| 成化五年 | 1469年 | 调赴延绥、庆阳等处御敌;韩琦弟韩恺袭职。 |

(续表)

| 历代纪年 | 公元纪年 | 大事记 |
| --- | --- | --- |
| 弘治十一年 | 1498 年 | 韩恺去世,子韩清袭职;调赴甘州戍守。 |
| 正德十一年 | 1516 年 | 调赴甘肃沿边戍守;韩清去世,子韩通袭职。 |
| 嘉靖三十一年 | 1552 年 | 撒拉族人口增多,金牌增至两面。次房韩沙班协办茶马事务,授百户职衔。其后裔韩清谏、韩承恩相继办事,无袭职手续。 |
| 嘉靖四十四年 | 1565 年 | 韩通去世,子韩仲福有痼疾,未袭职。 |
| 万历十九年 | 1591 年 | 韩通孙韩勇袭职;万历三十二年去世。 |
| 万历四十三年 | 1615 年 | 韩勇弟韩增袭职;调赴甘州戍守。 |
| 天启三年 | 1623 年 | 韩增子韩进忠袭职,调赴汉南、勉县等地从征。 |
| 崇祯七年 | 1634 年 | 韩进忠被授予守备,调赴凤翔、宝鸡等地征战。 |
| 清康熙十六年 | 1677 年 | 张勇委韩愈昌为随征都司。 |
| 清康熙四十四年 | 1705 年 | 钦差商某委韩愈昌子韩炳、韩承恩子韩大用为都司职衔。 |
| 清康熙四十五年 | 1706 年 | 停止中马,即茶马互市交马领茶停止。 |
| 雍正四年 | 1726 年 | 清政府对撒拉族地区查田定赋,开始征收赋税。 |
| 雍正七年 | 1729 年 | 封授韩炳为上六工土千户,韩大用为下六工土千户。自此撒拉族两土司分治。 |
| 雍正八年 | 1730 年 | 设立循化营,并修筑城垣衙署兵房,驻兵,隶属于河州协。 |
| 雍正九年 | 1731 年 | 尕最韩哈济与马火者争教互控。 |

（续表）

| 历代纪年 | 公元纪年 | 大事记 |
|---|---|---|
| 雍正十三年 | 1735年 | 河州改升镇，循化营隶属于河州镇。 |
| 乾隆元年 | 1736年 | 韩炳去世，两年后，子韩文广袭职。 |
| 乾隆三年 | 1738年 | 韩大用去世，族人韩天禄控争土司职。四年后，子韩振武袭职。 |
| 乾隆十一年 | 1746年 | 韩文广去世。乾隆十三年，子韩旭袭职。 |
| 乾隆十四年 | 1749年 | 韩振武去世。次年，子韩光祖袭职。 |
| 乾隆二十三年 | 1758年 | 河州人马来迟到循化传教。 |
| 乾隆二十六年 | 1761年 | 马明心到循化传教。与马来迟之子马国宝争教互控。 |
| 乾隆二十七年 | 1762年 | 移河州同知驻循化营，称循化厅，即循化设厅。 |
| 乾隆二十八年 | 1763年 | 韩旭去世，弟韩昱于次年袭职。 |
| 乾隆三十四年 | 1769年 | 尕最韩哈济控贺麻路乎，循化厅封闭新教寺院，贺麻路乎被发往乌鲁木齐给丁兵为奴，于乾隆四十二年病故。 |
| 乾隆四十六年 | 1781年 | 苏四十三、韩二个领导新教群众举行反清起义，攻河州，围兰州，失败。撒拉十二工并为八工。 |
| 乾隆五十一年 | 1786年 | 循化厅始设儒学，并设义学。 |
| 嘉庆二年 | 1797年 | 韩光祖率撒拉土兵到陕南从征，阵殁，其弟韩光泽代领土兵。 |
| 嘉庆四年 | 1799年 | 尕最韩四个自备釜资，率土兵至陕南从征。 |
| 嘉庆十二年 | 1807年 | 土司韩辉宗、韩卿率土兵攻打沙卜浪族。 |

(续表)

| 历代纪年 | 公元纪年 | 大事记 |
| --- | --- | --- |
| 嘉庆十六年 | 1811年 | 八工撒拉人赴巴燕戎若尔哈庄争斗。 |
| 道光二十年 | 1840年 | 鸦片战争爆发,中国近代史开端。 |
| 道光廿四年 | 1844年 | 巴燕戎外五工卡索庄反清,失败。 |
| 道光三十年 | 1850年 | 总督琦善镇压黑城子等庄。 |
| 咸丰八年 | 1858年 | 马文义率众到丹噶尔厅辩教。 |
| 咸丰十年 | 1860年 | 马文义率众攻积石关。 |
| 咸丰十一年 | 1861年 | 马文义率众攻西宁城,据南川等地。 |
| 同治元年 | 1862年 | 在太平天国影响下,撒拉族人民参加西北回民反清起义,历时12年,至同治十二年失败。元年,总督沈兆霖率兵攻撒拉义军。议和罢兵。 |
| 同治二年 | 1863年 | 四月,攻西宁城。冬,马乜氏出面议和,攻循化厅城。 |
| 同治三年 | 1864年 | 五月,再次攻占循化厅城。 |
| 同治六年 | 1867年 | 攻占贵德厅城。 |
| 同治七年 | 1868年 | 攻威远堡。攻塔尔寺,冬,马归源署西宁知府。 |
| 同治十年 | 1871年 | 三月,马文义病故。义军改由马永福率领。 |
| 同治十一年 | 1872年 | 清军刘锦棠攻西宁,马归源、马本源等在小峡拒战。 |
| 同治十二年 | 1873年 | 清军攻占西宁、循化等地。马归源等牺牲。起义失败。 |

(续表)

| 历代纪年 | 公元纪年 | 大事记 |
|---|---|---|
| 光绪十二年 | 1886年 | 查加工水案纠纷。 |
| 光绪二十一年 | 1895年 | 乙未年,河湟事变,也称乙未事变,循化等地起事反清。 |
| 光绪二十二年 | 1896年 | 河湟事变被清军镇压失败。撒拉族土司制度被明令废除。 |
| 宣统三年 | 1911年 | 辛亥革命爆发,推翻清朝,中华民国建立。 |
| 民国元年 | 1912年 | 四月,甘肃宣布拥护共和,改换旗号。不久,马麒任西宁镇总兵,开始在青海建立马家军阀统治。 |
| 民国二年 | 1913年 | 循化厅改称循化县。 |
| 民国十四年 | 1925年 | 街子工教争流血斗争。 |
| 民国十七年 | 1928年 | 年底,青海建省,以西宁为省会,循化属青海省。次年初,省政府成立。循化县属于青海省。 |
| 中华人民共和国 | 1949年 | 8月27日,循化县解放。9月5日,西宁解放。10月1日中华人民共和国宣告成立。 |
|  | 1954年 | 循化撒拉族自治县成立。 |
|  | 1981年 | 甘肃积石山保安族东乡族撒拉族自治县成立。 |